음대생
진로 전략서

취업과 **창업**(사회적기업)을 중심으로

음대생 진로 전략서

취업과 **창업**(사회적기업)을 중심으로

정은현 지음

| 추 천 사 |

'예송합니다' '음송합니다'를 끝내주는 소중한 책

만나면 참 기분 좋은 사람이 있습니다. 그 사람과 악수하는 것은 엄청난 행운입니다. 저절로 힐링이 됩니다. 어떤 때는 기적이라는 생각도 듭니다. "어리석은 사람은 인연을 만나도 인연인 줄 알지 못하고, 보통 사람은 인연인 줄 알아도 그것을 살리지 못하며, 현명한 사람은 옷자락만 스쳐도 인연을 살릴 줄 안다." 금아 피천득 선생의 혜안이 놀랍습니다. 수필 '인연'에서 상대의 마음을 얻는 비법을 명쾌하게 알려줍니다. 세상일은 나 하기 나름, 결국 내가 흘리는 땀방울의 양에 성공 여부가 달려 있다는 깨우침을 전하고 있습니다.

정은현 툴뮤직 대표와의 만남이 그렇습니다. 피아노의 '피'자를 조금이라도 알고 싶은 제게 그는 화수분입니다. 아르투르 베네데티 미켈란젤리, 마우리치오 폴리니를 물어보면 아웃풋이 술술술 나옵니다. 어디 이뿐인가요. 아르투르 루빈스타인, 스비아토슬라프 리히터, 크리스티안 지메르만의 비하인드 스토리도 척척 풀어 놓습니다. 완전 궁금증 해결사입니다. 처음엔 비즈니스 파트너로 만났지만 밥을 먹고, 커피를 마시고, 소주잔을 기울이면서 이것저것 이야기를 나누다 보니 금세 좋은 친구가 됐습니다. 열심히 돕고 있지만 그에게서 받는 음악 선물이 늘 더 많습니다. 올해는 기필코 '전세 역전'을 해 볼 요량입니다.

정 대표는 사회적기업을 운영하는 CEO입니다. 여러 뮤지션의 음악회를 기획하고 음반을 제작했습니다. 특히 장애인 아티스트 육성에 두 팔 걷고 나서는 모습은 감동입니다. 지난해엔 저도 숟가락 하나 슬쩍 얹었습니다. 함께 힘을 합쳐 멋진 콘서트를 만들었습니다. 정 대표가 이번에 '음대생 진로 전략서'라는 책을 낸다고 했을 때 정말 기뻤습니다. 그냥 방구석에 틀어박혀 괴발개발 쓰지 않았습니다. 전국 방방곡곡 발품을 팔며 음악 전공 학생들의 진로 상담을 해준 열정이 고스란히 녹아있습니다. 행간마다 눈을 크게 뜨고 귀를 쫑긋 세우는 학생들을 향한 애정이 깃들어 있습니

다. 이것 하나 읽는다고 금세 취업하고 창업할 수는 없지만, 세상엔 너희가 몰랐던 길이 있다는 것을 가르쳐 줍니다. 이론에만 머물지 않고 지금 당장 써먹을 수 있는 훌륭한 가이드북입니다.

제가 정 대표와 '굿 프렌드'가 된 것처럼 이 책을 읽는 음악 전공 학생들도 이제 정은현과 '절친'이 된다고 생각하니 뿌듯합니다. 소중한 인연을 맺은 셈입니다. '문송합니다'라는 신조어가 더 이상 낯설지 않습니다. '취업도 안되는 문과라서 죄송합니다'라는 뜻입니다. 사회 변화와 맞물려 문과 계열이 이과 계열보다 취업률이 훨씬 낮은 것을 자조적으로 표현한 말입니다. 그런데 실상을 파악해보면 '예송합니다' '음송합니다'가 더 심각합니다. 예술 계열과 음악 계열의 앞날이 더 깜깜합니다. 더욱이 요즘엔 그놈의 신종 코로나바이러스 감염증(코로나 19) 때문에 모든 콘서트와 공연이 줄줄이 올스톱 됐습니다. 한숨 소리가 요란합니다.

하지만 저는 음악의 힘을 믿습니다. '음대생 진로 전략서'는 베토벤의 피아노 소나타 29번 함머클라비어나 쇼팽의 피아노 콘체르토 1번처럼 오랫동안 사랑받는 책이 될 것입니다. 세상 속으로 힘치게 나아가는 음악 전공생들의 좋은 지침서가 되리라 확신합니다. 들에서 산에서 피어나는 봄꽃의 아우성이 마음을 따뜻하게 해줍니다. 이 책도 음악 전공생들의 마음에 봄바람을 선사할 겁니다.
봄. 봄. 봄. 봄입니다. 모든 것이 이루어지는 계절입니다.

아이뉴스24 부국장 **민 병 무**

| 추 천 사 |

음악 전공자들의 융복합적 지식의 산실

1900년대 초에 태어나신 분들은 100년 만에 조선 시대와 국권침탈 그리고 민족 전쟁을 거쳐 분단된 대한민국이라는 나라에 살게 되었으며, 파발마에서 스마트폰을, 짚신에서 하이힐을 경험하는 물질적 격변의 세상을 사셨던 세대들입니다. 학자들은 이러한 세상을 '패러다임 쉬프트 시대(Paradigm-shift era)'라고 부릅니다.

그런데 지금 우리에게는 부모님의 세대에서마저도 전혀 경험하지 못했고, 상상하지도 못한 현상들이 눈 앞에 펼쳐지고 있습니다. 직업의 70%가 없어질 것이라 합니다. 기존 산업은 붕괴되어 융복합되고 있으며, 동양의 영화 음악들이 세계를 뒤흔들고 있습니다. 유튜브는 기존 미디어 시장을 완전히 뒤엎어놓고 있습니다.

그렇습니다. 지금은 패러다임 쉬프트 시대 전문가의 전문지식이 무용지물이 되어가고 있는 코어 쉬프트(Core-shift) 시대입니다. '코어(Core)'가 바뀌는 사회는 패러다임의 변화 단계로는 설명되지 않습니다. 새로운 게임의 룰이 만들어져야 하는 시기이기 때문에 기존의 지식이 무용지물이 되는 것입니다.

이 책을 읽는 음악 종사자, 음악 전공자, 음악 관련자 분들께서도 이제 음악성이라는 본류와 더불어 융복합을 통한 새로운 지식을 창출하셔야 합니다. 특히 음악은 IoT, AI, 디지털, 네트워크, 교육, 라이프스타일 등과 융복합되어 코어 쉬프트 시대의 새로운 지식으로 탄생하게 될 것입니다. 그리고 이 새로운 지식이 '취업'에서 '창업'으로 그리고 직업을 창조하는 '창직'으로 이어져야 합니다. 이것이 21세기 여기에 살고 있는 바로 모든 음악인 여러분의 과제이며 사명임을 기억해주시기를 바랍니다.

한국블록체인기업진흥협회 상임부회장 **박 항 준**

| 추 천 사 |

음악인들의 꿈을 실현해줄 가이드

음악을 전공한 사람이라면 누구나 공감할 만한 현실을 정확히 판단하고, 정은현 대표의 경험과 노하우를 바탕으로 음악가 진로에 대한 통찰을 이 책에 고스란히 집약해 놓은 듯합니다.
10년이 넘는 음악 종사자로서의 경험과 노하우는 음악 진로를 결정하는 전공 청년들에게 한 줄기 빛이 되어 줄 것이라고 믿어 의심치 않습니다.
또한 이후 음악 전공자들의 진로를 위한 더 좋은 책들이 계속 출판되기를 원한다는 구절에서 출판을 돈벌이의 수단이나 경쟁의 개념이 아닌 정은현 대표님의 음악인으로서의 사명감을 깊이 느꼈습니다. 음악인들이 진정으로 올바르게 우뚝 서기를 바라는 마음이 고스란히 담겨있어 더 진정성 있게 와 닿습니다.

정은현 대표님의 사회적기업으로서의 장애인 음악가 육성 및 활동들도 그에 대한 좋은 증거입니다. 음악 전공자들의 취업부터 창업, 다양한 기획 및 본인 성찰을 통한 나의 길을 찾는 과정에서 실제 암울한 음악 전공 취업률을 무색하게 만들 수 있는 그만의 비법들, 음악인이라면 이 책을 하루빨리 읽어보길 권합니다. 음악인으로서의 진로 고민 및 본인 성찰은 빠르면 빠를수록 좋으니까요.
저도 어렸을 때 가수의 꿈을 꾼 적이 있습니다. 그러나 그 꿈을 이루지 못했습니다. 한때는 절실했던 꿈이었지만 지금은 개인적인 취미활동으로 그쳤습니다. 그때를 생각해보면 진로의 방향을 '가수'라는 타이틀로밖에 볼 수 없었기 때문에 포기해야 했습니다. '업'을 찾는 음악인들에게 이 책은 내가 원하는 음악을 하며 꿈을 이루게끔 하는 최고의 길잡이가 될 것입니다.
본 서적을 통해 앞으로 국내의 음악인들의 생태계가 안정적으로 돌아갈 수 있는 구조가 되었으면 좋겠고, 제2의, 제3의 정은현 대표님이 계속 나올 수 있길 바랍니다.

(주)인투원 대표 **최 세 헌**

| 추 천 사 |

정은현 대표가 발로 뛰면서 쓴 책

이 한 권이면 음대생들의 모든 취업과 창업 정보는 걱정할 필요가 없습니다. 그동안 취업을 하기 위해 개별적으로 온갖 사이트를 검색하거나 그것도 안 되면 가까운 지인에게 취업을 의뢰하곤 했는데 이제는 그럴 필요가 없습니다.
음악을 전공할 때부터 세계적인 연주자가 못 되거나, 전문연주자가 안 되면 어떤 직업을 가질 것인가, 한마디로 어떻게 먹고살 것인가 하는 질문을 받곤 합니다. 그리고 마침내 음악을 공부하고 졸업할 때쯤이면 그 질문은 초조와 긴장, 걱정으로 바뀌어 밤바다의 파도처럼 몰려옵니다.
어디서 무엇을 하고 살 것인가. 아무리 열심히 해도 1%에 달하는 전문연주자로 인정받을 길은 막막하고, 유학을 다녀오자니 귀국 후에는 또 무엇을 할 것인가 걱정이 태산입니다. 그렇다고 대학을 다닐 때 레슨과 연습 이외에 별다른 취업 공부를 한 적이 없으니 더욱 불안하기만 합니다.
그러나 이런 걱정은 이제 조금이라도 덜 수 있게 됐습니다. 정은현 대표가 저술한 이 책이 탄생했기 때문입니다.

이 책의 가장 큰 특징은 일반 개론서와 달리 정은현 대표가 그동안 걸어온 취업과 창업의 길을 다루었다는 데 있습니다. 즉 발로 뛰면서 기록한 땀의 흔적이라는 것입니다. 그가 왜 취업과 창업에 대한 조언을 할 수 있고, 그 누구보다 많은 정보를 취득하고 있는지 이 책을 읽으면 고개를 끄덕이게 됩니다.
이 책은 크게 취업, 창업, 사회적기업 편으로 나누어져 있습니다. 그러나 '창업과 취업에 앞서' 도 취업과 창업을 읽기 전에 탐독해야 할 부분입니다. 자신이 누구인지도 모르고 무턱대고 취업과 창업에 도전했다가 실패로 끝나는 사례가 많으니까요.
'취업 편'은 취업을 하기 위해 어떤 과정을 거쳐야 하는지 그 프로세스를 밝히고, 각 단계마다 완벽하게 준비하기 위해 어떤 학습과 연습을 거쳐야 하는지 상세하게 설명하고 있습니다. 음악 전공생

들이 취업 가능한 회사와 공공기관도 소개하고 있는데 전국에 산재한 수백 개의 문화재단과 전국 문화예술회관 등의 공공기관을 비롯, 공연기획사, 출판사 등 음악관련 회사도 소개하면서 이들 회사에 취업하기 위한 구체적인 방법도 기술하고 있습니다.

이 책의 최대 장점은 취업할 수 있는 기관만 소개하고 그치는 게 아니라 선택한 직장에 도전할 수 있는 실질적인 사전 준비요령을 구체적으로 알려주고 있다는 점입니다. 페이퍼 작업의 중요성과 작성요령, 응시원서의 종류와 사례 등 성공적인 취업을 위한 원서 작성법을 소개하되 세부적으로는 문서작성법, 이력서 작성요령, 자기소개서 작성요령, 직무수행 계획서 작성 요령과 함께 독자들이 보다 쉽게 이해할 수 있도록 툴뮤직의 문서샘플도 최초로 공개하고 있습니다.

'창업 편' 역시 창업을 위한 사전 정보와 창업에서 고려해야 할 사항 등을 공개하고, 창업 가능한 직업을 정은현 대표의 경험을 토대로 친절하게 소개하고 있습니다. 예컨대 피아노 레슨, 공간 운영, 중고피아노 판매, 공연기획사, 예술단 창립, 플랫폼 사업 등을 어떻게 창업해야 할지 소상하게 밝혔습니다.

아마도 이 책의 백미는 '사회적기업 편'일 겁니다. 우리는 왜 소셜벤처를 꿈꾸고 창업해야 하는지의 당위성을 밝히고 사회적기업의 종류와 스타트업, 경진대회, 그리고 공공기관과 대기업이 추진하고 있는 다양한 지원사업의 자료를 소개하고 있습니다.

이 책은 '음악가진로진흥협회'를 안내하는 것으로 끝마칩니다. 정 대표는 평소 대학 음악교육의 커리큘럼 중 10%만이라도 취업 관련 커리큘럼으로 바꿔야 한다고 주장해왔는데 본인이 직접 커리큘럼의 모델을 만들어 대학시장에 내놓겠다는 포부로 해석됩니다. 대학생들은 물론 기성 음악인들에게도 이 책을 적극 추천하며 출간 이후 정 대표의 행보가 무척 궁금해집니다.

월간 리뷰 대표 발행인 **김 종 섭**

| 추 천 사 |

음대생 진로 전략서 출간을 축하드리며

정은현 대표님의 첫 인상은 근면하고 성실해 보였습니다. 상대에 대한 배려가 몸에 스며있는 사람이었습니다. 그를 안지도 벌써 10여 년이 되어 갑니다. 언뜻 신학자 혹은 철학자 같은 분위기가 물씬 풍기곤 하는데 아마도 신학자이자 목사님이셨던 아버님의 영향이 아닐까 짐작해 봅니다. 가까이에서 지켜본 그는 외유내강형의 가정적인 사람입니다. 이번 원고를 읽으며 드는 생각은 그의 이러한 외적인 부드러운 태도는 결국 내면의 성실함과 단단함에서 기인한 것이라는 생각에 다다릅니다.

어떤 유형의 사람들은 자산이 생기면, 그것이 무형의 것이든지 유형의 것이든지, 자신만의 견고한 성을 쌓습니다. 본인 고유의 가치를 극대화하기 위함이지요. 반면에 또 어떤 유형의 사람들은 그 자산을 나누고 싶어 합니다. 이런 이들은 나눔을 통해서 진정한 보람과 기쁨을 얻습니다.
이 두 부류 중 어느 유형의 사람이 반드시 옳다고 단정 지어 말할 수는 없지만, 나눌 수 있는 사람이 더 크고 넉넉한 그릇의 사람임에는 틀림이 없습니다. 마음이 이미 부자이니 나눌 수 있고, 나눌 것이 많은 사람은 사람들 간에 축복의 통로, 플랫폼이 될 수밖에 없으니까요. 저는 정은현 대표가 그런 사람이라고 생각합니다. 원고를 읽다 보니 더욱 그런 확신이 듭니다.

정 대표는 성공한 사회적기업가이기도 하지만, 예술가이자 교육자입니다. 제자들의 진로에 대한 깊은 고민을 경청하고 나누다 보니 그것이 자신의 숙제가 되었고, 제자의 고민이 곧 자신의 고민이 되었습니다. 이것이 곧 본서의 집필 동기가 되었다 하니 책을 펴낸 동기도 귀하고 책의 내용은 더욱더 값지고 귀합니다.
이 책에는 정 대표 자신의 실패담과 성공담이 담겨 있습니다. 그리고 그 과정 속에서 얻은 객관적 데이터와 그만의 경험적 지식이 녹아 있습니다.

눈여겨봐야 할 점은, 본서가 그 방대한 데이터의 나열과 기록에만 그치는 것이 아니라 미래지향적 모색 방안과 대안을 함께 다루고 있다는 것입니다.

예술경영의 실제와 이론을 겸한 훌륭한 저서를 출판한 정 대표님께, 예술계에 몸담고 있는 한 사람으로서 매우 감사하고 기쁘게 생각하며 그간의 노고에 큰 박수를 보냅니다. 축하합니다.

백석예술대 음악학부 교수, 피아니스트 **김 준 희**

차례

프롤로그 · 14

제1부 | 현재 음악계의 문제 · 20

음악전공자들의 불안한 미래 | 음악전공생들의 사회활동에 대한 통계 전무 | 취창업 경험과 취업 정보 공개 목적 | '커리큘럼 10%를 바꾸자' 무브먼트 | 음악전공생도 피할 수 없는 '밥벌이' | 진로탐색은 평생의 길 | 음악 전공자들의 생계 | 한국의 음악영재 포화상태 | 음악대학 커리큘럼의 문제점

제2부 | 나의 스토리 · 58

툴뮤직 창업과 사회적기업 설립까지

제3부 | 취업과 창업에 앞서 · 74

자기 자신을 알아내기 | 나 자신을 모르는 나에게 | 취업과 창업 선택 전, 툴뮤직 탐구

제4부 | 취업 · 120

취업의 프로세스 | 취업으로 생각해볼 수 있는 직업 | 취업을 위한 사이트 검색 | 성공적인 취업을 위한 응시원서 작성법 | 취업면접 노하우 | 대학교 재학 시 준비할 사항 | 대학교 졸업 후 | 애티튜드

제5부 | 창업 · 210

창업 필수 시대 | 스타트업 지원사업은 창업 기회 | 창업에 고려해야 할 사항 | 창업으로 가능한 직업 | 비즈니스 모델(B.M.) | 기획 | 마케팅 | 경험의 중요성

제6부 | 사회적기업 · 292

왜 소셜벤처를 꿈꿔야 하는가?

제7부 | 음악가진로진흥협회 · 302

에필로그 · 310

| 프롤로그 |

진로찾기에 도움이 되기를

흔히들 경험했겠지만 군 입대를 하면 졸업 후에 닥칠 진로를 미리부터 걱정합니다. 그래서 군필을 마치면 철이 든다고들 하지요. 음악전공생들도 똑같이 진로를 걱정합니다. 그런데 졸업 후 진로에 도움이 될 만한 참고도서가 있으면 좋겠지만 사실 다른 전공에 비해 거의 찾아볼 수 없을 정도로 빈약합니다.

이해할 수가 없었습니다. 음악교육이 시작된 지 120년이 지났건만 그 사이 음악을 가르친 분들이나 배운 분들 그 누구도 진로에 대한 책 한 권을 쓰지 않았다는 게 군 시절부터 믿기지 않았습니다. 제대 후 서점에 가서 진로와 관계된 서적을 닥치는 대로 구입해서 읽었습니다. 음악의 '음'자만 있어도 다 구입했지만 음대생들의 취업이나 창업 등 진로를 다룬 책은 없었습니다. 물론 음악직장인이나 콘서트에 관한 일화, 클래식 지식에 관한 단편적인 책자들은 많지만 그 자리에 가기 위해, 그런 일을 하기 위해 어떻게 지원하고 어떤 과정을 거쳐야 하는지를 밝힌 책은 없었습니다.

졸업 후에 무엇을 하고 먹고 살 것인가를 고민하다 보면 자존감이 심각하게 떨어집니다. 본인을 원하는 직종과 직업이 많다면 가슴이 활짝 펴지지만, 졸업 후 연주자 이외에 할 것이 없다는 생각을 하면 왠지 초라해집니다. 자존감이 떨어지는 것은 당연합니다. 학교에 출강하고 피아노를 가르치면서 음대생들이 직업과 진로 얘기만 나오면 자존감이 한없이 추락하는 것을 체감하고 '이것 큰일 났구나' 생각했습니다.

나침반 없이 방황하는 망망대해의 조각배처럼 목표를 잃어버린 제자들과 학생들을 접하고 마음이 쓰렸습니다. 선배로서 미안하기까지 했습니다. 물론 모든 학생들이 진로를 걱정하는 것은 아니었습니다. 개중에는 여전히 연주자로서의 꿈을 꾸고 유학을 준비하거나 대학원 진출을 목표로 하는 학생들도 많았습니다. 그러나 학생 중 최소 10% 이상은 진로에 갈급했고 어떻게 해야 취업을 잘할 수 있는지 이리저리 스스로 정보를 찾아 나섰습니다. 마치 군대 시절부터 고민했던 저처럼...

그렇게 목말라하는 학생들에게 그동안 취업과 창업에 관해 연구한 자료를 토대로 컨설팅을 해 왔습니다. 음악대학에 진로와 관련된 커리큘럼이 없었기 때문에 취업에 관해 모아 놓은 나만의 정보를 공개하고, 심지어 응시원서 작성법과 자기소개서 작성법에 이르기까지 귀띔해주었습니다.

그런데 놀랍게도 그렇게 컨설팅을 받은 제자들이 속속 취업에 성공했습니다. 사업을 하면서 취업과 창업에 관한 경험치는 넓어지고, 네트워크도 점차 광범위해졌습니다. 그런 가운데 모든 음대생들이 활용할 수 있는 가이드북을 쓰기로 마음먹었습니다.

취업과 창업에 성공시킨 실제 사례 없이 이론만 나열했다면 뜬구름 잡는 소리라고 저평가할 수 있지만, 기왕에 수집한 저의 정보는 전부 직접 체험한 사례들이었습니다. 이 사례들을 음악대학 수업 시간에 공개하면서 구체적인 책의 뼈대를 갖추기 시작했습니다. 음대생 진로 전략서는 그 뼈대에 툴뮤직이 그동안 보유하고 있던 모든 정보를 살로 붙여, 진로의 길을 알기 쉽게 밝힌 본격적인 진로 탐색 교재입니다.

아마도 이 책은 진로 과정과 방법을 공개한 최초의 진로 서적으로 기록될 것입니다. 진로를 찾는 학생들에게도 도움이 되지만 그 학생들을 대상으로 진로를 상담하고자 하는 선생님들에게도 큰 도움이 되리라 믿습니다. 앞으로도 이런 책이 많이 출간되기를 진심으로 바랍니다. 그래서 막연했던 진로의 로드맵에 누군가 더 상세하게 더 조밀하게 지도를 그려나간다면 음대생들에게는 그보다 더 좋은 컨설팅은 없을 것입니다.

이 책이 음악을 전공했거나 전공하고 있는 모든 분들에게 진로의 힐링이 되고 모티베이션이 될 것으로 믿습니다. 음악에도 모티브가 있어야 진행할 수 있듯이 이 책이 음악전공자들에게 '삶의 모티브'가 되어 미래의 목표를 설정하고 자존감을 회복하는 데에 도움이 되기를 원합니다.

음대생 진로 전략서가 나오기까지 모든 과정을 함께 해주신 리음북스(월간리뷰) 김종섭 대표님과 제 20, 30대 인생에서 가장 큰 영향을 주신 이연화 교수님, 축사로 함께 해주신 아이뉴스24 민병무 부국장님, 세종대 이기정 교수님, 한국블록체인기업진흥협회 박항준 상임부회장님 그리고 사례발표로 함께해준 자랑스러운 제자 임거건, 신혜림 학생과 사회적기업가로 도약하고 있는 인클래식 정인서 대표님, 이 책의 디자인을 정성껏 해주신 디자이너 김민지 님에게도 진심으로 감사드립니다.

또한 북콘서트로 축하해주신 툴뮤직 아티스트 석상근, 멜로우 키친, 전현주 님과 이 모든 과정을 동행해준 툴뮤직 식구 이주연, 최소정 님, 책의 추천사로 함께 해주신 백석예술대 김준희 교수님, 인투윈 최세헌 대표님께도 감사 인사를 드리며 후원으로 함께 해주신 삼익문화재단 이승재 상무님에게도 고마움을 전합니다.

사랑하는 우리 아내 피아니스트 임효선, 정하음 공주님께도 사랑의 인사를 전하며, 어머님과 동생에게 감사의 인사 전합니다. 그리고 항상 아들처럼 생각해주시고 챙겨주시는 우리 장인어른, 장모님께도 깊은 감사의 인사 전합니다.

마지막으로 아들이 음악을 전공하겠다고 했을 때 아낌없이 지원해 주시고 늘 믿음으로 함께 해 주시던, 이제는 하늘에서 저를 지켜봐 주실 사랑하는 아버지께 눈물로 이 책을 바칩니다.

2020년 5월 8일 **정 은 현**

제1부

현재 음악계의 문제

01

음악전공자들의 불안한 미래

"음악을 전공해서 어떻게 먹고살려고 하니?"

"음악은 특별한 재능으로 돈을 벌 수 있을 때 전공으로 택해야지, 그런 보장이 없다면 하지 말아야 하는 것 아닐까?"

"음대에 입학했다고? 음악하면 굶는 사람 많아요. 지금이라도 전공을 바꿔서 다른 진로를 선택하는 게 현명해요."

음악대학에 진학하면 가끔씩 듣게 되는 지청구들이다. 그러다 학년이 오를수록 이 지청구는 귀에 딱지가 생길 만큼 빈도가 높아진다. 게다가 이미 음악을 전공하고 사회에서 열심히 활동하고 있는 선배들조차 후배들의 음악전공에 회의적일 때가 많다.

정말이라면 큰일이 아닐 수 없다. 지금 음악을 전공하고 있고, 또는 막 졸업한 졸업생들은 당장 무엇을 어떻게 해야 할 것인지 고민은 깊어가기만 한다. 이토록 미래가 불투명하고 불안하다면 최초의 음악교육이 시작되었던 이화여전부터 지난 120년 동안 음악을 전공한 사람들은 도대체 무엇으로 생활을 영위해 왔는지 자못 궁금해진다. 그렇게 사회에서 쓸모없는 학문이요, 예술이라면 진작 대학에서 사라져야 했다. 여전히 전국에 음악대학과 전문대학, 예술고등학교, 심지어 예술중학교까지 엄존하고 있다. 물론 미래 30년 동안 대학 운명은 풍전등화 같은 운명에 처한다지만 그럼에도 여전히 음악을 전공하는 학생들은 꾸준히 모집되고 배출되고 있다. 이처럼 아이러니한 교육이 도대체 어디에 있단 말인가.

02

음악전공생들의 사회활동에 대한 통계 전무

    전국에 산재한 대학원, 대학교, 고등학교 등 소위 음악을 가르치고 있는 교육기관은 공식적으로 얼마나 되는지 살펴보자. 일반 음악대학만 해도 70여 개에 달하고, 2년제는 20여 개, 콘서바토리 등은 20여 개, 예술 고등학교 30여 개 등 교육기관을 모두 합치면 실로 어마어마한 학생들이 음악을 전공하고 있음을 알 수 있다.

    음악을 공부하는 학생들이 이처럼 넘쳐나는데 이들이 졸업하면 과연 어떤 직업을 갖고 삶을 영위할까. 음악대학 관계기관이나 교육과학부, 통계청 등 한두 기관 정도는 그런 통계를 갖고 있지 않을까 짐작하겠지만 그건 환상일 뿐이다. 어느 기관에서도 음악을 전공한 졸업생들이 세상 밖으로 나가 어떤 직업을 갖고 활동하는지 통계를 산출하는 곳을 찾을 수 없다.

사람들은 긍정적인 이야기보다는 부정적인 이야기에 더 귀를 기울이는 법이다. 음악을 전공해서 어떻게 먹고살려고 하느냐는 질문의 이면에는 음악을 해서는 먹고살기가 팍팍하다는 부정적인 생각이 깔려있다. 그러나 음악전공자들이 살길이 막막하다고는 하지만 그 속에서도 음악을 잘 활용해 자기 삶을 잘 개척해나가는 사람들도 많다. 그런데도 많은 사람들은 성공적인 이야기들보다는 음악대학의 커리큘럼에만 충실히 따른 결과, 직장사회에서 필요한 기초지식을 배우지 못해 연주자로서도 성공하지 못하고 직장인으로서도 성공하지 못한 음악룸펜들의 이야기에 더욱 귀를 기울인다.

음악을 전공하고 취업이나 창업을 생각하지 못하는 사람들이 대부분인 것은 사실이다. 그러나 이미 성공한 사람처럼 여타 음악전공자들도 방법만 알면 취창업에 성공할 수 있지 않을까? 말하자면 음악전공자가 사회에서 인정받으며 자기 능력도 계발할 수 있는 방법을 찾아주고, 학부 시절에 무엇을 어떻게 준비해야 하는지 누군가 제시해 주기만 하면 지금보다 훨씬 많은 음악인들이 취창업에 성공할 수 있을 것이다.

이 책은 그 방법을 누군가는 제시해 주어야 한다는 사명감에서 출발했다. 필자 역시 음악대학에서 피아노를 전공했다. 세상 어디에도 음악이 없는 곳이 없다. 어디를 가든 음악은 넘쳐나고 그 음악은 누군가의 작업을 통해서 매일매일 양산되고 소비된다. 이런 점에 비춰볼 때 음악전공자는 일자리가 없는 게 아니라 음악이 필요한 곳을 찾지 못하거나 어떻게 도전해야 하는지에 대한 기본적인 정보가 없기 때문에 문을 두드리지 못할 뿐이다. 이 책은 그런 생각에서 음대 학생들을 위해 진로를 탐색한 후 내놓은 결과물이다.

03

취창업 경험과 취업 정보 공개 목적

방관자 효과(Bystander Effect)

　심리학에서 '방관자 효과'(Bystander Effect)라는 게 있다. 일종의 '구경꾼 현상'인데 문제는 분명히 존재하지만 누군가 해결해 주겠지 하면서 모두가 팔짱만 끼고 있는 현상이다. 우리 음악계는 그런 현상에 빠진 지 아주 오래되었다. 이런 경우 누군가 문제가 있다고 소리치면 그때부터 문제를 바라보게 된다. 이 책은 '우리 음악교육을 개선하자'고 소리치기 위해 쓴 책이다.

필자와 다른 음악전공생들과의 차이가 있다면 음악계의 문제를 만났을 때 '어떻게 할까' 고민만 하지 않고 구체적으로 부딪치고, 그 경험을 토대로 하나씩 하나씩 매뉴얼을 만들었다는 점이다. 차차 이야기하겠지만 나는 여전히 피아노를 가르치고 대학 강단에서도 학생들을 가르치고 있다. 그러나 나의 정체성은 거기서 멈추지 않는다. 공간사업과 공연기획을 펼치는 동시에 사회적기업도 경영하고 있다. 이 모든 경험을 이 책에 고스란히 담았다. 사업을 펼칠 생각이 없는 사람은 이 책을 읽을 필요가 없다고 생각하는가? 천만의 말씀이다. 필자 역시 대학교에서는 4년 반 동안 교육조교로 있었고, 출판사에 취직한 바 있기에 직장인의 생리 또한 잘 알고 있다. 그러기에 여러분들에게 취업에 필요한 '알파와 오메가'까지의 지식을 전달할 수 있다.

또 저자가 클래식 음악전공 출신이기 때문에 실용음악 전공자들에게는 큰 도움이 안 될 것이라고 지레 판단할 수 있다. 그러나 단언컨대 클래식 전공자들뿐만 아니라 실용음악 전공자들에게도 도움이 되는 적잖은 내용이 포함되어 있다. 음악전공생들은 대부분 아는 사실이지만 실용음악 전공자들도 클래식 전공자들과 비슷한 구조 속에서 공부하고 있다. 아니 최근 실용음악전공자들이 폭발적으로 증가하면서 그들의 고민 또한 해가 갈수록 깊어지고 있다. 부정할 수 있을까?

'도대체 졸업해서 무엇을 하고 먹고살 것인가.' 툭 터놓고 말하면 이 점이 가장 큰 고민이다. 예전처럼 유학을 떠나면 그만인 시대는 이미 지나갔다. 작은 공연기획사에라도 취직했다면 그나마 괜찮은 편이다. 이런 학생들이 전체 졸업생 중 불과 10%라면, 나머지 90%는 과연 무엇을 해서 스스로 먹거리를 마련하고 살 것인가. 이처럼 진로 문제를 자급경제 활동으로 깊게 파면 팔수록 심각해진다.

음악전공자들의 다양한 직업 인정

우리 음악계의 가장 큰 문제점은 국제 콩쿠르 입상자만 인정하는 풍토에 있다. 비단 음악계에서만 만연한 것은 아니다. 일등만 인정하고 그들만을 찾는 국민적 분위기도 분명 문제가 된다. 이는 음악대학에서의 직업 창출에도 커다란 걸림돌로 작용한다. 실제 직업 현장에서는 음악 관련 직종이 굉장히 많다. 그러나 음악대학이나 음악계의 권위자들 사이에서는 콩쿠르 입상자나 최고의 연주자 이외의 여타 음악 관련 직업에 대해 '훌륭한 직업'으로 인정해 주지 않는 분위기가 팽배하다. 일등이 되지 못한 제자들은 살 길을 알아서 챙겨야 하는데 학교 커리큘럼에서는 그런 교과목이 없으니 답답할 뿐이다. 따라서 '일등연주자'로서의 직업 이외에 무엇을 해야 할지 방향을 찾지 못한 채 시간을 허비하게 된다. 이제는 음악을 전공한 순간부터 일류연주자가 아닌, 진정 음악전공자가 활동할 수 있는 길이 무엇인지, 그 길이 얼마나 많은지 그 정보를 공유해야 한다. 이 책은 그 소리를 하고 싶다. 많은 음악전공자들이 '소리외침'에 관심을 가질 때 마침내 '방관자 효과'는 깨지게 된다.

이를 위해 음악대학부터 음악직업의 다양성을 인정해야 한다. 어떤 학생은 연주자로, 어떤 학생은 행정가로, 어떤 학생은 기획자로, 또 어떤 학생들은 직장인으로 각각 진출할 수 있는 길이 있음을 인정해 줘야 한다. 그리고 한 걸음 더 나아가 그 길을 알려주고 그 길로 들어설 수 있는 교육을 시켜 줘야 한다. 필자는 대학 졸업 이후 각 대학을 찾을 때마다 이같은 내용을 줄기차게 주장해 왔다.

사실 이 문제를 수면 위로 드러내고 음악전공자들에게 공개적으로 알려주기 위해서는 학교 밖에서 진로에 관한 예술교육 포럼을 개최해야 한다. 이런 포럼에서는 '음악인들이 진출할 수 있는 길이 있다'는 단순한 구호가 아니라, 각 분야별로 실무적인 얘기를 해야 한다. 예컨대 음악연주의 길을 택한 사람에게는 어떻게 예술단을 조직해서 활동할 것인지를 다양한 사례를 들어 소개해야 한다. 최근에는 각 지자체의 문화재단마다 상주예술단체제를 도입해 다양한 예술 활동을 기획하고 있다. 이때 상주예술단체가 되기 위해서는 여러 연주자들이 단체를 조직해야 한다. 그런데 솔로 활동에 익숙한 연주자들은 예술단 결성을 어떻게 해야 하는지, 왜 조직해야 하는지 등에 대한 정보가 부족할 수밖에 없다. 포럼은 이런 정보를 제공해줄 수 있어야 한다.

국제 콩쿠르 입상자들의 해외 진출 도모

국제적인 콩쿠르에서 입상한 음악인들이라고 해서 국내에서 모두 성공하는 것은 아니다. 솔로로 활동하면 한계에 부딪힌다. 이들이 예술단체를 결성하는 방법을 공유하고 사회 곳곳에서 연주활동을 펼칠 수 있는 방법과, 국제 콩쿠르 입상 경력자라 해도 음악관련 직장에 취업하기 위해서는 무엇을 준비해야 하는지 등을 알려줘야 한다. 물론 국내 직업만을 다루면 안 된다. 연주활동을 목적으로 하는 전공자들은 국제적으로 어떤 활동을 펼쳐야 자신의 꿈을 실현하고 한국의 위상을 높일 수 있는지 구체적인 정보를 제공해야 한다. 이런 다양한 이야기를 포럼에서 나누자는 얘기다.

국내 직업을 소개해야 할 '포럼'에서 왜 국제무대까지 다루는지 궁금할 수 있다. 국내에서는 세계 최고 수준의 음악인들이 넘치고 있다. 이들이 국내에서만 활동하는 게 아니라 세계무대로 진출하려면 세계무대에서 성공적으로 활동하고 있는 경험자들의 이야기를 직접 듣는 게 바람직하다. 뛰어난 연주자들이 국내에서 무대를 찾지 못해 방황한다면 이는 국가적으로도 엄청난 손실이다. 포럼은 이를 위해 국제적 명성을 쌓은 음악가들의 병역 특례 문제도 다루어 국가적인 손실을 더 이상 방치하지 않도록 목소리를 높여야 한다.

국제적인 콩쿠르에서 우승한 세계적인 수준의 연주자들이 현재 160명 정도로 추산된다. 그 많은 국제 콩쿠르 입상자들이 있는데 이들이 활동할 무대가 없다는 것은 심각한 문제가 아닐 수 없다. 국내에서 단 몇 번의 연주회로 이들이 생계를 유지할 수는 없다. 교수가 되면 좋겠지만 알다시피 국내 음악대학이 줄고 있는 마당에 포화상태에 있는 교수 자리를 차지한다는 것은 갈수록 어려운 문제다. 그래서 포럼은 이들을 위해 국가가 지원해 줄 수 있는 구체안도 공개해야 한다. 국가적 행사에서 이들이 자주 무대에 설 수 있도록 해야 하고 K-Classic을 세계 곳곳에 홍보할 수 있도록 대대적인 지원을 해야 한다. 정부가 추진한다면 해결되지 않을 문제가 어디 있겠는가.

또 민관이 함께 한다면 더욱 큰 시너지효과를 거둘 수 있다. 국내에도 세계적인 클래스를 관리하고 섭외할 수 있는 기획사들이 있다. 문체부에서 이들 기획사와 MOU를 맺고 국제무대에서 이미 높은 평가를 받고 있는 연주자들에 대한 마케팅을 협업하는 것도 긍정적인 효과를 거둘 수 있다.

음대 커리큘럼 10% 직업교육

한국의 클래식을 세계 곳곳에 전파하려고 한다면 아예 국가별 또는 대륙별 국가예술단을 창단해 전폭적으로 지원해 주는 것도 음악인들의 직업 창출에 지대한 영향을 끼친다. 이것이야말로 국가적인 차원의 창업 트랙이다. 이를 위한 첫걸음으로 정부는 예술인들이 '비영리예술단체'를 설립하려고 하면 예술관련 정부기관 등이 컨설팅을 비롯한 다양한 형식으로 지원해 줘야 한다. 예술단체 창립을 위해 코디네이터가 붙어서 도와주면 된다. 탁상공론식으로 '당신들이 알아서 한번 해봐' 하는 게 아니라 걸림돌이 등장할 때마다 코디네이터가 하나하나씩 해결해준다면 비영리예술단체는 금세 활성화될 것이다.

대학에서도 마찬가지다. 애먼 강사들만 오히려 죽이는 강사법을 들먹이는 국회에 부화뇌동할 것 없이 각 음대에 실무 내용을 다루는 진로 탐색 관련 과목을 10%만 개설해도 음악전공생들의 직업에 대한 마인드와 태도가 확 달라진다.

10%라면 30개 과목 중 3개, 120과목 중 12과목에 불과하지만 진로에 대한 관심은 그 어느 때보다 뜨거우리라 확신한다. 최근에서야 특강이라도 개설되는 학교가 많아 다행이지만 이것만으로는 부족하다. 일관성 있

게 지속적으로 또 깊이 있게 다루면서 정규 과목으로 개설돼야 마땅하다.

S대 음악대학에서 특강을 한 적이 있다. 굉장히 현실적인 내용을 다루었는데 피드백이 예상외로 굉장했다. 당시 지도교수인 L 교수는 강의가 끝난 후 '학생들이 유익하다'며 입을 모았다고 전했다. 취업과 창업, 기획 등 진로에 대해 답답했었는데, 이 작은 강의 하나만으로도 숨통이 틔었다는 것이 당시 학생들의 반응이었다. 그만큼 관심이 높았고 진로 선택에 큰 자극이 되었다는 것이다. S대에서만 이런 반응을 보이는 것은 아니다. 지난 8년 동안 특강을 계속하고 있는데 그때마다 일단 학생들이 너무 좋아하는 것을 피부로 느낄 수 있다. 그동안 취업과 창업 등에 대해 구체적인 내용을 얘기하는 사람이 그만큼 없었다는 이야기다.

물론 이런 지침이나 가이드 없이 취업에 성공한 전공자들도 많을 것이다. 그러나 개인적으로 취업에 성공했다 하더라도 이를 후배들이 알 수 있도록 취업방법을 제대로 정리한 선배들이 없었다. 안타까운 일이다. 일단 취업이나 창업에 성공해도 각자 생업에 바빠 취업에 대한 합리적이고 구체적인 자료를 정리할 시간이 없을뿐더러 실패한 사람들 또한 실패하면 그뿐이다. 왜 실패했는지 각자의 위치에서 복기하고 후배들이 똑같은 전철을 밟지 않도록 정리한다는 것은 언감생심이다. 그들과 필자가 다르다면 필자는 실패하든 성공하든 끝없이 정리해 왔다는 점이다. 그간의 경험을 나만 알고 나 혼자만 잘 살려고 하는 게 아니라 음악전공자들 모두에게 알려주고 싶었다.

음악전공자들의 폭넓은 직업 선택

　사회 전반적인 직업 세계를 봤을 때 그동안 경험한 우리 음악계는 생각만큼 바닥이 아니다. 얼마든지 직업이 있다. 얼마든지 직업을 창출할 수 있다. 어쩌면 그 어떤 분야보다 창조적으로 직업을 만들 수 있는 분야가 바로 음악분야다. 각종 뉴스들은 지구가 곧 멸망할 것처럼 온갖 부정적인 뉴스로 도배돼 있다. 그러나 환경오염은 심하지만 자연보호를 위한 인류의 노력이 얼마나 광범위하게 확대되고 있는지에 대해서는 대부분 외면하고 만다. 인류가 자연을 보호해야 한다는 생각은 기원전 3세기 스리랑카에서부터 비롯되었다. 그로부터 꾸준히 자연보호 운동이 전개돼 산업혁명 이전까지는 전 지구의 0.3%가 자연보호구역으로 지정되었고 지금은 전 지구의 15%가 자연보호구역으로 지정되었다. 놀랍지 않은가?

　어떤 현상이든 자세히 알고 보면 다른 면이 보인다. 음악계도 마찬가지다. 서양음악이 유입된 지 120년이 지났지만 그 긴 세월 동안 클래식 음악에 대해 굳어진 이미지는 '직업 선택의 폭이 좁다', '음악전공자들은 음악 이외에는 할 수 있는 게 없다' 등 매우 부정적이었다. 그러나 그렇지 않다. 음악을 전공한 사람들이 할 수 있는 직업, 창업은 무궁무진하다. 음악전공자로서 가장 먼저 시작해야 할 일은 이런 잘못된 고정관념에 대한 올바른 인식개선이다. 직업선택 면에서 음악계는 결코 바닥이 아니다. 오히려 그 반대다.

　음악인들이 인식을 개선하기 위해서는 가장 먼저 패배주의적 열패감을 버려야 한다. 타 전공에 비해 등록금이 높음에도 불구하고 결국 갈 곳이 없다는 절망감에서 빠져나와야 한다. 이런 패배주의에서 탈출하려면 우선 팩트를 체크해야 한다. 우리 주변에서 얼마나 많은 음악적 직업들이 산재하는지 하나씩 살펴보면 한순간에 근심과 걱정은 사라진다. 아니 사라지는 단계를 넘어서 자신감을 가질 수 있다. 이 책을 통해 그동안 수집한 최신 정보와 자료를 공개하면 단언컨대 여러분들의 인식이 개선되리라 확신한다.

그동안 직업에 대해 곧바로 설명해주기를 원하는 후배들에게는 기꺼이 컨설팅을 해 주었다. 그 컨설팅을 받고 취업과 창업에 도전한 젊은 친구들이 본인을 찾아오는 경우도 많았다. 이는 컨설팅해준 정보가 유효하다는 증거가 아닐까? 취업이 되면 입소문은 금세 확산한다. 정 대표의 컨설팅을 받고 누가 누가 취업이 되었다더라 하는 소문이 내 귀에까지 들어오면 그렇게 반가울 수가 없다. 그 칭찬에 힘입어 지금도 음악전공자들을 꾸준히 도와주고 있다.

04

'커리큘럼 10%를 바꾸자' 무브먼트

  이 책을 저술하는 목적은 '음악전공자들은 취직이 힘들다'고 한탄하지 말고, 스스로 진로를 찾아 탐색해보자는 일차적 무브먼트를 펼치는 데 있다. 음악전공자들 사이에 만연된 열패감과 좌절감에서 벗어나 진로를 모색하자는 이슈를 만들자는 것이다.

  그러나 무브먼트에는 반드시 실체적인 정보가 뒤따라야 한다. 그럴 때에야 무브먼트는 성공하기 때문이다. 따라서 이 책의 궁극적인 목적은 무브먼트의 구호에 머물지 않고 음악전공생들이 실제 각자의 직업에 진입할 수 있도록 도와주는 일이다. 그동안 축적해놓은 정보를 이 공간에 공개함으로써, 이 책의 정보를 통해 전공생들이 속속 취업에 성공한다면 큰 틀에서 볼 때 결국 나의 사업파트너들이 탄생하는 셈이다. 생각해 보자. 이 책의 정보로 취업한 사람들이 1년에 한 명씩만 배출해도 10년 되면 10명이 된다. 적다고 보는가? 그렇지 않다. 그 한 사람이 창업하면 고용 창출은 물론 그 사업체가 성장하고 다시 가지를 뻗어내 상상 이상의 파급효과를 거둘 수 있을 것이다. 그런 점에서 이 책을 쓰는 또 다른 목적은 사람을 키우는 데 있다 해도 과언이 아니다. 진로 컨설팅은 필자가 운영하는 사업의 목적 중 하나이기도 하다.

음대생들이 취업과 창업에 있어서 근본적으로 열등감을 극복하기 위해서는 역시 음악대학에서 진로와 관련된 실용적인 학문을 가르쳐야 한다. 필연적으로 '교과과정이 더 이상 이렇게 가면 안 된다'는 학교 내의 공감대와 이를 개선하기 위한 운동이 동시에 전개돼야 한다. 이 책을 통해 이런 변화가 필요하다고 주장하는 것은 어쩌면 계란으로 바위 치기에 불과할지 모른다. 그러나 한나라 이광이 밤에 화살을 쏘아 바위를 뚫었다는 중석몰촉(中石沒鏃)과 같은 기적은 일어나지 않더라도, 이 작은 목소리가 나비가 되어 점차 큰 바람을 일으켜 종국에는 태풍이 되기를 바랄 뿐이다.

음악대학의 실기를 주로 가르치는 선생님들에게 제자들에게 실용적인 학문을 접목해야 한다고 얘기하면 대부분 동의한다. 그런데 매년 정해지는 커리큘럼에는 언제나 제자리걸음을 거듭하고 있다. 이는 본인들의 의지와는 달리 막상 어떻게 해야 할지를 모르기도 하지만, 변화하기 위해서 해결해야 할 문제들이 너무 많기 때문이다.

그래서 이 책은 우선 실용적인 과목 몇 개를 도입하는 것부터 시작하자고 제안하고 싶다. 실제 연주자로 성공할 학생들이 10%에 불과하다면 90%는 연주가 아닌 다른 방법으로 음악을 활용해서 직업을 갖도록 해줘야 한다. 직업을 생각하면 당장 커리큘럼의 90% 이상을 실용학문으로 채워야 하겠지만 그렇게 되면 시작할 엄두를 낼 수 없다. 그래서 거꾸로 제안하고 싶다. 연주자로 양성하려는 지금까지의 커리큘럼을 90%는 그대로 놔두되, 최소 10% 정도만이라도 학생들이 취직하고 창업할 수 있도록 실용적인 학문으로 전환해줘야 한다. 교과목의 10%만 실용적인 과목을 배치해도 음악전공생들은 신선하고 새로운 변화의 공기를 맛볼 수 있다. 10%가 무리라면 5%라도 시작하길 바랄 뿐이다.

10%로 바람이 불기 시작하되 효과가 나타나면 점차 실용의 영역을 확장하면 된다. 만약 학생들 중 10%씩 매년 각자가 원하는 직종을 선택해 취업한다면 10년 후, 마침내 100%에 도달하게 된다. 10%씩 성장해 나가는 동안 각종 분야에서 취업에 성공하고 사업체를 운영하는 선배들이 강단에 서서 다양한 노하우를 공개하고 공유한다면 100%는 불가능한 숫자가 아니라고 본다.

05

음악전공생도 피할 수 없는 '밥벌이'

현실적으로 음대생들의 취업률은 사실상 10%에도 미치지 못하고 있다. 취업하고 싶은 마음은 있으나 정보가 부족하고 정보를 겨우 알고 있어도 이번에는 '방법'을 모른다. 방법을 안다 해도 학창 시절에 다양한 문서작성법이라도 배웠으면 해볼 요량이 있겠지만 그것마저 공부한 적이 없으면 이내 포기하거나 현재 위치에서 당장 도전할 수 있는 쉬운 일자리만 찾게 된다. 선택의 폭이 연쇄적으로 좁아진다.

음악전공생들은 도대체 취업 시즌에 왜 자신감을 잃어버릴까? 거꾸로 질문해 보자. 취업을 하기 위해서는 만인이 평등하게 작성해야 할 기본 서류가 있다. 응시원서와 같은 기본 서류다. 그럼 응시원서는 어떻게 작성하는지 배워 보았는지, 자기소개서는 써 보았는지 뒤돌아보자.

어디에서 직업을 구해야 하는지 구체적으로 찾아보았느냐 하면 그것도 아니다. 설령 선택했다고 해도 취업을 위해 방학 때 인턴십이라도 해보았을까? 아니면 자원봉사를 해보았을까? 뭔가 크든 작든 커리어가 있어야 입사에 도움이 되겠지만 이도 저도 해보지 않았다면 취업전선에서는 그야말로 망망한 바다에 홀로 던져진 배와 같다.

구체적인 방법에 대해서는 차차 이야기를 나누겠지만, 음악전공생이 취업과 관련한 커리어를 만들 수 있는 최적의 기간은 방학이다. 방학 때 진로를 찾기 위한 다양한 커리어를 쌓아야 한다. 커리어를 위한 정보를 원한다면 우선 가까운 진로센터를 찾아가야 한다. 최근에는 각 대학교마다 진로센터가 개설돼 있다. 이 진로센터부터 찾아갈 것을 권한다. 취업을 위한 정보 취득처로서 가장 가까운 진로센터가 있지만 음악전공생들이 문을 두드리는 경우는 매우 드물다. 취업에 대해 걱정하면서도 여전히 '나는 음악전공생'이라는 비현실적 프라이드가 자리 잡고 있는 까닭이 아닐까 조심스럽게 짐작해본다. 그러나 무조건 두드리길 권한다.

왜 취업에 대해 일찍부터 관심을 가져야 하는지 필자의 지론은 분명하다. 음악을 전공한 학생들이 사회에서 인정할 만한 직장, 직업을 갖지 못하는 이유는 어디에 있을까. 사실상 그 어느 분야에 내어놓아도 뒤지지 않을 잠재적 능력이 있음에도 취업의 문턱에서 좌절하는 경우를 너무도 많이 보아왔다. 어느 정도는 음악대학의 교육과정에 책임이 있다고 말할 수 있다. 클래식이든 실용이든 '음악'으로 밥을 벌어 먹고살 수 있는 사회적 능력자들을 양성해야 하는 것은 어찌 됐든 교육의 책임이다.

이 책에서 앞으로도 수없이 강조하게 될 무브먼트의 최종 목적이 바로 '밥벌이'다. 어려운 말을 할 필요가 없다. 밥벌이를 해야 좋은 일도 하고 사회에 좋은 영향을 끼칠 수 있다. 시대는 하루가 다르게 변하고 있다. 이 책은 만고불변의 법칙을 담은 학술서가 아니기에 음악대학의 변화와, 사회의 변화, 음악전공생들의 변화에 따라 수시로 개정될 수 있다. 필자가 이 책을 낸 후에 누군가 또 다른 진로 탐색 관련 도서를 출판한다면 그야말로 진심으로 환영할 것이다. 무브먼트란 어떤 특정인의 목소리가 아니라 음악을 사랑하는 모든 사람들이 동참해야 하기에 누군가 출판을 통해 이 운동에 참여한다면 대단히 기쁜 일이다.

이 책을 기폭제로 삼아 누군가 더 흥미로운 정보를 공개하기를 바란다. 그리고 그 정보가 활용되기 위해서는 아마 필자와 같은 목소리를 내야 할 것이다. '이제 음악전공생도, 음악대학도 바뀌어야 한다.'는 코멘트가 끊임없이 이어져야 한다.

06

진로 탐색은 평생의 길

　목숨을 유지하기 위해서는 호흡이 필요한 것처럼, 필자뿐만 아니라 음악전공생 모두에게 호흡과 같은 '희망'을 불어넣는 심정으로 글을 썼다. 어린 시절 음악을 전공하겠다고 꿈을 이야기했을 때 대부분 친척들은 '음악을 하면 굶어 죽을 각오를 하라'며 좌절감부터 심어주었다. 피아노를 전공하고 음악을 공부하는 내내 '먹고 살기 힘들 것이다.'는 한숨만 듣고 자랐던 것 같다.

어린 시절만 그런 게 아니라 지금도 음악전공생들은 취업전쟁에서 자존감 상실과 열등감에 휩싸여 있다. 그렇다면 그토록 긴 세월 동안 한숨을 쉬며 한탄했던 그 숱한 선배들은 후배들을 위해 무엇을 했는지 묻고 싶다. 그래서 늦었지만 이제부터라도 '기성세대가 해야 할 역할을 해보자'는 게 나의 작은 꿈이다. '음악사회를 변화시켜보자'는 생각이다. 그저 밥벌이가 힘들다고 지적만 하지 않고 '지금 여기서부터'라도 정보를 취합하고 열심히 설명을 해서 후배들에게 길을 뚫어주어야 선배들의 전철을 밟지 않을 수 있다.

찾아보면 음악을 전공하면서도 성공적으로 취업하고 회사를 설립한 사례들이 있다. 뜬구름 잡는 추상적 이야기보다 이런 성공 사례를 찾아 팩트 체크를 한 후 마땅히 소개한다면 진로 탐색에 더욱 큰 도움이 될 뿐 아니라 음악전공자들의 훌륭한 지침서가 될 것이다.

다시 말하지만 이 책은 취업이나 창업의 총서(總書)는 절대 아니다. 이 작은 정보들은 독자들의 취업과 창업 의욕에 불을 지피는 작은 불씨에 불과하다. 음악계 전체가 활성화되기 위해서는 이 불씨를 서로 나눠야 한다. 일방적인 지식 전달의 '트레이드 오프'(Trade off)가 아니라 각자 가지고 있는 정보를 서로 나누는 호혜주의에 따라 읽어주기를 바란다. 그래서 이 책에 실리지 않은 사소한 정보라도 저자나 출판사에 피드백을 해준다면 더 큰 바람, 태풍을 일으킬 수 있음을 밝힌다.

'함께 나아갑시다.'

스스로에 대한 비평과 비난을 멈추고 서로 정보를 나누고 힘을 보태며 격려하는 음악사회가 되었으면 좋겠다.

07

음악 전공자들의 생계

최하위 취업 전공 10개 중 음악 관련 5개

　최근 한 언론사에 클래식 음악계에 대한 자조 섞인 칼럼을 읽고 낯 뜨거웠던 적이 있다. 2019년 신동아 월간지에 실린 '위기에 빠진 클래식 음악계'라는 제목의 칼럼이었다. 음악계에 대한 비판은 비단 국내 언론에서만 요란한 것은 아니다. 이미 미국 내에서도 줄리어드 스쿨의 음악교육에 메스를 가하는 글들이 많았다. 클래식 연주만으로 생활을 영위하는 프로 음악가들은 한계에 도달했음에도 줄리어드 스쿨은 미국에서 고갈된 자원을 채우기 위해 아시아 학생들을 무조건 유치하고 있다는 비판의 목소리였다. 미국이나 한국 모두 이제는 클래식 음악교육이 바뀌어야 한다며 한 목소리로 주장하고 있는 것이다.

언론뿐 아니라 음악계 자체도 음악전공자들의 취업률이 얼마나 엉망인지 뒤돌아보아야 하며 클래식 교육이 환골탈태해야 할 때라고 말한다. 이토록 다양한 자성의 목소리가 나왔다면 지금쯤은 음악계 내부에서 졸업생들이 어떤 직업을 갖고 있는지, 직업을 구하지 못했다면 그 이유가 무엇인지 등을 조사하고, 나아가 어떻게 취업을 준비해야 하는지 등 구체안을 내놓아야 한다. 이는 학생들이 세상 밖으로 진출해 안정적인 활동을 펼치기 위해서도 꼭 필요한 정보다. 대학교 재학시절 취업은 먼 훗날 이야기로 착각하고 방학만 맞으면 배낭여행 등 해외여행에만 몰두하면 안 된다는 이야기를 해줘야 한다. 휴가를 즐기고 쉬는 일도 중요하지만, 휴가는 단 며칠이면 족하다. 대학시절을 회고해보면 '생산성'과 '효율성'이 가장 떨어지는 시기가 바로 방학 시기이다.

그래도 학기 중에 못다 한 연습을 채우고 실력을 쌓는 학생들은 그나마 괜찮은 편이다. 걱정스러운 것은 이런 연습이나 실력 쌓기에도 외면하는 학생들은 과연 무엇을 하면서 방학을 지내느냐 하는 점이다. 졸업 이후 명확한 목표를 정했다면, 그게 창업이든 취업이든 이를 달성하기 위한 기초 지식을 쌓아야 한다. 요즘은 해외를 다녀오지 않으면 큰 콤플렉스나 되는 것처럼 방학만 맞으면 너나 할 것 없이 휴양지나 유럽, 미국 등 여행을 떠나는 게 유행처럼 돼버렸다. 어차피 음악전공은 취업이 힘들기 때문에 감성이라도 풍부해지려고 여행부터 챙기는 것일까?

 2016년 한국고용정보원에 따르면 4년제 대학교 졸업생 취업률이 가장 낮은 대학의 최하위 10개 중 5개가 음악 관련 대학인 것으로 나타났다. 이런 통계를 보고 음악전공생들은 도대체 음악을 공부해서 취업할 만한 직업이 있기는 할까 의심하지 않을 수 없다. 필자 역시 대학에 입학했을 때 그런 생각을 떨쳐버릴 수가 없었다. 그러나 막상 직업의 세계를 탐구하면서 '음악전공생들이 직업 세상을 너무도 몰랐구나.'하는 탄식이 흘러나왔다. 음악전공생들은 이 점에서 일단 인식이 달라져야 한다. 음악을 전공해서 도전할 수 있는 직업이 없는 게 아니다. 하나하나 열거하면 다른 직종과 비교해도 결코 뒤지지 않을 만큼 다종 다기하다.

08

한국의 음악영재 포화상태

한국 클래식 교육 팩트 체크

　클래식 연주 분야에서 우리나라 음악교육은 세계 곳곳에서 탐낼 만큼 훌륭하다. 중앙일보 김호정 기자의 기사에 의하면 2017년 11월 당시 세계적인 음악콩쿠르에서 우승한 한국 연주자들이 148명을 상회한 것으로 나타났다. 이 정도 입상한 나라는 일찍이 없었다. 지난해 필자의 회사 (주)

툴뮤직의 음악캠프에서도 세계적인 국제 콩쿠르에 입상한 수많은 음악가들이 참가했다. 이제는 그 귀한 입상자 한 명을 모시기가 힘들지 않다는 얘기다.

여기에 문제가 있다. 언론에서 늘 지적하듯이 어릴 때부터 엄청난 돈을 투자해 공부했음에도 일부 최고 연주자를 제외하고는 연주자로서 딱히 눈에 띄지 않아 심한 경우 실업자 신세로 전락한다는 것이다. 그래서 지각있는 많은 음악대학 교수들은 이제는 혁신이 필요하다고 주장한다. 음악대학의 교육이 바뀌지 않으면 포화상태에 있는 세계적인 연주자들마저 실업자로 전락할 수 있다고 경고하고 있다. 연주자들만 배출하는 구조가 지속되면 세계적인 연주자가 되어도 큰 위기에 봉착할 수 있다는 얘기다.

음악영재를 가장 많이 배출했다는 점에서 우리 민족은 자긍심을 불러일으킬 만큼 대단하지만, 한편으로는 이들 입상자들이 국내에서 어떤 활동을 펼치고 있는지를 살펴보면 그 미래는 불투명하기만 하다. 클래식을 즐기는 인구는 적은 데 반해 음악가들은 포화상태이기 때문이다.

실기교육에 관한 한, 한때 선망의 대상이었던 러시아의 음악교육에 비교한다 해도 한국의 음악교육은 결코 뒤지지 않는다. 클래식 강국이라고 해도 틀린 말이 아니다. 벨기에 국영방송은 한국의 클래식 음악교육의 비밀을 파헤친 'Secret of Korean Classical Music'이라는 제목의 다큐멘터리를 방영한 바 있다. 도대체 어떻게 가르치기에 한국의 클래식 영재들은 그토록 많은가, 무척이나 궁금했던 모양이다. 벨기에의 클래식 음악문화가 한국보다 뒤떨어지기 때문에 한국의 클래식 음악교육이 궁금했을까? 그렇지 않다. 벨기에는 '퀸엘리자베스 국제 콩쿠르'로 전 세계

클래식 천재들이 경쟁하는 클래식 선진 국가다. 그럼에도 그들이 한국 클래식 음악의 비밀을 알고 싶을 정도로 한국의 클래식 교육은 세계적이라는 뜻이다.

벨기에 국영방송의 음악감독은 한국의 음악교육 시크릿을 탐사 취재하기 위해 본인이 직접 한국을 방문했다. 무려 1년에 걸쳐 국내 주요 음악교육기관을 방문하고 관계자 수십 명을 인터뷰한 결과 몇 가지 열쇠를 찾아냈다. 익히 알고 있는 사실이지만 한국인의 '높은 교육열'을 한국 클래식 인재 양성의 첫 번째 키워드로 꼽았다. 반복적인 훈련에서 특히 부모들은 강력한 조력자 역할을 하고 있다는 것이다. 두 번째로 체계적인 교육시스템을 꼽았다. 인재 양성의 일등공신은 독특한 교육제도인데 그 중 대표적인 곳으로 한국예술종합학교와 같은 정부 주도 교육기관을 예로 들었다. 인재를 선발하고 꾸준히 지원하는 전문 고등교육이 가능하기에 학생들이 마음껏 기량을 발휘할 수 있다는 것이다. 끝으로 학생과 학부모들 모두 치열한 경쟁의식을 갖고 공부한다는 점을 들며 '클래식 한류'의 행보가 궁금하다는 말로 끝을 맺었다.

벨기에는 물론 유럽의 클래식 강국도 우리나라의 연주자 양성교육을 부러워하고 있다. 그러나 한국의 음악교육이 진정 대단한 것일까 스스로 반문하고 싶다. 한국 음악교육의 현실을 보면 '클래식 음악 공부에 도통할 수밖에 없음을 알 수 있다. 커리큘럼 대부분이 전공 실기로 구성돼 있는 까닭이다. 하지만 세계 최고의 연주자를 배출하는 면에서 세계인들이 부러워한다면 모든 학생들도 그만큼 행복해야 하지 않을까? '그렇다'고 쉽게 대답할 수 없는 것이 현실이다.

09

음악대학 커리큘럼의 문제점

10%를 취창업 과목으로 개설

　사실 수요에 비해 공급이 포화상태에 이른 '우수한 연주자들'의 삶의 문제를 조명하면 예상 밖의 모습이 보인다. 국제 콩쿠르에서 우승했음에도, 말하자면 국가 대표급인데도 그들을 적극적으로 초청하는 공공단체나 기업, 개인들이 많지 않다는 사실이다. 결국 탁월한 국내 음악교육을 받고 세계적으로 인정받음에도 불구하고 국내에서의 연주활동은 녹록지 않은 것이다. 거꾸로 생각해 보자. 세계에서 인정받는 전문연주자들의 연주기회가 이토록 심각한 수준인데 나머지 음악전공자 99%는 얼마나 힘들겠는가. 이런 상황을 빗대 한 언론은 '클래식 음악교육에 수억 원을 들여서 결국 실업자로 만드는가' 하는 탄식 어린 비판을 쏟아 내기도 한다.

이런 모순을 탈출할 수 있는 방법이 없는 것은 아니다. 음악대학의 커리큘럼을 조금씩이나마 바꿔가면 된다. 현재 음악대학의 커리큘럼은 거의 100% 가까이 전문적인 음악실습 및 음악이론 과목이다. 전 세계적으로 인정받고 있는 하드 트레이닝으로 우수한 음악 인재를 기르는 데는 아주 적절한 교육과정일지 모르지만 이제는 이대로 끌고 갈 수 없다. 전체 교육과정 중 단 10%의 교육과정을 통해, 10% 졸업생들이 취업하고, 다시 10%의 전공생들이 창업하는 구조로 간다면 음악전공생들은 사회 곳곳에서 우수한 사회인으로 인정받을 수 있다.

정원이 40명이라고 할 때 10%만 취업을 해도 최초 취업자는 4명에 불과하지만, 10년이 지나면 40명이 되고, 이러한 취업구조가 매년 지속된다면 후배들에게는 '국제 콩쿠르에서 입상했다거나 교향악단에 입단한' 선배들의 이야기보다 자신의 뜻에 따라 취업하고 창업한 선배들의 이야기가 부러움의 대상이 될 것이다. 후배들의 꿈과 목적이 취업과 창업으로 전환되면서 '나도 취업하겠다' 또는 '창업하겠다'는 의욕이 넘칠 것이다. 취창업에 대한 의욕이 생기면 어떻게 방학을 헛되이 낭비하겠는가.

각 대학의 진로센터 이용

 방학에 시간을 낭비하는 것은 과연 학생 개인의 책임일까? 그렇지 않다고 본다. 학생들이 나아갈 길에 대해 객관적으로 판단할 자료는 대학이든 정부기관이든 누군가는 제시해 줘야 한다. 그럴 때 학생들도 좌표를 설정하고 자기 삶을 조율할 수 있다. 그런데 어느 기관에서도 음대생들의 취업현황과 동향에 대해 공식 통계조차 찾아볼 수 없다. 악기를 가르치는 일을 단순히 아르바이트가 아니라 '직업인으로서 교사'로 인정하는 등의 카테고리도 없다. 학원강사가 되었든 개인레스너가 되었든 누군가를 성실히 지도하면서도 직업인으로 포착되지 못하고 있다. 일단 음악대학을 떠나면 교수도 학교 본부도 모두 남남이 된다. 졸업생들이 어떻게 살아가든 그것은 자신들의 책임이 아니라는 태도다.

 그렇다고 모든 교수가 그런 것은 아니다. 개중에는 진정 선생님으로서 안타까움과, 그 안타까움을 넘어 죄책감을 갖는 분들도 있다. 당신이 제자의 진로에 좋은 영향을 끼치지 못했다고 양심적으로 고백하는 선생님들도 있다. 전문연주자가 아니더라도 유학 후 강사자리 하나라도 소개해 주기 힘든 상황에서 스승은 말할 수 없이 참담함을 느끼고 좌절감을 느끼기도 한다. '취업에 대해 아는 게 없는데 내가 뭘 도와줄 수 있겠는가' 하며 스스로 미안해하는 것이다.

 그러나 이제는 한숨만 토해내서는 안된다. 일자리 정보와 일자리에 맞는 교육이 무엇인지 알아보고 실천하는 등 행동이 필요하다. 이대로 좌시하면 더 많은 제자들이, 더 많은 후배들이 영영 취업할 방법을 몰라 방황하기 때문이다. 가장 기초적인 작업은 최소한 음악대학 4학년 정도가 되면 자기소개서 정도는 스스로 작성할 수 있도록 가르쳐야 한다. 이는 필자가 어느 대학에서 학생들에게 진로특강을 하든 매번 강조하는 목소리다. '그대들은 이력서라도 제대로 쓸 줄 아는가?' 이렇게 묻곤 한다. 자기소개서와 이력서를 작성해야 크고 작은 기업에 어플라이할 수 있기 때문이다. 취업을 하지 않고 대학원을 진학해도 이력서는 필수 제출서류가 아니던가. 실제 대학 4년 동안 이력서 한번을 제대로 작성해 본 사람이 거의 없다는 것을 알고 깜짝 놀라기도 한다.

최근 각 대학마다 이런 서류작성법을 일찍부터 지도해 주고 스스로 직접 작성할 기회를 제공하는 '취창업진로센터'가 개설돼 있다. 안타깝게도 음악전공생들에는 이런 진로센터 출입을 남의 일로 받아들인다. 본인들이 취업할 만한 직종이 없다고 지레 판단하는 까닭이다. '저건 우리에게 그림의 떡이야.' 세상에 이런 못난 생각이 어디 있는가. 스스로 더 못난 구석으로 몰아가는 게 아니고 무엇이겠는가.

이제는 음악계 현실을 잘 모르면서 편신(偏信)을 기정사실인 양 믿으면 안 되는 시대에 살고 있다. 스스로 마음만 먹으면 정보는 얼마든지 취득할 수 있고 그 정보를 '생각대로' 가공해 미래의 진로를 개척할 수 있는 시대다. 그럼에도 현실을 외면하고 음악을 전공해서 취업할 만한 직업이 없다고 속단한다면 결국 돌아오는 것은 자기 인생의 포기와 상처뿐이 아닐까?

필자는 수년간 대학교에서 진로 관련 과목을 연구하여 진행하면서 어떤 커리큘럼이라야 학생들이 실제로 진로를 준비하는 데 도움이 될까 꾸준히 연구해왔다. 필자가 생각하기에 최소한의 취창업 과목 커리큘럼은 아래와 같다.

'**음악과 진로 탐색(취업)**'은 음악 취업을 목적으로 개설한 과목으로써 먼저 다양한 음악 관련 직업군에 대한 리서치로 시작한다. 리서치를 통해 관심 있는 직장을 직접 찾아보고 그 업체의 응시 요강을 다운로드 받은 후 지원서를 작성한다. 필자가 직접 검사하고 첨삭한 후 면접 응대 요령에 대한 강의를 진행한다. 모의 면접을 진행하고 파이널 코멘트를 해주는데 진로 탐색은 취업을 위해 반드시 필요한 과목이다.

목원대학교 음악과 진로 탐색(취업) 수업계획서

담당교수 정은현

주별 수업 내용	
주 차	강 의 내 용
1주차	음악 관련 직업에 대한 이해
2주차	음악 관련 직업 리서치 1 (자영업)
3주차	음악 관련 직업 리서치 2 (교육업)
4주차	음악 관련 직업 리서치 3 (예술단 조직과 운영)
5주차	음악 관련 직업 리서치 4 (공공기업: 예술의전당, 문화재단)
6주차	음악 관련 직업 리서치 5 (공연기획사 & 아티스트 매니지먼트)
7주차	응시 원서와 자기소개서의 이해
8주차	응시 원서와 자기소개서 작성요령 1
9주차	응시 원서와 자기소개서 작성요령 2
10주차	응시 원서와 자기소개서 첨삭 1
11주차	응시 원서와 자기소개서 첨삭 2
12주차	면접 대비 요령
13주차	가상 모의 면접 1
14주차	가상 모의 면접 2
15주차	가상 모의 면접 리뷰

'음악창업'은 전주대학교에서 진행한 과목으로 음악창업에 대한 전반적인 이해를 돕기 위해 개설했다. 과목 세부내용을 살펴보면, 사업자의 종류와 특성에 대해 살펴보고, 음악창업 사례를 분석한다. 본인이 관심 있는 음악창업 사례를 검색하여 직접 발표한다. 이때 창업에 필요한 다양한 재원 조성 방법과 마케팅 노하우를 지도한다. 또한 창업의 중요한 이슈로 떠오르고 있는 '사회적기업'에 대한 강의를 진행한다. 이어 음악창업에 대해 정리하면서 마무리하는 과목으로 음악인들에게는 생소하기만 한 음악창업에 대한 기본적인 지식을 습득하게 하는 것이 이 과목의 학습 목표다.

전주대학교 음악창업 수업계획서

담당교수 정은현

주 차	주별수업내용
	강의내용
1주차	오리엔테이션 : 뮤직비즈니스란?
2주차	사업자의 종류와 특성 1 : 영리사업자 (개인사업자, 주식회사, 유한회사, etc...)
3주차	사업자 종류와 특성 2 : 비영리사업자 (사단법인, 전문예술단체법인, 재단, etc...)
4주차	음악비즈니스 사례분석 1 : 레코딩 음악산업
5주차	음악비즈니스 사례분석 2 : 아티스트 매니지먼트
6주차	음악비즈니스 사례분석 3 : 공연기획
7주차	중간고사 1 : 관심 있는 뮤직비즈니스 사례발표 1 (PPT, 발표 능력 평가)
8주차	중간고사 2 : 관심 있는 뮤직비즈니스 사례발표 2 (PPT, 발표 능력 평가)
9주차	Seed Money 조성 방법 1 : 예술공모지원사업 리서치, 공모사업 신청 요령
10주차	Seed Money 조성 방법 2 : 기업후원, 기업후원을 위해 필요한 것들
11주차	마케팅의 종류와 노하우 1 : STP 전략, 마케팅믹스 4P의 이해
12주차	마케팅의 종류와 노하우 2: 네이버키워드 마케팅, Modoo 홈페이지 제작 방법
13주차	사회적기업의 이해 1: 사회적기업의 정의와 인증 방법
14주차	사회적기업의 이해 2: 문화예술사회적기업 사례연구
15주차	뮤직비즈니스 총정리 및 요약

'**공연기획과 실습**'은 필자가 목원대학교와 전주대학교에서 진행한 과목으로 공연기획사 직무체험을 목적으로 개설하였다. 과목 설명을 하자면, 우선 연주팀을 조직하고 공연기획서 작성법에 대해 강의한 후, 팀별 기획 회의를 시작한다. 기획 회의를 2주간 진행한 후, 어떠한 공연을 진행할지 공연기획에 대한 발표를 진행한다. 발표 이후, 보도자료 작성법에 대해 지도하고, 다양한 마케팅 방법에 대해 가르친다. 좋은 제안서 작성법에 대해서 사례 분석한 후, 팀별로 리허설을 2주간 진행한다. 이어 팀별 모의평가로 다른 팀 앞에서 모의공연을 한 후 최종 리허설 진행 후에 기말고사를 대체하여 최종결과 발표콘서트를 진행한다. 음대에는 팀워크를 다질 수 있는 교과목이 부족하고 직무체험이 가능한 과목이 거의 없어서 기획해 본 과목이다.

전주대학교 공연기획과 실습 수업계획서

담당교수 정은현

주 차	주별 수업 내용 강 의 내 용
1주차	오리엔테이션 : 공연기획과 실습 과목에 대한 기본 정보
2주차	연주 팀 조직 및 공연기획서 작성법
3주차	공연기획 컨셉 회의 1 : 공연 컨셉, 공연 프로그램
4주차	공연기획 컨셉 회의 2 : 마케팅 계획, 관객 개발
5주차	공연기획서 발표 1 : 조별 PPT 발표
6주차	공연기획서 발표 2 : 조별 PPT 발표
7주차	보도자료 작성법
8주차	마케팅 1 : 온라인 마케팅의 종류와 유형
9주차	제안서 작성법 : 좋은 제안서의 사례
10주차	팀별 리허설 1 : PPT + 리허설 실기지도
11주차	팀별 리허설 2 : PPT + 리허설 실기지도
12주차	마케팅의 종류와 노하우 2 : 네이버 키워드 마케팅, Modoo 홈페이지 제작 방법
13주차	팀별 모의 평가
14주차	최종 리허설
15주차	기말고사 (결과발표 콘서트 진행)

제2부

나의 스토리

툴뮤직 창업과 사회적기업 설립까지

툴뮤직, 청년과 장애인 음악가 두 축을 이끄는 연장(鍊匠)

 그동안 걸어온 길을 공개하는 것은 자랑하기 위함이 아니다. 전공자들이 취업, 창업을 할 때 도움을 주고자 그간의 여정을 소개할 뿐 다른 의도는 없다. 돌이켜 보면 지금까지 어느 기업가의 말처럼 길이 없으면 길을 뚫었고, 뚫린 길이라도 나의 적성과 성격, 비전과 맞지 않는다면 과감히 포기하기도 했다. 지난 2017년에 이런 일이 있었다. 툴뮤직 소속 아티스트로 활동했던 시각장애인 피아니스트 노영서가 독일의 유명 작곡가에게 곡을 헌정 받았던 사건이 있었다. 독일 작곡가 '마리아 레온체바'가 자신이 작곡한 'Four

Seasons' 12곡 전곡을 노영서에게 헌정했던 것이다. 동양의 낯선 타국, 단 한 번도 보지 않은 노영서에게 무슨 이유에서 그는 무려 12곡을 헌정했을까?

　노영서는 소년체전 서울시 대표로 나설 만큼 운동신경이 탁월했다. 뿐만 아니라 피아노 연주에도 재능이 많았던 그는 열두 살 때 시력이 점점 약해지더니 급기야 20% 정도의 주변부 시력만 남기고 나머지 시력이 증발했다. 그래도 '독서확대기'를 통해 남보다 수십 배의 노력으로 지식을 흡수하는 등 그 집념은 참으로 놀라울 정도였다. 시각이 점점 흐려지는 고통 속에서도 그는 피아노를 떠나지 않았다. 아니 더 매달렸는지도 모른다. 그 열정에 신(神)도 감복했는지 한국예술종합학교 '일반전형'에 당당히 합격했다. 입학도 기적인데 4년 내내 우수한 성적을 거두며 중앙콩쿠르, 동아콩쿠르 등에서 4위에 올라 주위 사람들의 입을 떡 벌어지게 했다. 그런 *그*가 지난 2017년 독일 Kammeroper Halle 초청 연주에서 독일인들을 울음바다로 만들었다.

　노영서가 제 재능을 발휘하기까지는 수많은 도움의 손길들이 있었다. 가장 중요한 사람이야 그를 낳고 길러주신 어머니가 되겠지만 음악의 길에서 가장 큰 도움을 주었던 분들은 한예종의 김대진, 김헌재 교수를 꼽을 수 있겠다. 그다음으로 따지면 툴뮤직이 있었다고 자부한다. 노영서가 그라운드에서 뛸 수 있도록 이끌어 냈고 그의 재능이 세상 속에서 빛을 발하도록 다각도로 뛴 것은 사실이다. 툴뮤직이 다루고 있는 사업분야 중 장애인 음악가들의 활동을 돕는 영역이 있다. 툴뮤직이 사회적기업으로 거듭난 이유도 여기에 있다. 그들의 손과 발이 되고자 사회적기업으로 변신한 것이다.

4개월 만에 음반 제작과 연습 일정, 초인적인 고행

독일의 Kammeroper Halle는 우연찮게도 툴뮤직처럼 청년, 장애인 음악가에 관심이 많은 단체다. 그 단체에서 지난해 한국에 연락을 취했다. 좋은 연주자를 추천해 달라는 것이다. 이때 노영서의 '쇼팽 발라드 1번' 영상을 보냈는데 보낼 당시만 해도 일이 커질 줄은 전혀 생각지 못했다.

영상을 보고 독일 최고 작곡가 마리아 레온체바가 감동에 젖었고 그 감동이 마르기 전에 피아니스트 노영서에게 본인의 작품을 연주해 달라고 요청한 것이다. 2017년 6월에 요청을 받았는데 연주회 날짜까지는 너무도 촉박했다. 연주회를 10월 19일 개최하기 때문에 불과 4개월도 안 되는 짧은 기간이었다. 초연곡인 만큼 완벽하게 소화해서 음반 제작도 해야 하고, 연주까지 능란하게 치러야 하는 벅찬 일정이다. 불가능에 가까웠다. 일반연주자도 힘든데 더구나 시각장애인이지 않은가. 결국 포기하려고까지 고려했지만 정작 당사자인 노영서는 '도전'을 선택했다.

툴뮤직은 다양한 사업으로 고정비용을 늘 채워야 하는 입장이다. 계산기를 두드리면 하지 말아야 할 사업이지만 우리는 노영서의 열정을 위해 모든 일들은 열외로 밀쳐냈다. 아니 다른 사업은 포기했다고 봐야 한다. 대신 마리아 레온체바의 작품 'Four Seasons' 앨범은 독일 연주 전까지 완성하기로 결정했다. 물론 그 길은 결코 평탄치 않았다. 일반 악보 세 배 크기의 악보에 그려진 음표 하나씩 하나씩 더듬어 읽으며 연습해야 하는 과정도 피를 말리지만, 음반 제작에 소요되는 재정적 부담은 또 어떻게 마련하나, 걱정이 이만저만이 아니었다.

독일 연주 후 모든 걱정 불안 일소(一掃)

 그런데 마치 원래 짜여진 각본처럼 신묘한 일들이 펼쳐졌다. 제작비용은 서울문화재단 잠실 창작스튜디오 '장애인 창작 활성화 지원사업'에 선정되면서 해결되었는데 참으로 절묘한 타이밍이었다. 그 기금으로 연습과 음반 작업을 하던 중 또 하나의 희소식이 날아왔다. 시각장애인이 악보를 볼 수 있는 VR시스템 '릴루미노'가 S전자에서 개발된 것이다. 이 VR을 사용하면서 레코딩 작업은 날개 단 듯 진행되었다.

 우리는 일점일획 척척 들어맞는 타이밍에 소름이 돋았다. 돌이켜 보면 노영서의 앨범은 눈물의 앨범이었다. 완성도 있게 연주하기 위한 노영서의 노력과, 악보를 전지 크기로 확대 편집해야 하는 어머니의 수고, 곡이 마음에 차지 않을 때마다 찾아오는 찰나의 절망들, 이 젊은 시각장애 학생을 위해 모든 일을 뒤로 미루었기에 회사 매출이 절반으로 줄어들면서 밀려왔던 회한... 그런 번민 속에서도 나와 툴뮤직 전 직원들은 끝내 독일 공연 하루 전날까지 음반을 완성해 냈다.

 독일 마틴 루터 대학 아울라극장에서의 연주는 정말 잊을 수가 없다. 거의 모든 좌석이 꽉 찼다. 'Four Seasons'는 12곡인데 3권의 악보집으로 만들었고 당시 페이지터너를 필자가 직접 맡았다. '기적'이 바로 이 순간, 내 옆자리에서 선연하게 펼쳐진다고 생각하자 가슴이 벅차올랐다. 그 감동에 겨운 탓일까? 페이지를 넘기다 그만 실수를 저질렀다. 악보 4월을 펼쳐야 하는데 8월 악보를 잘못 펼친 것이다. 피아니스트 노영서는 바들바들 떠는 나의 손을 바라보며 '선생님, 저 괜찮아요! 잘할게요! 그런데 선생님! 지금 8월 악보를 펼치셨어요.' 그렇게 나를 위로하는데 영원히 잊지 못할 생애 최고의 순간이 될 것 같다.

연주가 끝나자 그동안 겪은 갈등, 걱정, 억눌림이 눈 녹듯 사라졌다. 사실 음반 녹음 기간 동안 참 많이도 불안했다. 당사자가 너무 힘들어할 때마다 이렇게 되뇌었다. '시각장애인도 가능하다고 믿었는데 내가 너무 자만한 것은 아닐까? 오만한 자세로 이 일에 달려들었나? 괜히 시작했나?' 갖가지 망상이 끊이지 않았다. 그러나 이 공연으로 그런 모든 헛된 생각들이 산화되었다.

장애인을 가르치다 장애인을 위한 기획을 시작

장애인 음악인에게 관심을 갖게 된 특별한 계기가 있다. 노영서를 만나기 이전에도 장애인 학생들에게 항상 피아노를 가르쳐왔다. 음악에 재능이 있는 장애인들을 가르치면서 입소문이 났는지 장애 음악인들을 가르치지 않는 날이 없었다. 장애 음악인들을 가르치면서 가장 큰 고충은 입시생들을 가르칠 때다. 장애 음악인들이 겪는 고충을 구체적으로 알게 된 것은 그들과 함께 입시의 문턱을 넘나들면서부터다. 레슨과 콩쿠르 진출, 대학입학 등 모든 분야에서 걸림돌이 너무도 많았다. 대학에도 장애인 전형이 있기는 하지만 지정곡은 모두 일반학생들과 똑같다. 모순이 아닐 수 없다. 한 손이 없는 학생의 경우 양손으로 소화할 수 있는 곡을 연주하라는 경우가 그 대표적인 케이스다. 장애인을 위한 진정한 전형이 아닌 것이다.

장애인들을 위한 음악교육방법을 모색하던 중 한 가지 아이디어가 떠올랐다. 장애인 교육에 경험이 있는 교사들이 한 자리에 모이는 포럼을 떠올렸다. '그래! 포럼을 개최하면 각종 사례를 공유할 수 있겠다' 싶었다. 일반 피아노 지도법이 있듯이 장애인들을 위한 교수법도 누군가는 실천하고 있을 터인데 이를 공론화하자는 아이디어가 솟아났다. 곧바로 실천에 들어갔다. 모두가 사회적인 문제라고 말하면서도 팔짱을 끼고 있는 동안, 툴뮤직은 자신이 할 수 있는 범위 안에서 실천해 나가기로 했다. 그렇게 포럼을 개최한 데 이어 '장애인 음악 콩쿠르'도 기획했다.

누군가는 첫발을 내디뎌야 한다는 각오로 시작했다. 장애인 콩쿠르를 시작했을 때 '돈도 되지 않는 그 일을 왜 하느냐'는 시각이 많았다. 그런데 결혼한 기혼자들은 아실까? 아내에게 칭찬받는 게 가장 행복하다는 것. 피아니스트인 나의 아내도 장애인 음악 콩쿠르가 끝나자 '당신 너무 훌륭한 일을 한다'며 칭찬하지 않는가. 얼마나 기뻤는지 모른다. 장애라는 한계를 갖고 있지만 보석 같은 아이들이 이토록 많은데 그동안 무대가 없었던 것이다. 우리는 이 콩쿠르를 사업으로 생각해서 시작한 게 아니다. 사업성이 없으니 아무도 하지 않았기에 나라도 시작하자는 차원이었다.

연습실 공간사업으로 재원 기틀 마련

노영서를 만나 음반을 제작하고 독일 연주회를 성공시키기까지 굉장히 고생했다. 그 정도가 무슨 고생인가. 그동안 고생한 적 없는 '피아노물림'으로 살아왔기에 '그 정도를 고생이라고 생각하는 건 엄살'이라고 오해할 수도 있다. 그러나 그간 걸어온 길을 스크린하면 과장된 어법이 아니라는 것을 알 수 있지 않을까 싶어 그간 내가 걸어온 길을 소개해보겠다.

사업가로 걸어온 길은 한마디로 자갈길이었다. 음악전공자로서 사업을 처음 시작하는 게 결코 순탄하지 않았다는 것이다. 나는 2010년에 대학원 석사과정을 졸업했다. 누구나 그렇듯 가장 큰 고민은 '내가 과연 먹고살 수는 있을까' 하는 점이었다. 이런저런 고민 끝에 곧 피아노교육 회사에 취직해 직장생활부터 시작해 보았지만 직장생활 체질이 아니라는 사실만 확인하고 사표를 던졌다. 서울에 연고지가 없었기 때문에 서울에서 대학을 졸업하고도 졸업 후 집이 없어 찜질방을 전전했다. 밖으로 나서면 피아노를 전공한, 그럴듯한 차림새의 인텔리로 보였지만 생활은 참담했다.

　직장생활을 접고 죽이 되든 밥이 되든 자영업을 해야겠다고 결심하고 대전 고향으로 다시 내려가 공연기획을 시작했다. 그런데 지방의 공연기획이란 게 일 년 중 3분의 1은 비수기였다. 공연기획만으로 회사를 운영할 처지가 못돼 쫄쫄 굶는 달이 많았다. 사무실 구할 자금이 없어 부모님 집에 얹혀 사업을 하다 안 되겠다 싶어 자그마한 사무실을 얻었다. 쪽방처럼 평수도 좁지만 난방이 되지 않아 겨울이면 피아노도 얼고 내 몸도 꽁꽁 얼었다.

　그나마 공모사업에 일찌감치 눈을 떠, 부지런히 지원사업을 따내 열심히 했다. 지방에서 클래식만으로 밥 먹기는 힘들다는 사실만 확인하고 서울 대처로 나갈 궁리만 했다. 결국 2011년 다시 상경해 상도동에서 아는 후배와 연습실 공간사업을 시작했다. 그때도 집은 꿈도 꾸지 못할 때였다. 공간사업, 즉 연습실 대여사업을 하면서 사용하지 않는 연습실 한 칸을 방으로 삼고 화장실에 샤워호스를 연결해서 저녁이면 대충 샤워하고 잠을 청했다.

공간사업도 처음에는 녹록지 않았다. 시작한 지 수개월이 흘러도 도무지 학생들이 오지 않아 임대료만 꼬박꼬박 새어나갔다. 가슴이 답답했지만 그 답답함은 막다른 골목에서 공격적인 마케팅에 대한 용기를 끄집어냈다. 우선 홍보비가 없으니 네이버 키워드부터 마케팅을 시작했고 얼마나 열심히 했던지 6개월 만에 연습실마다 학생들로 가득 채워졌다. 연습실이 북적거리자 이번에는 상도동 연습 공간사업을 팔고, 논현동에서 새로 시작했다. 논현동 역시 처음부터 잘될 리가 없었지만 더이상 쫄지 않았다. 마케팅 기법을 터득했기 때문이다. 다시 키워드 마케팅으로 1년 동안 자판을 맹타하자 학생들이 끊이지 않았다. 성공적인 운영이 알려지자 다른 지역에서도 오픈해달라는 요청에 따라 청담동, 방배동 지점도 오픈했다.

수입은 짭짤했지만 전세방 하나를 얻을 만한 돈은 되지 않았다. 2014년까지 발 뻗고 누울 만한 집을 구하지 못해 여전히 연습실 하나를 쪽방으로 삼아 생활해나갔다. 당시 친구들은 그렇게 악착같이 사업에 목을 매는 나를 측은하게 바라보았다. 솔직히 불쌍하게 보았다. 하지만 그런 친구들의 시각에도 아랑곳없이 매일매일이 정말 행복했다. 나중에 후암동에 작은 전세집 하나를 구했을 때의 기쁨은 말로 표현할 수가 없다. 누울 자리가 있다는 것, 이 막막한 서울 도심에 잘 자리, 쉴 자리가 있다는 게 얼마나 감사한지 말이다.

공간사업, 공모사업, 강의 등 다양한 비즈니스 모델 개발

공간사업이 정착되자 다른 사업을 펼칠 수 있는 여유가 생겼다. 사실

나에게 있어 연애를 포함한 모든 생활은 '계획'이고 '기획'이었다. 처음 사업을 시작할 때 '젊음을 가장 큰 무기'로 삼아 저돌적으로 일을 펼쳤지만, 반드시 그에 앞서 기획만은 철저히 구상하고 일에 뛰어들었다. 공간 사업 이외의 비즈니스 모델 중 '공모사업'은 툴뮤직에게 있어 중요한 모델이다. 공모사업이란 게 결코 쉽지 않다. 그동안 공모사업에 수없이 도전했지만 번번이 실패했고 그 실패를 분석해 다양한 전략을 구사한 다음에야 겨우 20% 이상 선정되고 있을 뿐이다. 공모사업의 첫 단추는 정보력과 문서작성 능력임을 먼저 강조하고 싶다. 물론 자세한 노하우는 이 책에서 차차 밝힐 예정이다.

  돌이켜 보면 나만 잘 살겠다는 생각을 해본 적이 없었던 것 같다. 그래서 후배를 만나든 대학교수나 강사를 만나든 나의 체험담을 얘기해 주면서 학생들도 취업과 창업을 위한 기본 지식과 요령을 대학교에서 배웠으면 좋겠다는 말을 수없이 반복했다. 그래서일까? 나의 체험적 예술경영, 음악경영, 음악창업 등에 대한 경험담이 하나의 모델이 되어 각 음대에 전파되었다. 결과적으로 직접 강의를 해 달라는 요청이 하나 둘 늘어나기 시작했다.

  강단에서 나의 경험을 풀어놓을 때 '루틴'처럼 강조하는 내용은 정해져 있다. 기획이란 '눈에 보이지 않는 것'이기 때문에 일을 시작하는 게 쉽지 않다고 운을 뗀 후, 스스로 그래픽과 디자인, 텍스트를 기반으로 무에서 유를 창조할 줄 알아야 소위 '기획'을 할 수 있다고 강조한다. 세상 모든 일이 다 기획이다. 하다못해 이성 친구를 사귀는 것도 기획이다. 그 기획과 출력까지의 과정 일체를 실제 경험을 토대로 보여주고 직접 경험케 하는 것이 강의의 특징이다.

  범위를 좁혀서 공연기획을 예로 들면, 대관신청, 티켓팅, 연주자 섭외, 프로그램 구성, 보도자료 작성, 연주회 진행, 피드백에 이르기까지 전 과정의 직무체험도 겪도록 한다. 누구도 가르쳐 주지 않는 실무적인 내용인데 학생들에게는 유익할 수밖에 없다. 음악창업의 경우, 창업의 종류, 법인 설립, 마케팅, 씨드머니 축적, 사회적기업 창업 등 실용적인 내용을 깊이 있게 전달한다. 심지어 자기소개서 작성요령, 프리젠테이션, 직무 어플라이, 모의 면접 등 입사에 필요한 실제 지식까지 망라해서 공유해 준다.

  요즘 학생들의 능력은 옛 선배들보다 훨씬 뛰어나다고 해도 틀린 말이 아니다. 그래서 그 능력 있는 학생들에게 한 가지 부족한 점을 꼽으라면 '동기부여'가 아닐까? 나는 음악전공생들에게 동기부여를 심어 주고 더 열심히 뛰어 보라고 채근한다. 가만히 있지 말고 독서, 여행, 아르바이트 등도 마음껏 해보고, 하고 싶은 모든 것을 해보라고 독려한다. 특히 사랑을 받을 수 있는 사람이 되라고 늘 강조한다. 일종의 릴레이션십으로 호감을 갖는, 호기심이 많은 사람이 되라고 이른다. 연주를 아무리 잘해도 만나고 싶지 않은 사람이라면 연주회에 초청할 리가 없다. 그러려면 '스스로 잘났다'고 생각하지 말아야 하고 '대접받기'만을 원하면 안 된다. 이처럼 삶 가운데 꼭 필요한 핵심적인 내용도 가르친다.

  거꾸로 음악전공생들에게 신선한 정보를 제공하기 위해 나 역시 쉴 새 없이 배우고 쓰고 강의한다. 예술경영과 관련한 강의, 세미나, 포럼, 연주회 등 무조건 발로 뛰어다니면서 지식을 쌓는 탐험가로 살고 있다.

나의 아이덴티티는 사회적기업가

늘 사업을 뜻대로 펼친다 해도 음악기업가로서 고민에 빠질 때가 많았다. 내가 과연 사업가인가? 언뜻 보면 그럴 것 같은데 아무리 생각해도 찜찜했다. 장애인을 위한 다양한 기획은 분명 수익과는 거리가 먼 비즈니스로 누가 봐도 장사와 무관한 공익적 사업이다.

그런 고민이 거듭되면서, 고민의 원인은 나의 정체성이 부족하기 때문이라고 판단해 아이덴티티를 찾기 시작했다. 그러다 지금까지 펼쳐온 사업을 더듬어보면서 '공익을 위한 사업'이 대다수였다는 사실을 깨달았다. '나는 사회적기업가'라는 확신이 생겼다. 기업 운영이든 피아노 연주든, 하기 어려운 일을 성취했을 때 사랑을 느끼고 스스로 감동에 빠지곤 했다. 많은 분들이 '공연기획은 힘들고 돈도 안 되는데 무슨 재미를 느끼는가'라고 질문을 던졌는데 그때마다 나는 거꾸로 생각했다. 돈이 되지 않고 힘들어도 나로 인해 누군가 행복할 때 나 역시 행복하고 재미를 느끼지 않았던가.

돈의 개념도 달리 정의했다. 돈을 벌기 위해 일을 한다고 생각하지만, 사실은 좋아하는 일을 하기 위해 돈이 필요할 뿐이다. 30대 초반에 공간사업을 시작한 것은 사회적 목적이 강한 공익사업을 하기 위해 펼친 일이었다. 2018년 3월, 툴뮤직이 사회적기업으로 거듭나기 위해 무진 애를 쓴 이유는 자영업만으로는 장애인 제자들을 도울 수 없었기 때문이었다. 서울시로부터 사회적기업으로 인정받는 것은 결코 순탄치 않았다. 지원 자체가 엄청난 도전이었다. 제출 서류만 그 당시에 30여 가지에 재무제표를 포함한 문서작성도 까다롭기 짝이 없었다. 인증 단계도 꽤나 복잡했다. 그 복잡한 단계를 거치면서 '사람이란 굶어 죽지는 않는구나, 시도하면 어떻게든 굴릴 수 있다'는 자신감을 얻었다.

지금 툴뮤직의 규모가 커진 만큼 매일매일 새로운 도전들이 발생한다. 직원들도, 고정지출도 늘어나 지출도 초창기에 비하면 몇 배나 증가했다. 그러나 이제는 문제가 생길 때마다 감당할 수 있는 것은 그동안의 장벽을 능히 헤쳐 나온 스킬과 자신감 덕분이다.

약점을 강점으로 만드는 마술 같은 툴

툴뮤직 사업은 크게 '청년 음악가 육성'과 '장애인 음악가 육성'이라는 두 개의 축으로 움직이고 있다. 예컨대 조성진과 같은 젊은 음악가를 육성하는 프로그램이 있다면, 반클라이번 국제 콩쿠르에서 우승한 일본 시각장애 피아니스트 노부유키 츠지(Nobuyuki Tsujii)처럼 장애인 음악인을 세상 밖으로 내보내는 프로그램이 있다. 이런 큰 그림 아래 영아티스트 콘서트, 툴뮤직 피아노 콩쿠르, 툴뮤직 신진유망예술단체 초청콘서트, 툴뮤직 장애인 음악 콩쿠르, 사회공헌 콘서트 등을 펼치고 있다.

장애인에 대한 공익 활동에는 이미 많은 음악인들이 함께 하고 있다. 피아니스트 신창용은 장애인들을 위한 마스터클래스를 도와주고, 장애인 음악 콩쿠르에 바리톤 석상근, 피아니스트 손정범, 피아니스트 임효선 등 여러 음악인들이 적극 나서고 있다. 음악인들의 활동을 돕기 위한 매니지먼트 업무도 툴뮤직의 뺄 수 없는 사업이다. 신진음악가 중에는 한국인 최초로 Conn-Selmer와 계약한 세계적인 트럼페터 김민혁과 캔자스 주립대학교에 전임교수를 역임한 플루티스트 손현선, 이밖에 최근 함께 하게 된 ARD국제 콩쿠르

2위와 슈베르트 국제 콩쿠르 우승에 빛나는 '피아노듀오 베리오자'도 있다. 특히 노영서의 성공적인 유럽 데뷔 이후 수많은 아티스트들이 툴뮤직을 찾고 있다. 지난해부터는 재즈 아티스트들도 합류하기 시작해, 색소포니스트 멜로우 키친, 탱고 듀오 엘 까미니또, 재즈 드러머 양왕열 등이 소속돼 있다.

회사 이름을 왜 투박하게 툴로 지었느냐고 묻는 질문이 많다. 투박하다. 연장이라는 뜻 자체도 투박하다. 그러나 그 투박한 도구가 없으면 모든 일은 멈추게 돼 있다. 음악계에서 무슨 일을 하든 도구 역할을 충실히 하자는 게 우리 사업의 본질이다. 돈을 많이 버는 회사라는 말보다 그 회사는 좋은 일, 도움이 되는 일을 한다는 칭찬을 듣고 싶다. 그것이 연장의 역할이니까. 회사란 대표 혼자서 운영하는 게 아니다. 훌륭한 직원들을 모시고 있고 그들의 도움 없이 툴뮤직은 도구 역할을 하지 못할 것이다. 그래서 툴뮤직은 직원분들에게 늘 감사함을 느낀다.

'You are so special!'

툴뮤직이 모든 사람을 대하는 자세다. 음악영재뿐만 아니라, 장애인, 자존감이 부족한 아이들을 포함해 모든 인간은 특별하다는 의미다. 누구나 저마다의 장점, 특별한 구석이 있는 법이다. 그래서 우리는 모두에게 '당신은 특별하다'는 말을 가장 많이 사용한다.

셰익스피어 원작 영화 햄릿의 첫 서두는 이렇게 시작한다. '사람은 저마다 타고난 약점이 있어서 그 기질이 지나치면 이성의 테두리를 넘기도 해, 그 약점 때문에 썩어빠진 존재로 보인다.' 우리는 햄릿의 약점을 강점으로 전환시키는 사회적 툴 같은 존재다.

제3부

취업과 창업에 앞서

01

자기 자신을 알아내기

나는 타고난 재능이 있는가?

　음악가로서 성공하기 위해 가장 중요한 요소는 역시 탤런트, 즉 재능이다. 어릴 때부터 소질이 있는 어린이들이 성장한 후에도 남들보다 더 뛰어날 가능성은 분명 높다. 특이한 경우도 있겠지만 성장한 후에 갑자기 탤런트가 계발된 사람은 거의 없다고 해도 과언이 아니다. 우리에게 가장 낯익은 세계적인 피아니스트인 백건우도, 한동일도 모두 어린 시절 이미 천재적인 재능을 나타냈다. 예외적인 사람도 있겠지만 그런 특별한 경우를 두고 일반화해서는 안 된다. 그런데 이런 음악적 탤런트는 음악가로 성장할 때 필요한 재능일 뿐이다. 취업을 목적으로 한다면 남들보다 뛰어난 음악적 재능이 꼭 필요한 것은 아니다.

누가 무엇을 하든 '흘러가는 시간'은 모든 사람들에게 동일하게 적용된다. 그러나 그 똑같은 시간을 무엇을 어떻게 하느냐에 따라서 결실은 달라진다. 우선 음악을 좋아해서 또는 어느 정도의 재능을 인정받아 음악대학에 입학했어도 전문연주자로의 한계를 깨닫게 되면 그때부터 10년 후에 무엇을 할 것인지 진지하게 검토해야 한다. 10년을 놓고 생각해 보았을 때 졸업 후 음악가로 살아가는 일이 어려울까, 아니면 취업해서 직업을 갖거나 창업을 하는 것이 어려울까? 경험상 음악가로 살아가기가 훨씬 어렵다. 음악가로 만족하며 살아가는 음악전공생들은 결코 많지 않다. 이건 필자가 세계적인 연주자가 되지 못해서 하는 말이 아니라, 현실 세계에서 전문음악가로 살아가는 사람들의 증언이다.

한 가지 예를 들자. 요즘 국내 음악대학이든 미국의 음악대학이든 교수 채용공고가 나가면 예전처럼 자국 출신의 음악가들만 지원하지 않는다. 한국인뿐만 아니라 전 세계 곳곳에서 지원서를 보낸다. 몇 대 몇이라는 경쟁률을 측정할 수 없을 정도다. 이런 구조 속에서 교수 자리를 바라보면서 10년 동안 열심히 연주경력을 쌓는다는 것은 실로 쉽지 않은 인생의 선택이라고밖에 설명할 수 없다. 국내에서 가장 뛰어난 영재들이 모인다는 서울예고만 봐도 알 수 있다. 서울예고를 졸업한 학생들이 모두 교수가 되는 것은 아니다. 최근에는 경기도의 K예고가 인기가 많다. 그러면 그 예고 출신 중에 교수가 있을까? 필자가 졸업한 예고 역시 전임교수는 단 한 사람밖에 배출하지 못했다.

교수는 차치하고 예고 출신의 강사는 또 얼마나 있을까 하면 쉽게 답이 나오지 않는다. 한마디로 강사 자리도 힘들다는 게 중론이다. 그렇지 않아도 힘든데 '강사법' 때문에 강사제도는 붕괴되고 있는 판국이다. 강사를 공개적으로 채용해야 하기 때문에 예전처럼 선후배나 스승이 이끌어주던 시대는 옛말이 되고 있다. 이런 치열한 경쟁구도와 관계없이 앞서 지적한 대로 타고난 재능과 인맥에 자신이 있다면 음악인으로서의 삶을 살아도 좋다. 사실 누군가는 한국 클래식의 계보를 이어야 하고 연주활동도 꾸준히 펼쳐야 한다. 그러나 실력과 인맥이 뒤따르지 못하면 관심의 대전환이 필요하다.

전문연주자만 고려하지 말고 직업 전환을 적극적으로 도모하라고 권유하면 간혹 이런 학생을 만나게 된다. 차라리 음악을 접고 다른 직종을 선택하겠다는 것이다. 또는 부모의 사업을 그대로 물려받는다든지, 음악과 무관한 직종에 뛰어드는 전공생들도 있다. 사견이지만 이런 케이스가 가장 마음이 아프다. 물론 대학 때부터 음악에 전혀 관심이 없어 지루한 연습, '떨쳐 버리고픈' 연습 등 음악 자체에 대해 부정적인 이미지가 가득한 친구라면 그럴 수도 있지만, 그렇지 않다면 음악과 무관한 타 직종을 선택하는 것은 현명한 선택이라고 볼 수 없다.

인생에서 중요한 것들

　모든 사람들에게 적용될지는 모르지만 필자가 일을 할 때 가장 중요한 기준으로 삼는 것은 '행복'이다. 우선 직업도 행복을 위해서다. 직업을 갖는 것만큼 행복한 것도 없다. 일을 하지 않고도 될 만큼 돈이 넘치는 사람들은 어디에 삶의 의의를 두고 살아갈까? 통계학적으로 따져보지는 않았지만 일을 하지 않고도 원 없이 돈을 쓸 수 있는 사람들은 결코 행복하다고 볼 수 없다. 남들은 시간을 쪼개 일을 하지만 일을 할 필요를 느끼지 못하는 사람들은 대부분 직업이 없는 사람들이다. 풍요롭게 살고도 넘치는 돈을 굴리며 재산을 어떻게 불릴지에 대해서만 고민할 뿐이다. 삶의 퀄리티에 대해서는 고민하지 않았다. 인간을 호모 비아토르(homo viator)라고 한다. 길 위에 있는 사람, 삶의 의미를 찾아 떠나는 여행자가 바로 인간이라는 뜻이다. 꿈도 없이 돈만으로 한 곳에 안주하는 존재는 그저 비루하기만 하다.

　내가 내린 결론은 인간은 직업이 있어야 하고 땀을 흘리는 일을 해야 한다는 것이다. 바쁜 일을 마치고 휴식을 얻는다면 그만한 행복을 어디서 찾을 수 있을까? 돈이 넘치되 직업이 없어 일생을 쉬는 사람만큼 불행한 삶은 없다. 인생은 밸런스가 중요하다. 일과 휴식의 밸런스를 위해서도 일은 필요하다. 일을 할 때에야 나만의 가치가 무엇인지 깨달을 수 있지 않을까? 일을 할 때에야 내가 무엇을 잘하는지 알 수 있고, 어떤 일을 할 때 가장 기쁜지 깨닫게 되며, 무엇이 가장 '정은현스러운 일'인지 알게 된다.

　인생에서 중요한 것 중 두 번째를 꼽으라면 '사람과의 관계'를 들 수 있다. 관계 또한 정의하자면 수백 가지로 나눌 수 있겠지만 가장 중요한 것은 가족관계라고 할 수 있다. 가족이란 부부관계, 자녀관계까지 포함하며 그 외에 학교에서의 선후배 관계, 직장 상사와의 관계, 스승과의 관계, 제자와의 관계, 사업파트너와의 관계 등 무수히 많은 관계를 꼽을 수 있다. 많은 사람과 관계하라는 뜻은 아니며 관계자가 비록 소수에 불과하더라도 각 사람과의 관계 형성이 매우 중요하다.

세 번째를 든다면 애티튜드, 즉 세상살이에 대한 자세가 중요하다. 사실 가족이든 사회생활이든 애티튜드가 전부라고 생각한다. 타인을 생각할 때 특정한 이미지가 번뜩 떠오르는 게 있다면 그것은 그 사람이 평소에 그런 태도를 보였기 때문이다. 겸손하다, 근면하다, 양심적이다, 사랑스럽다 등 이런 개념은 평소에 타인에게 어떻게 보이느냐에 따라서 달라진다. 그동안 툴뮤직은 다양한 장애인들을 만나 왔고 그들을 위한 음악회 또한 꾸준히 개최해 왔다. 그런데 놀라운 것은 우리가 만난 장애인들은 그토록 힘든 삶을 꾸려나가면서도 삶에 대해 놀라우리만치 긍정적인 자세를 보인다는 사실이다. 피아니스트 이훈, 노조미 이와이 등을 만나 보면 참으로 위대한 분들로 받아들여진다. 연주하는 것 자체만으로도 위대하지만 그들이 보여주는 삶의 긍정적 태도는 그저 놀라울 뿐이다.

그래서 학생들에게 늘 강조한다. '학생들이여, 그 어떤 상황에서도 스스로를 진정 사랑하라! 상황 때문에 자신의 밸류를 낮추지 말라! 결코 가치를 낮추지 말라! 그 가치를 위해서 언제나 전력투구하라! 그 시간을 위해 돈을 쏟아부어라! 공부할 수 있으면 공부에 모든 것을 쏟아 넣어라! 타인의 시선을 두려워하지 말고 오로지 마이웨이를 향해서 가라!' 이렇게 늘 주장하기에 내가 가장 좋아하는 노래는 바로 'My Way'인지 모른다. 여러분들도 유튜브 동영상에서 누가 노래를 부르든 'My Way'를 꼭 감상하기를 권한다. 가사를 음미하면서, 한 단어 한 단어를 곱씹으면서 감상해야 한다. 그중 2001년 영국의 팝가수 '로비 윌리엄스'가 부른 마이웨이를 추천하고 싶다. 아우구스티누스의 '고백론'을 아는가. 아우구스티누스는 패륜아였고 방탕의 화신이었다. 그러나 그 어머니 모니카의 눈물겨운 기도 끝에 회심해서 주교가 된 인물로 그는 자신이 걸어온 길을 돌이켜 보며 '고백론'을 저술했다.

로비 윌리엄스 역시 젊은 날의 아우구스티누스였다. 팝그룹 '테이크 댓'을 이끌면서 마약에 중독돼 인생이 무너져 내렸다. 그러나 폐인이 될 위기에서 그는 회심했다. 다시 건강한 자아를 찾고 마침내 마약에서 벗어나 2001년 역사적인 무대를 펼쳤다. 그때 그가 부른 앙코르곡이 바로 'My Way'이다. 그는 팝그룹을 이끈 대중가수였지만 회심한 후 그가 대한 인생의 애티튜드는 달랐다. 이날 공연은 모두 정장을 입고 가수 또한 정장을 입으며 콘서트를 즐겼다. 다시 세상 밖으로 나온 가수를 맞이하는 관중의 태도에도 그저 감탄사가 흘러나온다.

그는 충분히 인생을 포기할 수 있었다. 대부분 마약에 중독되면 정상적인 삶은 포기한다. 영국인들은 그가 다시 무대에 설 거라고 예상하지 못했기에 감동의 물결이 대서양의 물처럼 가득했다. 여러분 중에 혹시 실패했다고 생각하는 사람이 있는가? '실패는 곧 재기불능'이라는 잣대에서 벗어나라. 왜 세상의 기준에 맞춰 불안하게 살고 있는가. 이제 그 고정관념과 편견의 테두리를 깨고 당신만의 방식으로 한걸음 한걸음 살아가길 권한다. 결코, 결코 좌절하지 말자.

좌절하지 않는다고 해서 편법적인 방법으로 탈출하려고 하지 말자. 힘들었던 고난의 일들을 극복하고 정말 행복해하는 사람들을 보면 '혹시 저 사람 편법을 쓰고 성공했을까? 편법을 썼겠지?' 하고 의심하지 말자. 그는 편법을 쓰지 않았다. 그렇게 확신하고 정직하게 극복하려고 노력해야 한다. 혹시 지금 편법을 사용해 어려움을 극복하려고 한다면 중단해야 한다. 오로지 정의롭고 올바른 방향으로 뚜벅뚜벅 걸어야 한다. 이것이 정답이다. 그럴 때 타인으로부터 존경을 받는다. 우리 인생의 10년 후를 누가 알겠는가. 그러나 정직한 삶을 살아가면 10년 후에 무엇이 될지 몰라도 지금까지 느꼈던 후회를 반복하지는 않을 것이다.

젊은 청년들로부터 열광적인 반응을 얻고 있는 조던 B. 피터슨의 명저 '12가지 인생의 법칙'을 보면 아주 흥미로운 이야기가 나온다. '세상을 탓하기 전에 방부터 정리하라'는 챕터에 솔제니친의 에피소드가 실려 있다. 솔제니친은 최악의 독재자 스탈린에 대한 비방의 글을 친구에게 보내는 과정에서 들통나 죽도록 얻어맞고 시베리아 수용소에 수감되었다. 그는 수용소 안에서 암으로 고통의 나날을 보냈다. 그는 세상을 충분히 원망하고 스탈린을 저주할 만했다. 그러나 그는 수용소 안에서 복수심과 파괴적 욕망에 매몰되지 않았다. 대신 자신에게 물었다. 나에게 닥친 이 재앙에 내 책임은 없는가? 책임이 있다면 이 모든 일이 어떻게 일어났는가? 이런 깊은 생각을 하면서 자신이 그동안 인생을 잘못 살아왔다는 결론을 내렸다. 잘못된 것임을 알고도 양심에 어긋난 행동을 얼마나 많이 했는가? 본심을 숨기고 거짓말을 한 적은 또 얼마나 많은가? 그는 지금부터라도 정직하고 진실된 행동만 하기로 하고 오직 진실만을 근거로 소련의 강제 노동수용소를 고발한 '수용소 군도'를 쓰기 시작했다.

　소크라테스도 잘못을 알면서도 같은 길을 걷는 것, 같은 일을 반복하는 것은 개가 토한 음식을 다시 먹는 것과 같다고 하지 않았는가. 오직 정직하고 진실한 북극성만 바라보고 밤바다의 노를 젓기를 바란다. 그래서 오직 나의 길만 걸어야 한다. 비록 지금의 정직하고 올바른 것에 대한 광경이 세월이 흐름에 따라 타인들로부터, 또 내 머릿속에서 영원히 잊힐지라도 최선을 다하는 것이 가장 아름답다. 누가 알아주라는 게 아니라 본인이 알고 있으면 10년 후의 인생은 분명 성공의 길에 들어서리라 확신한다.

02

나 자신을 모르는 나에게

한 언론사의 대표와 대화를 하면서 '정 대표는 왜 취업보다 창업에 더 큰 비중을 두는지' 질문을 받은 적이 있다. 사회 경험이 부족한 졸업생들로서는 창업에 대한 두려움이 클 수밖에 없다. 그래서 창업보다는 취직을 선택하는 경향이 있다. 창업은 일종의 커다란 모험이기에 청년들이 경험 없이 창업하는 것은 결코 쉬운 일이 아니다. 우선 정신적으로 위축

될 수 있다. 그러나 현대사회는 창업보다 취업이 더 어려운 시대임을 알아야 한다. 어떤 면에서 경험이 부족해서 비록 실패하더라도 인생 전체로 봤을 때 창업이 더 중요하다고 볼 수 있다.

예술경영지원센터 홈페이지에서 '문화예술창업 어디까지 왔나'라는 글을 읽은 적이 있다. 적든 크든 음악전공자들에게도 스스로의 독립적인 생계유지가 가장 중요하다. 그렇지 않은가. 일단 먹고살아야 하고 밥벌이를 해야 한다. 그런데 대학을 졸업하고 취업이 쉽다면 누가 처음부터 창업을 권하겠는가. 창업보다 취업이 확실히 어려운 시대에 살고 있다. 설령 취업을 해도 언젠가는 반드시 창업해야 하는 시기를 맞는다. 또 어렵게 취업을 했는데 막상 입사하고 나서 후회하는 사람들도 굉장히 많다. 직장생활은 조직과 함께 움직이며 기관의 일정한 역할을 수행하는 일이다. 직장인 그룹의 한 일원으로 일하는 게 맞지 않아 결국 퇴사하는 사람들이 늘고 있는 것이다. 최근 들어 이들의 퇴사를 돕는 온라인 학교도 성행하고 있다. 예컨대 '퇴사학교'(https://t-school.kr/)라는 사이트가 있다. 퇴사를 준비하는 사람들이 이렇게나 많을까 싶을 정도로 성황이다.

직장생활의 강력한 화약고는 인간관계

직장을 다니면서 직장인들의 가장 큰 욕구불만은 역시 급여가 부족하다는 점이다. 급여가 적으면 현대사회에서 본인이 하고 싶은 일, 갖고 싶은 것에 대한 제약이 따른다. 원하는 것을 하지 못하는 불만족 속에서 직장생활을 하다 보면 어느 순간 자신이 마치 소모품으로 느껴진다. 한편에서는 당장 생계를 해결할 수 없어 일단 취업하지만 업무가 적성에 맞지 않아 회사생활을 고통스러워하는 사람들도 있다. 내 자질과 기호에 맞지 않지만 생계유지와 더불어 주변의 시선 때문에 무작정 취업한 사람들이다. 졸업을 하고도 한참 동안 직장을 잡지 못하면 '왜 취직하지 않느냐'는 핀잔을 듣는다. 이런 저런 이유로 우선 취업부터 하는 경우가 많다. 어쨌든 적성에 맞고 자신의 일에 만족하는 경우가 아니라면, 직장인들은 회사생활을 하는 동안 많은 문제들과 맞닥뜨리게 된다. 급여가 찍히는 그 날 하루만 좋고, 나머지는 멍때리는 생활의 연속일 수 있다. 자신의 일을 찾지 못해 방황하다 저녁이면 직장인들끼리 모여 삶의 고단함을 이야기하고, 서로의 어려움을 토로한다.

그런데 적성에 맞아도 직장생활에는 반드시 거쳐야 할 관문이 있다. 바로 조직 생활이라는 테두리 안에서 얽히고 설킨 인간관계를 잘 극복해야 한다. 대부분 직장인들은 업무의 버거움보다 인간관계가 힘들다고 호소한다. 따라서 직장생활을 원만히 하려면 업무 능력도 중요하지만 소셜라이징(socializing), 즉 인간관계의 맺고 풀기를 잘해야 한다. 인터퍼스낼러티(inter-personality)에 걸림돌이 없어야 한다. 사람들과 친화적이고 관계를 잘 유지해야 한다는 뜻이다. 어떤 사람은 말없이 조용히 업무를 보는 사람이 있고, 어떤 이는 활발하게, 그리고 적당하게 일하는 등 일하는 스타일이 다양한 만큼 어떤 유형의 사람이 좋다고 정의할 수는 없지만 자기만의 방식으로 직장에 적응해야 한다.

필자 역시 그랬다. 직장생활을 시작할 때 업무 자체가 힘들지는 않았다. 일은 어떻게든 해내면 되었지만 인간관계는 쉽지 않았다. 다른 사람들이 보기에 필자를 두고 인간관계가 원만할 것이라고 예단했지만 실제 직장에서는 그렇지 못했다. 관계도 힘들었지만 나는 근본적으로 그 회사가 원하는 사람이 아니었음을 깨달았다. 내가 중요하게 생각하는 관점과 회사가 주안점으로 삼는 포인트가 서로 어긋난다고 판단했다. 회사생활을 시작하기 전에 '와이낫'이라는 피아노그룹을 만들었다. 남성 피아니스트 4명이 피아노 배틀을 하는 등 다양한 컨텐츠를 개발해서 연주했다. 2009년 '와이낫'을 조직하고 직장생활이 필요하다 싶어 출판사에 입사한 후, 기왕에 조직한 '와이낫'과 회사가 서로 인볼브할 수 있는 지점을 찾아내려고 무진 애를 썼다.

그러나 쉽지 않았다. 결국 그 컨텐츠 개발을 접을 수밖에 없었다. 출판이 주 업무인 회사 입장에서 피아노그룹 업무는 늘 뒤로 밀릴 수밖에 없었다. 직장에서의 사회적 관계도 어려웠지만 업무를 진행하는 동안 출판업무는 내가 원하던 게 아니었다는 사실을 확인해 주었을 뿐이었다. 급여를 받아도 행복하지 않았고, 결국 퇴사를 결정했다. 그렇다면 취업이 무의미했느냐 하면 그건 아니다. 취업을 해보니 보이는 게 있었다. 우선 '나는 취업을 해서는 안 되는구나' 하는 사실을 깨달았다. 이미 오래 전부터 음대생이 갈 만한 정규직이 없다는 말을 많이 들은 터라 '그렇지 않다'고 판단했고 얼마든지 취직할 수 있다는 것을 증명하고 싶어 정규직을 찾았던 것이다. 그런데 회사생활을 하는 동안 선배들이 얘기해주었던 직장에 대한 로망, 그런 것들은 전혀 없었다. 열심히 한 것에 대한 보상을 받지 못한 느낌이었고 결국 창업을 해야겠다는 생각만 더욱 강렬해졌다.

실패해도 실패가 아닌 창업의 도전

첫술에 배가 부를 리 없다. 그러나 첫 창업도 의미 없는 헛발질은 아니었다. 대전에서 시작한 기획사업은 엄밀히 말해 쫄딱 망했지만 후회는 하지 않았다. 실패마저 다음 창업을 위한 디딤돌이요 체험이라고 생각했고 무엇보다 나는 젊었다. 지금도 제2의, 제3의 창업을 계속하면서 성장할 수 있었던 것은 실패와 가슴 아픈 경험을 통해서 나에게 적확한 일이 무엇인지 알아냈고, 그 일을 중심으로 지속적으로 선택과 집중을 반복해온 결과라고 본다. 취업에서 느낀 상실감은 오히려 창업에 대한 의욕과 열정을 불러일으켰다. 당시에는 취업이 좋다거나 창업이 좋다는 등 두 가지를 비교하면서 설명해주는 선배들도 없었다.

만약 필자가 직장인 체질이었다면 지금과는 전혀 다른 삶을 살고 있을 것이다. 이전보다 더 좋은 직장, 더 높은 직급을 선택하기 위해 늘 고군분투의 나날을 살았을 것이고, 내 인생은 그만큼 더 피곤했을 것이다. 아마 많은 전공자들이 이같은 생각에 동의하지 않을 수도 있다. 그러나 창업에 대한 두려움이 있더라도 직장생활이 맞지 않는다고 판단되면 창업하는 게 훨씬 바람직하다.

창업이 주는 이점은 생각보다 많다. 회사를 직접 운영하면 시간을 본인의 의지대로 조정할 수 있다. 이는 개인에게 있어 어마어마한 메리트이다. 자기 시간을 의지대로 조정할 수 있기 때문에 경영을 위해 공부하고 싶을 때 언제든지 공부할 수 있고 레슨이나 여행도 가능하다. 운동하고 싶으면 언제든 운동할 수 있다. 누군가의 제약을 받을 필요가 없으니 시간을 융통성 있게 사용할 수 있다. 성격상 독립적으로 일을 처리하기를 좋아하는 사람들은 창업에 적성이 맞다. '맞다'고 판단하면 주저 없이 창업할 것을 강력히 권한다.

로버트 기요사키의 베스트셀러 '부자아빠 가난한 아빠'에도 첫 챕터부터 창업의 필요성을 언급한다. 기요사키는 창업을 해야 하는 이유로 방금 언급한 것처럼 '내 시간을 내가 조절할 수 있고' 회사에서 모든 비용을 처리할 수 있기 때문에 절세에도 유리하다는 점을 강조한다. 창업은 삶의 퀄리티를 높이는 데도 대단히 중요하다. 사람은 욕구대로 살기를 원한다. 욕구는 물건을 소유하고, 하고 싶은 일을 하려는 의지를 발동한다. 필자의 경우, 원하는 일을 했을 때 좋은 에너지가 발생한다. 누군가 시켜서 하는 일은 왠지 지루함을 느끼고, 내 생각에 기반하면서 새롭고 창의적인 일을 할 때는 새로운 호르몬이 솟구침을 느낀다.

사업을 시작한 이유는 바로 여기에 있다. 원하는 삶을 사는 게 중요하다고 생각했다. 경제적인 면에서도 돈의 흐름을 파악할 수 있기 때문에 어떤 방법으로 어떤 노력을 하면 엑스트라로 어느 정도의 자금이 확보된다는 것을 짐작할 수 있다. 이런 흐름은 사실 직원의 입장에서는 불가능하다. 그렇다고 항상 안전한 것은 아니다. 혼자 책임을 져야 하기에 리스크를 온전히 떠맡아야 하고 회사가 잘못되면 오너가 전적으로 책임을 져야 한다.

일하는 만큼 수익이 쑥쑥 상승한다면 경영자로서는 천국이 따로 없다. 흔히 이 맛에 사업한다고도 말한다. 만약 직장생활을 계속했다면 성격상 원하는 만큼 돈도 벌지 못하고 스트레스만 쌓이지 않았을까? 물론 사업한다고 해서 안주해서는 안 된다. 필자는 지금도 창업 비즈니스의 스킬을 익히고 새로운 창업모델을 계속 연구하는 등 끊임없이 새로운 창업을 시도한다. 일정 시기가 지난 후 수익목표에 도달했을 때의 뿌듯함은 이루 말할 수 없이 크다.

'플랫폼'은 현대의 비즈니스에서 가장 중요한 개념이다. 과거와 달리 오늘날은 프로덕트를 판매할 수 있는 판로가 다양해졌다. 예전에는 직접적인 대인 접촉으로 제품을 판매했지만 요즘은 상품을 인터넷에 올리고 필요한 사람들이 구매하는 방식이 일상화되었다. 처음 연습실 대여사업을 시작했을 때 지인들이 있었지만 그 지인들에게 우리 연습실을 사용하라고 권유한 적은 단 한 번도 없다. 인터넷에 올렸을 뿐인데 필자와 전혀 관계없는 사람들이 이용하기 시작했다. 서비스가 필요한 사람들이 인터넷 검색을 통해서 자발적으로 찾아온 것이다. 이럴 때 역시 성취욕을 느낀다.

사업가의 입장에서 소비자들이 어떤 상품과 서비스를 원하는지 인터넷 사이트만 확인해도 금방 파악할 수 있다. 사이트의 클릭 수나 검색 수만 봐도 한눈에 서비스의 흐름을 알 수 있다. 이런 확인 절차를 알게 되면 아무래도 시대에 민감하게 반응할 수 있고 새로운 서비스를 창출하기 위해 한발 앞서 나갈 수 있다. 흔히 트렌드에 뒤처지면 '감이 떨어진다'고 표현하는데 하던 일만 반복하면 사고(思考)가 열리지 않는 경우가 많다. 뭔가 트랙에서 벗어나면 큰일 나는 줄 아는데 주어진 삶의 패턴에서 벗어나는 것이 트렌드를 탐색하는 가장 좋은 방법이다.

창업과 취업 선택하기 전에 알아야 할 '나'

여기에서는 주로 창업에 관한 장점을 언급했지만 실제 직장생활을 했을 때 창업의 장점을 절실하게 느낄 수 있다. 결론적으로 취업과 창업 모두를 경험해보는 게 좋다. 그러면 취업에 맞는 사람이 있고, 창업이 더 잘 맞는 사람이 있기 마련이다. 무조건 창업이 좋은 것만은 아니다. 창업은 분명 리더로서의 기질 및 자질이 필요한 만큼 자신을 먼저 알고 창업을 시도해야 한다. 한 마디로 일을 저지르기 전에 '내가 모르는 나'를 알아봐야 한다. 세상에는 자신을 탐색하기 위한 다양한 툴이 있다. 애니어그램, 별자리, 혈액형, MBTI 등이 있지만 내면을 좀 더 깊이 있게 탐색하기 위해서는 하유진 박사의 '나를 모르는 나에게'의 일독을 강력히 추천한다.

이 책은 자신을 모른 채 살아가야 하는 수많은 청춘들의 사례와 그들이 자신을 알아가는 과정이 다양하게 소개되어 있다. 자신의 성격은 스스로의 생각만으로 파악할 수 없다. 일정한 트랙에 진입해 사물과 부딪치고 체험하면서 김 서린 창문을 닦아냈을 때처럼 선명하게 볼 수 있다.

한 번도 취업 경험이 없는 사람이 취업의 생리와 장점을 이야기할 수는 없는 노릇이다. 교수들이 학생들에게 취업에 대해 말하는 것은 어불성설이라고 오해할 수 있다. 교수들은 직장생활을 해본 경험이 없지 않느냐는 것이다. 그러나 대학 교수들 역시 엄연히 직장생활을 하고 있다. 어떤 면에서는 일반 직장인들보다 스트레스가 더욱 심하다. 흔히 교수직을 높이 평가하는 경향이 있다. 신분이 보장되고 퇴직 후 연금이 보장되며 교직생활에서 특별한 스트레스가 없을 것으로 보인다. 그러나 일반 직장만큼 인간관계가 복잡하고 학교에서 요구하는 사항은 많다. 위에서 내려오는 압력도 있지만 학생들에게 받는 스트레스 또한 만만치 않다. 요즘은 학생들이 교수를 평가하는 시대 아닌가. 교수직은 방학을 맞으면 긴 휴식을 얻는다는 장점이 있지만 교수사회도 하나의 조직이기 때문에 그 조직 사회에 적응하기란 쉽지 않다. 이처럼 교수들도 취업에 대해 이렇다 저렇다 말할 수 있는 경험은 충분하다. 다만 교수사회와 일반 기업의 직장생활을 똑같이 일반화할 수 없다. 예컨대 문화재단이나 공연기획사의 직장생활은 교수생활과는 다르기 때문이다.

직장생활은 사람에 따라 차이가 있지만 기본적으로 힘든 게 사실이다. 스트레스 완충능력에 차이가 있을 뿐이다. 직장생활을 하면서 힘든 일을 잘 견뎌내고 오히려 즐기는 사람들도 있다. 스트레스가 굉장한데도 직장을 행복하게 다니는 친구들을 보면 힘든 것을 좋아하는 것은 아닌가 싶은 생각이 들기도 한다. 따라서 직장생활에 대해 일방적으로 '좋고 나쁘고' 등의 일차적 평가로 판단할 수 없다는 것이다.

현대사회는 다양성을 존중해야 한다. 사람마다 적성검사를 하면 각기 다른 결과가 나오는데 어떻게 모든 사람을 일반화할 수 있겠는가. 어떤 아이들은 비활동적인 것을 좋아하고 또 어떤 아이들은 즉각 표현하고 행동하는 것을 좋아한다. 지금까지 다양한 유형을 접해본 결과 일단 '저지르는' 사람들이 사업을 잘한다고 본다. 필자의 의견이 전적으로 맞지 않겠지만 액션이 강한 사람들이 사업에 맞는 것 같다. 어떤 문제와 만났을 때 혼자서 깊이 사고하는 사람보다, 일단 사고하고 결정했으면 빨리 행동하는 사람들이 사업 체질이라는 것이다.

취업이 아닌 창업을 생각한다면

 특별한 직장을 갖고 있지 않고 소비자와 직접적인 계약에 의해 일하는 음악인들을 프리랜서라고 한다. 그러나 정확한 표현은 아니다. 프리랜서도 일종의 창업적인 마인드로 접근하면 창업이 된다. 최근 들어 정부에서 지원하는 창업 프로그램들이 많아졌다. 청년들이 창업을 하려고 마음만 먹는다면 시드머니 걱정은 하지 않아도 된다. 시드머니란 초기 비용, 임대료, 인건비, 제작비, 광고비, 기타 잡비 등 자본금을 생각할 수 있다. 창업할 때 가장 먼저 시드머니 걱정을 하는데 지금은 시드머니를 걱정할 시대는 지났다고 말하고 싶다. 따라서 '돈이 있어야 사업을 한다'는 고전적인 생각에서 벗어나 다양한 기관에서 공고하는 지원사업부터 검색할 것을 권한다. 요즘은 청년들뿐만 아니라 '50 플러스' 등 퇴사한 사람들을 위한 창업 프로그램도 매일 업데이트되고 있다.

 그러나 역시 청년 지원사업이 훨씬 많은 것이 사실이다. 일반 창업뿐만 아니라 창업진흥원과 예술경영지원센터 등에서는 아이디어만 우수해도 지원하는 사업이 많다. 흔히 창업이라면 규모가 큰 기업을 생각하는 경향이 있다. 그러나 청년들은 소자본의 작은 기업부터 시작하는 게 좋다. 소자본이라도 치열한 경쟁 속에서 살아남기는 쉽지 않다. 커피샵 창업이 붐이 일던 때가 있었다. 밖에서 보기에는 창업비만 있으면 시작할 수 있을 것으로 생각하지만, 특히 프랜차이즈 커피샵은 생각만큼 녹록지 않다. 억대 이상의 가맹비와 창업비가 필요하고 매달 매출을 맞춰 나가야 한다. 베이커리 전문점도 창업의 단골 메뉴이지만 그 역시 리스크가 크기 때문에 중간에 문 닫는 곳을 많이 발견할 수 있다.

처음부터 성공할 수 없지만 행복하다면 진군하라

취업과 창업은 공통점이 있다. 둘 다 처음부터 성공할 수는 없다. 첫 직장이 마지막 직장인 경우가 거의 없는 것처럼 창업 역시 각 단계는 성공을 향한 마라톤 코스의 한 지점일 뿐이다. 가다 보면 어느 지점이든 실패라는 웅덩이를 만나게 된다. 웅덩이에 빠지고 벗어나면서 직장이든 창업이든 내성을 기르게 된다. 그러니 실패라는 단어를 네거티브한 의미로 규정지을 필요는 없다. 중간에 넘어지고 쉬어 가는 것은 실패가 아니라 단지 과정일 뿐이다.

여기서 성공의 개념을 짚어보자. 성공은 과연 무엇일까? 명예적인 면에서 성공했다는 것일까, 아니면 경제적으로 성공했다는 것일까? 우리는 성공했다 하면 가장 먼저 돈을 기준으로 따지는 경향이 있다. 경제적인 능력만을 따진다면 우리 주변에는 실패자들이 너무도 많다. 필자 역시 경제적인 면으로 따지면 성공적인 경영자라고 볼 수 없다.

그러나 세상의 잣대가 아니라 필자의 기준으로 따지면 성공의 척도는 '행복'이 돼야 한다고 본다. 지금 펼치고 있는 사업으로 인해 '나는 행복한가'를 스스로 자문하면 주저 없이 '행복하다'고 말한다. 경제적인 면에서는 일반 기업처럼 큰돈을 쥐락펴락하는 것은 아니지만, 내가 원하는 일을 하고 그 일을 통해서 만족감을 얻고 있다는 면에서 힘들지만 무척이나 행복하다.

사업도 사업이지만 필자는 여전히 학생들에게 피아노를 가르친다. 가르치는 일에도 커다란 보람을 느낀다. 학생을 가르치는 게 어렵기도 하지만 특별한 흥미를 느끼기에 이 분야도 사업 못지않게 커다란 행복을 느낀다. 제자들이 가르침을 잘 따르고 연주를 잘할 때 그 기쁨 또한 말로 표현할 수 없다. 음악적인 문제에 부닥쳐 망설이다가 결국 내 지도방법으로 해결했을 때, 대회에 나가 좋은 결과를 얻을 때 선생님으로서 뿌듯한 기쁨을 느낀다. 필자에게 행복의 종류는 이토록 많다. 결코 돈이 많다거나 명예가 있어서가 아니다. 그러니 행복의 다양성을 인정하지 않을 수 없다. 만족의 성공, 성취의 성공, 경제의 성공, 사회적 기여의 성공 등 손을 꼽으면 열 손가락이 부족하다.

물론 사업에서 경제적 수익은 대단히 중요하다. 비즈니스 모델에 대한 개발과 공유를 위해서, 또 경상비를 유지하기 위해서 돈은 많이 벌어야 한다고 늘 생각한다. 그러나 그것은 단지 사업의 편의성을 목적으로 할 뿐이다. 예컨대 새로운 프로젝트를 시작하려면 투자를 해야 하고, 투자는 보이지 않는 미래 가치를 위해서 위험도 감당해야 한다. 사업에서 중요한 포인트는 무엇이든지 억지로 하려 한다면 한 걸음도 나아갈 수 없다는 사실이다. 미래 가치가 보이지도 않는데 사업을 확장하기 위해 억지로 일을 벌이는 것만큼 위험한 것은 없다. 경영자가 새로운 사업을 강렬하게 원하되 미래 가치에 대한 확신을 가져야 한다. 그럴 때 투자에 대한 미련이 남지 않고 설혹 잘못되었더라도 후회하지 않는다.

이 책을 저술하는 이유도 가치가 있기 때문이다. 다른 사람들의 시선은 전혀 의미가 없다. 음악전공자들은 취업시즌만 되면 열패감에 휩싸이고 무엇을 어떻게 해야 내 삶을 개척할 수 있는지 고민한다. 이들을 위해 조금이라도 가이드 역할을 할 수 있다면 이보다 더 가치 있는 일은 없다. 그렇기에 필자는 이 책에 미래가치를 두는 것이다. 아마도 이런 의견에 동의하는 사람이 훨씬 많을 것이라는 확신을 갖고 있기 때문에 바쁜 시간을 쪼개 책을 출간하려는 것이다.

하유진 박사의 특별한 수업 '나를 모르는 나에게'

알다시피 우리나라 학부모들은 자녀들의 진로에 대해 획일적이다. 여전히 학벌 위주로 진로를 결정하려고 한다. 그러나 세상이 변하고 있다. 유튜브라는 새로운 매체를 통해 자본이 없이도 컨텐츠만 있으면 누구나 성공할 수 있는 세상이다. 학벌과 자본의 방정식에서 벗어난 유튜브 방송 하나에 목숨을 건 사람들이 많다. 그런데 하고 싶은 걸 무조건 열심히 한다고 해서 누구나 성공하는 것은 아니다. 학벌과 인맥의 사슬에서 벗어난 실력 위주의 세상일수록 탁월한 감각이 중요하다. 유튜브의 포인트는 바로 '감각'이다. 감각 중에서도 타인과 대중과의 소통능력이 뛰어나야 한다. 대중뿐만 아니라 한 사람의 개인과도 소통능력이 뛰어나야 한다. 그런데도 많은 사람들이 자신의 성격과 감각지수를 무시한 채 너도나도 유튜브 세계로 뛰어들고 있다. 따라서 유튜브 방송을 하기 전에 스스로를 뒤돌아보는 자세가 필요하다.

진로도 마찬가지다. 진로를 논의하기에 앞서 나를 모르는 자신의 성격을 제대로 알고 있어야 한다. '나도 모르는데 무슨 진로를 논하느냐' 이 말이다. 아래는 심리학 분야의 권위자인 하유진 박사의 베스트셀러 '나를 모르는 나에게'를 소개한 유튜브 채널 '책그림'의 내용이다. 이 내용을 통해 음악전공생들도 자아 성찰의 기회를 갖고, 진로 탐색에 앞서 자기 자신을 관찰하길 바란다.

'이번 수업의 주제는 나입니다.'

우리는 타인에게 보여주기 위한 글을 써 왔다. 답안지를 작성하고 보고서를 쓰고 자기소개서를 쓴다. 우리는 문제를 풀어 왔다. 수없이 많은 객관식과 주관식 문제들을 써 내려왔다. 고등학교를 졸업하고 대학에 와서까지 우리는 끊임없이 글을 쓰고 문제를 풀고 있지만 정작 자기 자신에 대한 문제를 풀지 못하는 사람들이 많다. 자신에 대한 글을 써본 적이 없는 사람들이 있고, 무엇을 잘하고 무엇에 행복해하는지 모르는 사람들이 있다.

논술을 위해서 1천 자는 쉽게 쓰면서, 인사담당자를 위해 5백 자는 쉽게 쓰면서 자기 자신만을 위한 글은 쓰지 않는 것이다. 그런 청춘에게 자기 자신을 알아야 한다며 많은 과제를 던져 주는 선생님이 있다. 이 선생님은 학생들에게 '자신을 한 단어로 표현해보라'하고 지금까지의 인생을 곡선으로 그려 보라고 한다. 그리고 자신이 불안해하는 것에 대한 글을 써 보라고 한다. 스무 몇 살까지 타인을 위한 글과 그림만 써 왔던 학생들은 당황할 수밖에 없다.

하지만 곧 학생들은 자신을 표현하기 시작한다. 자신을 중간이라 표현하며 어느 한쪽을 선택하기 두려운 자신의 마음을 적은 학생, 막 대학에 입학했을 때 행복했다가 지금이 가장 힘들다고 말하는 학생. 사랑에 상처받고 누군가에게 진심으로 잘해 주지 못하는 학생 등 학생들은 글을 적고 그림을 그리며 자신을 알아간다. 오늘은 그 수업, 하유진 선생님의 연세대 교양 강의를 살짝 같이 엿볼까 한다. 강의를 엮은 책 ' 나를 모르는 나에게'를 통해서...

저자가 학생들에게 실험 과제를 내준다. 저자는 종이컵을 꺼내며 10분 동안 이 종이컵 하나로 할 수 있는 것들을 적어보라고 한다. 물론 누구든지 몇 가지는 쉽게 떠오른다. 재떨이, 화분, 국자... 그 뒤부터 학생들은 곰곰이 생각하기 시작한다. 이리 보고 저리 보고 깊게 생각하는 게 역력하다. 점점 독특한 쓰임새가 학생들로부터 발견된다. 컴퍼스, 메모지 등등. 모아보니 70, 80가지가 된다.

그때 저자가 말한다. 여러분은 자기 자신은 얼마나 자세히 보았는가? 남들이 알지 못하는 자신만의 가능성을 알아보려고 노력했는가? 학생들이 멍한 얼굴로 대답하지 못한다. 청춘들은 자기 자신을 그렇게까지 잘 살핀 적이 없다고 답한다. 그래서 저자는 말한다. 반드시 해야 한다고. 자기 자신을 들여다보고 알아주는 건 무엇보다 중요하다고.

종이컵의 용도를 다양하게 생각했던 것처럼 우리는 우리 자신에게 다양한 가능성이 있다는 것을 믿고 그 가능성을 떠올려 봐야 한다. 자신을 제대로 알지 못하면서 자신을 특별한 점이 없는 사람, 부족한 사람이라고 스스로 결론지어 버리진 않았나요? 저자가 그렇게 물음표를 던진다.

우리에게는 남과 비슷한 평범함도 있고
자신만의 특별함과 독특함도 있다.
나에게'도' 있고,
나에게'만' 있는 모습을 파악해보자.
공들여 들여다보지 않으면 알 수 없다.
들여다보고 알아내는 게 시작이다.
남과 같아지려 하지 말자.
내 안에 있는, 나만의 가치를
세상 밖으로 꺼내 크게 키워주자.

20대가 되었다고 10대에 못 한 성찰을 차분히 할 수 있는 것이 아니다. 과제와 시험이 계속되고 취업과 학비 걱정으로 점점 더 자기 자신에 대해 생각할 시간이 사라진다. 많은 청춘이 마음이 급해 성찰을 생략하고 결론으로 들어간다. 나는 이런 사람이라고.

혹은 타인이 내려준 결정에 나를 끼워 맞춰 버린다. 저 사람의 판단이 맞을 거라고 한다. 그래서 더더욱 자기 자신에 대해 쓰고 그리고 관찰해야 한다. 다른 누군가를 위한 글이 아니라 나에 대한, 내가 보기 위한 글을 써 봐야 한다.

저자가 당신에게 묻는다. **당신을 한 단어로 표현하면 무엇인가? 당신의 인생 곡선은 어떤가? 지금까지 무엇을 애써 해왔나? 애쓴 당신에게 해줄 말은 무엇이 있을까?**

과제를 진행한 학생들이 말합니다.

"내가 나에게 얼마나 인색한지 깨달았다."

"잘해야 한다, 나는 강해져야 한다. 이런 마음에 난 겉으로 웃고 혼자 있을 때 울었다."

"내가 그렇게 쓸모없는 인간만은 아니라는 생각이 든다. 버려진 나를 발견한 느낌이다."

때로는 애써 온 나를 인정하고 때로는 힘들어하는 나를 온전히 알아봐 주고 때로는 알지 못했던 자신의 장점을 발견해 나가야 한다. 이제는 나를 모르는 나에게 시간을 내줄 때다.

'나를 모르는 나에게' 지도 사례

취업과 창업에 앞서 자기 자신을 파악하는 수업을 곧잘 시행했다. 그때마다 놀라운 자아발견의 기적이 일어나곤 했다. 자기 자신을 단 한마디로 표현하기 위해 지금까지 사는 동안 해보지 않은 깊은 성찰을 시도하는 모습만으로도 매 수업은 성공적이었다고 자평한다.

때로는 눈물을 흘리는 학생도 있었고, 자아 재발견을 통해 자신감을 회복한 학생들도 많았다. 이 지면에서 소개하는 케이스는 수백 명이 써 낸 '나는 누구인가'의 답변 중 몇 명만 간추린 내용이다.

① **정성균 학생** : 평소 정성균 학생은 말수는 많지 않았지만 수업 내내 열정적으로 임했다. 본인을 소개하는 과제에서도 그 열정이 느껴졌다. 정성균은 자신을 '나는 식물이다'라고 표현했다. 왜 식물인가? 풀과 같이 항상 푸르고 꽃과 같이 향기롭고 나무처럼 기댈 수 있는 사람이 되고자 하는 소망이 얼마나 멋진지 모르겠다. 정성균 학생은 작년에 미국에서 피아노 석사 과정을 시작하였다. 항상 멀리서 성균 학생을 진심으로 응원한다.

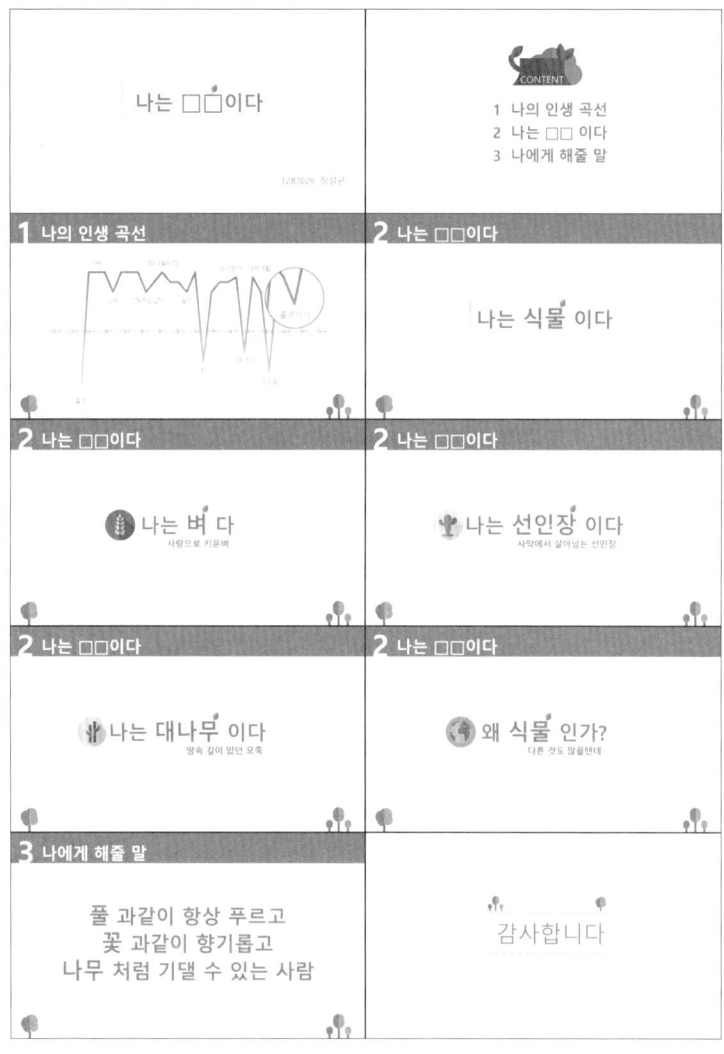

② **서동현 학생** : 서동현 학생의 인생 이야기를 살펴보면, 자신을 '롬바드 스트리트' 즉, 세상에서 가장 꼬불꼬불한 길이라고 표현했다. 인생 그래프를 살펴보자. 부모님의 반대로 음악전공을 늦게 시작하였고, 자퇴와 재수를 통해 다른 친구들에 비해 뒤늦게 음대 생활을 시작했다. 그게 지금까지의 그래프라면 이제부터는 대학원에 입학하여 임용고시에 도전하고 세계여행도 떠날 계획을 갖고 있다. 끝으로 마지막 '천천히 가도 좋으니 뒤로 가는 사람만 되지 말자'라고 발표했다. 선생으로서 알 수 없는 감동이 밀려왔다. 사람마다 주어진 인생의 무게와 속도는 다르다고, 이제부터 뒤로 가는 사람만은 되지 말자고 이야기하는 부분에서 큰 감동을 받았다. 반드시 멋진 교사로 행복하게 살기를 소망한다.

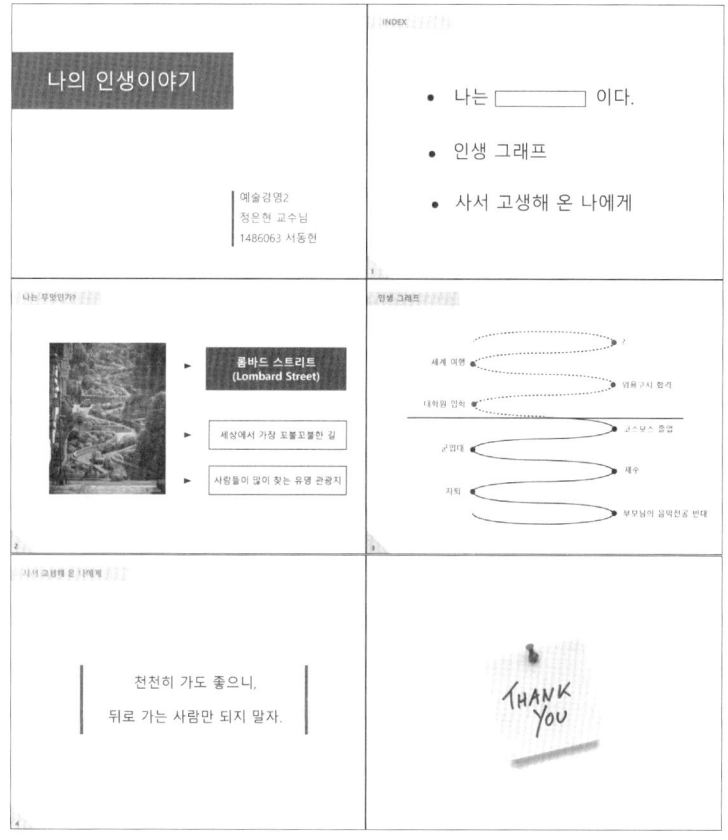

'과연 행복할까'를 생각하라

필자가 컨설팅할 때 가장 중요하게 생각하는 개념은 행복이다. 그 일을 통해서 행복을 느낄 수 있다면 돈은 나중에 생각하라고 설득한다. 혹자는 우리가 하는 사업 중에 장애인 음악가들을 위한 사업을 두고 돈이 되지 않을 텐데 왜 그 일을 하는지 묻는 사람들이 있다. 그러면 분명하게 말해준다. 사람은 행복을 좇는 존재이며 내가 행복하면 될 뿐 그 외에 다른 이유는 없다고 답변한다. 장애인 음악가들의 재능을 세상 밖으로 끄집어내고 빛나게 해주는 일은 그 어떤 일보다 나에게 큰 만족감을 준다. 행복을 주는 일에 혼신을 다하는 것은 당연한 것처럼, 음악전공자들도 이런 마음으로 자신의 직업을 도전하길 바라는 것이다.

또 어떤 이는 진로교재를 왜 쓰는지, 베스트셀러가 될 것도 아닌데 왜 힘들게 책을 출간하는지 묻는다. 필자는 그동안 쌓은 나만의 정보를 타인과 공유하지 않고는 배기지 못할 정도로 컨설팅 욕구가 강하다. 정보를 공유할 때 행복하기 때문에 책을 쓴다. 인간은 자신이 하고 싶은 일을 하고 살 때 가장 행복하다. 여러분도 '무엇을 할 때 가장 행복할까' '행복을 위해 진정 원하는 것은 무엇이지?' '정말 연주자로서 행복을 느낄 수 있을까? 다른 길을 생각해볼 수는 없을까?' '그렇다면 무엇을 준비해야 하지?' '어떻게 준비해야 하지?' 등 꼬리에 꼬리를 무는 질문을 스스로 해보기 바란다. 질문을 수없이 반복하다 보면 행복을 향한 길이 열린다. 그 길을 결정하는 데 도움을 주려는 게 이 책의 목적이기도 하다.

소크라테스는 너 자신을 먼저 알라고 했다. '너 자신이 무엇을 잘하고, 무엇을 진정 원하는지 여전히 잘 모른다'는 사실을 자각하라는 뜻이다.

자신을 알려면 방구석 몽상가가 되어서는 안 된다. 방에서 벗어나 현실 세계로 직접 뛰어들어 나에게 무엇이 가장 잘 맞는지 경험해야 한다. 아르바이트를 하든, 자원봉사를 하든, 북클럽에 가입하든, 알지 못했던 세계에 직접 뛰어들어 잘 모르는 미지의 세계에 대한 불안함을 떨쳐야 한다. 특히 음악전공자들은 그런 액티비티에 대해 취약하다.

하지만 걱정할 것 없다. 조금만 노력하면 음악인들도 불안의 늪에서 쉽게 탈출할 수 있다. 음악을 연습할 때 자신에 대해 객관적인 시각을 가지려고 노력하면 얼마든지 가능하다. 자신이 연주한 내용을 녹음 또는 녹화한 후 반복해서 들으면 자신의 연주에 대한 잘잘못을 따져 더 나은 방향으로 고쳐 나갈 수 있다. 이는 굉장한 이점이다. 레코딩한 후 자신을 살피는 뛰어난 기능을 스스로에게 적용하면 어떨까? 결코 어렵지 않다. 지금 걱정하는 것이 미래를 위해 바람직한 것인지 아닌지 객관적으로 살펴보라는 것이다. 이를 관점 전환이라고 할 수 있는데, 관점 전환에 약하다고 판단하면 포기하지 말고 지금부터라도 자꾸 영혼을 분리하듯이 자신을 객관적으로 관찰하도록 해야 한다.

인생은 꽃길만 있는 게 아니다

진로 탐색 특강을 할 때마다 학생들이 열광하는 이유가 있다. 남의 이야기를 구술하지 않고 필자가 직접 체험한 이야기를 생생하게 들려주는 까닭이다. 성공한 사례만 공개하지 않고 실패 사례까지 가감 없이 털어놓으면 학생들에게 위안을 줄 뿐 아니라 나도 도전하고 싶다는 열정을 불러일으킨다. 지금은 툴뮤직 사업이 자리를 잡고 정돈된 듯싶지만 이렇게 되기까지 진정 '개고생'을 했구나, 저렇게 망가진 적이 있구나, 그렇게 혀를 차면서 동지 의식을 갖는다. 강의할 때 제자나 후배들에게 늘 강조하는 말이 있다. 인생은 결코 꽃길만 있는 게 아니며 꽃길은 가끔 존재할 뿐이라고 말해준다. 그러기에 지금 꽃길이 아니라 해도 현실을 직시하고 절망하거나 좌절해서는 안 된다고 힘을 준다.

그런데 놀라운 사실은 강의를 준비하거나 실제 강의를 펼쳐나가는 동안 학생들의 변화가 아니라 내 생각이 변하는 것을 깨닫는다는 점이다. 어찌 된 일인지 사업을 하는 동안 나를 배신하거나 사업을 방해했던 숱한 사람에게까지 감사함을 느낀다. 직장생활할 때는 덜하지만 사업을 하다 보면 뜻밖의 일로 배신당하거나 사기도 당한다. 처음 사업을 대전에서 시작했는데 아마도 처음 사업했을 때 의뢰인들이나 '갑'의 존재에 크게 데이지 않았다면 서울로 상경할 생각을 못했을 것이다. 당시에 그들은 분노와 미움의 대상이었다. 그러나 반대로 생각하면 마음이 편해진다. 그런 사람들이 나에게 상처를 주고 배신을 했기 때문에 모든 것을 접고 서울에서 사업을 다시 시작할 수 있었다. 돌이켜 보면 이런 모든 일이 그저 감사할 따름이다.

지금 위치에서 10년 전과 비교하면 지금은 상상 이상으로 행복하게 사업을 펼치고 가정생활을 꾸리고 있다. 회사도 말로 형용할 수 없을 만큼 성장했다. 10년 전에는 서울에서 이런 사업을 펼치면서 지속적으로 성장하리라고는 꿈도 꾸지 못했다. 그렇다고 경제적으로 굉장한 성공을 거두었다는 뜻은 아니다. 단지 성장했을 뿐이다. 그러나 그 성장의 계기, 영광의 계기에는 실패라는 밑거름이 있었다. 여전히 성공과는 거리가 멀어도 지금, 삶은 매우 행복하다. 음악을 전공해서 연주자라는 외길을 가는 대신 사업을 선택했지만 충분히 즐기고 충분히 열정적이며 게다가 사랑하는 가족까지 건사할 수 있으니 어찌 행복하다 하지 않을 수 있을까. 행복이란 어려운 게 아니라 괴롭지 않은 상태를 말한다. 법륜스님도 그렇게 설파했다. '행복은 실체가 있는 게 아니라 괴롭지 않으면 행복한 것이다.' 음악전공자들에게 직업이 없다고 지레 괴로워 말기를 바란다. 행복하다고 걱정이 없는 것은 아니다. 사람은 세상을 살아가면서 늘 걱정거리를 안고 살아간다. 그러나 스스로 괴로워하지는 말아야 한다. 직장, 가족, 친척, 목표달성 등 어느 구석이든 늘 문제는 있으며 그로 인한 걱정 또한 피할 수 없다. 하지만 문제를 괴로움으로 받아들이지 말아야 한다는 뜻이다.

03

취업과 창업 선택 전, 툴뮤직 탐구

툴뮤직 사업의 종류

　툴뮤직의 기초사업은 아티스트 매니지먼트, 음반제작, 공간사업, 교육사업 등 크게 네 가지 줄기로 나뉜다. 이 네 분야는 지난 2014년부터 꾸준히 성장해왔다. 그러던 중 툴뮤직이 사회적기업으로 거듭나면서 네 가지 사업이 서로 시너지효과를 얻으며 폭발적으로 발전했다.

사회적기업은 신진 아티스트, 장애인 아티스트 등 핵심 인재를 발굴하고 이들을 최고의 연주자로 만들겠다는 취지로 설립한 후 이를 구현하기 위해 다양한 사업들을 펼치고 있으나 이를 한마디로 간추리면 인재 발굴과 인재 육성사업이라고 압축할 수 있다. 장애인 육성사업이나 신진 음악가 육성사업은 당장 수익이 발생하지 않고 상상 이상의 자본을 들이부어야 하는 사업이다. 지금까지 사업을 펼쳐 오면서 대부분 좋은 일에는 돈을 투자해야 한다는 것을 깨달았다. 돈이 참 많이 필요하다. 언젠가 동기부여 명강사 김미경 씨의 강의에서 들은 이야기가 있다. 꿈이 먼저냐 돈이 먼저냐는 문제에서 돈이 중요하며 돈이 있어야 꿈을 실현할 수 있다는 주장이었다.

필자 역시 이 주장에 공감하는 편이다. 소셜벤처에서 돈이 먼저냐 가치가 먼저냐 할 때 종종 거꾸로 질문을 던지곤 한다. '돈이 없으면 좋은 일을 할 수 있는가'라고 물으면 대부분 침묵모드로 들어간다. 그렇다고 돈을 위해 살거나 돈을 밝히는 사람은 아니다. 자본주의 사회에서 돈 없이는 한 발자국도 뗄 수 없는 지극히 냉혹한 현실을 인식하자는 것이다.

툴뮤직은 초창기 사업인 공간사업을 5개 지점까지 확장해서 벌어들인 돈을 시드머니로 삼아 신진 아티스트를 위한 프로젝트를 진행해 오고 있다. 그 사업의 일환으로 장애인 음악 콩쿠르도 펼치고 있는데 올해로 4회째를 맞고 있다. 이외에 사회공헌콘서트도 개최해 재능있는 아티스트도 발굴, 세계 무대에 진출시키기 위해 노력하고 있다.

우리는 장애인 음악가는 물론 신진 아티스트들을 발굴함에 있어 '당신은 매우 특별하다'는 캐치프레이즈를 내걸고 특별히 정신무장을 시킨다. 장애인뿐만 아니라 우리가 성장시키고자 하는 모든 음악가들에게 늘 'You are so special'이라며 엄지를 치켜세운다. 툴뮤직이 이렇게 음악인들에게 자신감을 심어주는 이유는 요즘 젊은이들의 자존감이 매우 부족하기 때문이다. 실력은 뛰어나도 자신감이 부족한 음악가들이 많은데, 이들과 비교하면서 스스로 실력이 부족하다고 믿는 신진 음악가들은 자존감이 얼마나 떨어지겠는가.

굳이 툴뮤직의 캐치프레이즈가 아니더라도 누구든 존재의 다양성은 존중받아야 한다. 그게 재능이든 성격이든 다양성에는 특별한 영역이 있을 수 없다. 물론 반사회적인 성격은 고쳐야 마땅하지만 그렇지 않다면 다른 사람과의 차별성과 고유성은 진정 인정받아야 한다는 말이다. 역사적으로 사회를 이끈 사람들이나 세계적인 과학자들은 주변으로부터 성격이 이상한 사람, 쉽게 접할 수 없는 성격의 소유자 등으로 비난을 받아왔다. 스티브 잡스조차도 결코 평범하지 않은 성격으로 별종 취급을 받았다. 존 가트너의 명저 '조증'(躁症)에는 이런 별종들이 거대한 기업을 이끈 다양한 사례를 다루고 있다. 빌 게이츠, 스티브 잡스, 네스케이프 창업자 짐 클라크, 아이디어랩의 CEO 빌 그로스 등 경영의 역사를 바꾼 사업가들은 평범한 사람들과 달리 진짜 미치지는 않았지만 미친 듯한 열정을 가진 사람들, 즉 하이포마니아들(hypomania)임을 나열하고 있다. 이들은 대부분 광적이지만 성격 자체는 내성적이라고 밝히고 있다. 행동은 민첩하지만 사고의 깊이는 그 누구보다 깊은 사람이라는 것이다. 독특하다. 정말 독특하다. 특히 말이 없는 사람들이 깊이가 있다고 한다. 그러나 이들의 성격이 일반적이지 않다고 해서 벽을 쌓고 교류의 창을 닫아버리면 커다란 인재를 잃게 된다.

장애인 교육을 영어로는 Special Education이라고 한다. 장애인들 역시 'You are so special'이라는 칭찬을 받아 마땅하다. 일반인들에게도 특별함을 알게 해주고 동시에 장애인들을 위한 특별한 행사들을 기획하는 툴뮤직! 그게 우리 회사의 슬로건이다. 툴뮤직이 무슨 뜻인지 묻는 사람들이 많다. 클래식과는 거리가 먼 투박한 단어이기 때문이다. 툴(Tool)은 연장을 의미한다. 우리가 음악가들의 재능을 발굴해 세상에 빛을 내는 망치 역할을 하기도 하고, 음악가들이 우리 회사를 망치로 사용해 원하고자 하는 작업을 하라는 뜻이다. 클래식 음악을 대상으로 하는 사업치고는 거친 듯하지만, 툴뮤직은 음악가들의 진정한 연장이 되고 싶다. 또 일을 해나갈 때는 럭셔리하게 해결하는 브랜드이기보다 무엇이든 서번트 리더십을 발휘해 캐주얼하게 풀어 나가고자 한다.

평생 피아노만 배우고 졸업 후에는 피아노레슨을 주로 해온 사람이 어떻게 연장이 될 수 있느냐며 반문할 수 있다. 틀린 말은 아니다. 필자의 삶 대부분을 지배해온 것은 개인레슨으로 지금도 한주에 꽤 많은 시간을 학생들의 피아노 레슨에 할애한다. 그런 사람이 어떻게 이 많은 사업을 하느냐는 것이다. 음악가들이 사업과 레슨을 병행하는 것은 결코 쉽지 않다. 가정을 돌보고 아이를 키우는 것까지 고려하면 시간이 부족해 그 많은 일을 소화하는 게 불가능할 것처럼 보인다. 그러나 필자는 스스로의 상태를 너무 잘 알고 있다. 나의 포지션을 알고 있다는 것이다. 천부적으로 사업에 뛰어난 두뇌의 소유자도 아니기에 직원들의 도움이 없으면 엄두도 내지 못할 것이다. 그럼에도 직원들과 함께 늘 망치를 들고 다니며 일당백의 역할을 감당하기 위해 끊임없이 노력한다.

장애인 음악 콩쿠르

　장애인 음악 콩쿠르는 어떻게 시작했을까? 사실 장애인 음악 콩쿠르까지 뛰어들고 싶지는 않았다. 그러나 어려서부터 콩쿠르를 경험하고 심지어 심사위원으로 나갔을 때 장애인들은 어떤 대회에 출전하는지 궁금했다. 그러던 중 장애인 학생들을 직접 지도하면서 장애인들의 특수성을 고려한 콩쿠르가 많지 않다는 사실을 깨달았다. 콩쿠르에 진출하려면 너무 힘든 까닭에 이들을 위한 별도의 콩쿠르를 준비해야 할 필요성을 느꼈다. 어쨌든 툴뮤직이 하는 사업 중 가장 힘든 사업이 장애인 음악 콩쿠르임에 틀림없다. 장애인 한명 한명을 배려하고 잘 케어해야 하며 스케줄 조절도 잘해야 한다. 또 각자 불편한 점이 무엇인지도 꼼꼼히 살펴야 하고 특히 콩쿠르 최종 결과는 참가자들이 경연장에서 장시간 대기하지 않도록 그다음 날 발표한다. 불편한 몸으로 기다리지 않게 하기 위해서다. 대기에서 점수 발표까지 한 시간 반이 걸리지 않도록 하는 등 참가자들 한 사람 한 사람씩 배려하려고 노력한다.

　장애인 음악 콩쿠르는 경쟁보다는 무대에 설 수 있는 기회를 갖게 하는 게 가장 근본적인 취지이다. 이 콩쿠르에 참가한 우수한 학생들은 나중에 콘서트로 연결되기도 한다. 예컨대 유지민 학생은 지난 2019년 서희태 지휘자의 지휘 아래 피아노를 협연하기도 했다. 이런 식으로 기회를 지속적으로 제공한다. 또 시각장애인인 김건우 학생은 바리톤 석상근의 연주회 당시 게스트 피아니스트로 2회 출연해 청중의 뜨거운 사랑을 받기도 했다. 장애인 음악 콩쿠르와 그들이 함께 하는 음악회는 특별히 애정을 갖고 진행하는 프로그램이다.

장애인 음악 콩쿠르에서 발굴한 입상자들의 연주회를 갖기도 하는데 제1회 장애인 음악 콩쿠르 수상자 음악회에서 슈만의 '헌정'을 연주한 유지민 학생은 시력이 전혀 없는 시각장애인이었다. 세상의 빛을 단 한줄기도 빨아들이지 못하는 아이의 연주를 들으면 가슴이 먹먹하고 눈이 촉촉해진다. 두 눈으로 피아노를 보면서 아름답게 연주하는 모습도 감동이지만 방랑자처럼 마음으로 소리를 찾아 보이지 않는 세계를 연주하는 모습은 훨씬 깊은 감동을 줄 뿐 아니라 치열한 삶을 헤쳐나가는 인간의 오체투지 정신을 엿볼 수 있다.

유지민의 '헌정'은 템포가 느리면서 한음 한음을 깊은 우물에서 들어올리는 선율의 두레박과 같은 느낌을 준다. 헌정을 연주하는 아이는 결코 무관심할 수 없는 귀한 아이이며 이것이야말로 'You are so special'을 그대로 보여주는 모습이다. 말이 필요 없는 감동의 현장이었다. 누가 이 어린 음악가를 장애인이라고 말할 수 있을까. 장애라는 말은 틀린 말이다. 우리 모두가 서로 다르듯이 그 역시 우리와 그저 다를 뿐이다. 베토벤도 청각장애인이었기에 그토록 투쟁적인 작품을 쓰지 않았는가. 피아노에 앉은 세상의 모든 시각장애인들도 베토벤처럼 그런 자아 극복의 마음이 가득하다. 들리지 않고 보이지 않는데도 어쩌면 이렇게 자연스럽게 연주할까?

음악은 장애로부터 자유롭게 만든다. 그 순간만큼은 내가 스타가 되는, 진정한 스타가 되는 순간이다. 그래서 장애인 음악 콩쿠르 포스터에는 항상 '별'의 이미지를 넣는다. 낮에 우리 눈에 보이지는 않지만 별은 여전히 빛나고 있다. 우리는 모두 별이며 우리 눈에 보이지 않는다고 존재하지 않는 것은 아니다. 지금 보이는 별도 지금 존재하는 별이 아니며 수억 광년 동안 달려와서 우리 눈에 비추는 것이다.

장애인 음악 콩쿠르를 개최하는 가장 큰 목적은 장애인 음악가들을 발굴 육성하기 위해서다. 음악가를 발굴하고 육성하는 데에는 장애인 비장애인이 따로 있을 수 없다고 생각하기에 그들을 위한 콘서트를 지속적으로 펼치고 있다. 또한 툴뮤직은 아티스트 매니지먼트를 통해 음악회뿐만 아니라 음반제작, 유통, 전국투어, 공연기획 등 음악가로 성장하는 전 과정을 기획하고 지원해 주고 있다. 아티스트를 육성하는 과정과 똑같다. 아티스트 육성을 위해 제작한 음반은 무려 40장에 이른다. 그 음반들을 소개한다.

베리오자(Berioza)
[Georgy Sviridov: The Snowstrom]

노영서
[La Valse]

석상근(Matteo Suk)
[Memory]

임거건
[잔향]

임거건
[졸업]

노영서
[Four Seasons]

최혜연
[My Star]

피아노 옴니버스
[All That Piano]

최영민
[보통의 피아노, 201610]

최영민
[보통의 피아노, 201609]

최영민
[보통의 피아노, 201608]

조셉프킴
[Lullaby Preludes]

최영민
[보통의 피아노, 201607]

최혜연
[그리움]

최영민
[보통의 피아노, 201606]

최영민
[보통의 피아노, 201605]

조셉프킴
[Lullaby Pieces]

정환호
[안녕, 하루]

최영민
[보통의 피아노, 201604]

최영민
[보통의 피아노, 201603]

김기경
[F.Chopin Piano Etudes]

최영민
[보통의 피아노, 201602]

최영민
[보통의 피아노, 201601]

최영민
[보통의 피아노, 201512]

강형규
[Edelweiss]

정환호
[그렇게 웃어요]

정환호
[기억의 노래]

최영민
[Paganini]

최혜연
[선물]

최영민
[Prelude]

정환호
[minnewanka]

정환호
[하늘 가는 밝은 길이]

정환호
[날아가]

정환호
[Bittersweet Waltz]

정환호
[시간뒤에서]

정환호
[This is My Story]

정환호
[바램]

정환호
[기다림에 관하여]

적성에 확신이 서지 않으면 잠시 현장을 떠나라

 이외에 장애인 음악가들을 위한 마스터클래스와 포럼도 개최한다. 이 비즈니스 역시 수익사업이 된다 싶어서 시작하지 않았다. 그저 훌륭한 연주자들의 레슨이 필요할 때마다 망설이지 않고 시작했다. '하기나 해' 바로 그것이다. 장애인 음악 콩쿠르도 할 것인가 말 것인가를 고민했지만 결국 '하기나 해'로 계속 진행했는데 이는 베토벤의 정신과도 맞닿는다. 베토벤의 현악4중주 16번 Op.135의 악보에는 베토벤이 휘갈린 고민의 흔적이 있다. 무엇 때문에 그는 고민했을까.

'꼭 그래야만 하는가?(Muss es sein?) 그래야만 한다.(Es muss sein)'

소더비 경매에서 118만 파운드(약 24억 원)에 팔린 이 악보에 쓰인 고뇌의 글귀는 베토벤의 삶을 그린 영화 '불멸의 연인'에서도 등장하는 문구다. 해야만 한다는 확실한 존재감을 느끼게 해주는 결정적인 독백이지만 이와 반대로 우리가 진로를 결정할 때는 반드시 포기도 해봐야 한다. 무조건 하는 게 아니다. 하다가 포기도 할 줄 알아야 한다. 확신이 서지 않으면 하지 말아야 한다. 적성에 맞고 좋다고 해서 시작했는데 막상 해보니 맞지 않다. 그러면 그만두어야 한다. 연주자가 되기 위해 음악을 시작했지만 4년 동안 공부한 것이 아까워 억지로 연주활동을 하는 어리석은 결정은 짓지 말아야 한다. 미련 때문에 막연하게 해서는 안 된다.

장애인 음악 콩쿠르를 하다 보니 지치기도 하고 큰 사업적 이득도 없는데 이것을 굳이 해야만 하는가 하는 생각이 들 때가 있었다. 그래서 스스로 이 행사를 하지 않아도 괜찮은지 확인해보고 싶어 행사를 중단해 보았다. 무엇인가를 사랑하는지 사랑하지 않는지를 알기 위해서는 하던 일을 중단해 봐야 한다. 2년 동안 중단하자 견딜 수 없었다. 그동안 콩쿠르가 알려지면서 장애인들이 '나도 참가할 수 있는 기회가 주어졌다'며 기대했을 텐데 한 해도 아니고 두 해동안 거르자 미안한 마음과 하지 않으면 안 될 것 같은 사명감으로 견딜 수 없었다. 그제서야 나는 이 일을 얼마나 좋아하는지 깨닫게 되었고 3년 차에 다시 시작했다. 자신의 애정도를 깨달으려면 잠시 벗어나는 것도 좋다.

최근 성악계에서 인기를 끌고 있는 소프라노 이다미가 있다. 성악 이외의 길은 한 번도 생각해보지 않은 그가 어느 순간 노래가 지겨워졌다. 노래 없이 살 수 있지 않을까? 내친김에 노래를 중단해보기로 해고 2개월 동안 노래를 하지 않았는데 웬걸, 노래를 부르지 않고는 참을 수가 없었다. 이다미는 이런 경험을 토대로 그 전보다 훨씬 열심히 노래를 불렀다. 살다가 자신의 일에 대해 회의를 느낄 때 한 번쯤 중단할 필요도 있다. 그런 사람들이 의외로 많다. 일도 곧 연애와 같다. 떠나 봐야 그리움을 안다.

장애인 음악 콩쿠르는 행사 자체가 쉽지 않다. 디테일해야 하고 국가의 지원이 없는 가운데 치르기 때문에 여간한 사명감 없이는 엄두를 낼 수 없다. 장애인 음악 콩쿠르만큼은 사명감으로 다시 시작했다. 잠시 나갔다 다시 돌아왔다면 최선을 다해야 한다. 사람들은 흔히 희망을 꿈꾸며 살라지만 필자는 희망을 먼저 챙기지 말고 일단 시작하라고 권한다. 살아가는 데 희망도 중요하겠지만 희망보다 삶을 대하는 태도가 더 중요하기 때문이다. 하기나 해! 그런 자세가 더욱 긴요하다. 필자는 대전에서 서울로 올라와 연습실 한 칸에서 추운 겨울을 몇 차례나 지난 후 2014년 후암동에 첫 전세집을 얻었다. 남이 살던 집이지만 집은 깨끗했기에 굳이 도배할 필요까지는 없었다. 그럼에도 도배를 하고 화장실을 다 뜯어고치자 집주인은 잠시 머물고 갈 뿐인데 왜 도배하는지 물었다. 나에게는 잠시 머물고 떠날 집이 아니라 내 생애 처음으로 마련한 내 집이기 때문에 그 첫 집을 내가 원하는 대로 바꿀 뿐이라고 말했다. 전세집이 아니라 나의 집이라면 단 열흘을 살더라도 예쁘게 꾸미고 살고 싶었다. 얼마나 간절하게 갈급하게 갖고 싶던 집이던가. 후암동에 거주할 때 저녁이면 남산 정상으로 자주 산책했다. 야경을 보면서 세상은 아름답고 넓으며 할 일은 너무 많다고 긍정의 마인드를 갈고 닦았다. 첫 전세금을 마련했을 때의 감동은 이루 말할 수 없이 컸다. 그렇다고 집이 없을 때 불행했다는 말은 아니다. 언제나 행복했다. 서울에 사는 것만으로도 행복했고 일을 하는 것만으로도, 연습실에서 기거하는 것도 행복했다. 어떤 상황에서도 감사하고 아이디어가 떠오르면 무조건 '하기나 해' 하는 정신으로 꾸준히 살아왔다.

행복이란 사실 매우 가까운 곳에 있다. 지금 상황을 만족할 줄 알아야 한다. 감사할 줄 알아야 한다. 안분지족(安分知足)을 느껴야 한다. 내 삶이 어떤 처지에 있더라도 감사함을 느껴야 한다. 사람들은 부자가 되기 위해 허황된 꿈을 꾸지만 사실 가난하면 가난한 대로 감사한 일들이 많다. '하기나 해'의 정신은 우리가 왜 변화해야 하는지를 잘 설명해준다. 닥치는 문제에 대해 변화하지 않으면 할 수가 없고, 하지 않으면 생존게임에서 살아남을 수 없다. 그런데 하기나 해보다 더욱 중요한 가치는 견뎌내는 일이다. 살다보다 살아내는 것이 더 가치 있고, 견디다보다 견뎌내는 일이 더 가치 있다는 것이다. 최근 권오현·김상근의 베스트셀러 '초격차'에 견딤에 관한 감동적인 일화가 소개되어 있다. 권오현 저자는 8년 동안 자기 후임을 상사로 모시고 결재를 받는 수난을 견뎌냈다고 한다. 무슨 일을 하든 견뎌내는 일이 중요하다는 사실을 강조하기 위해 권오현은 자신의 경험을 소개하고 있다.

제4부

취업

음악전공생이 취업을 선택했다면 최소한 커리어가 생길 때까지는 버티되, 적성에 맞지 않는다면 새로운 커리어에 도전하는 것을 주저하거나 두려워하지 말아야 한다. 필자 역시 그런 길을 걸어왔기에 커리어가 왜 필요한지, 적성을 찾아 왜 도전을 해야만 하는지 잘 알고 있다. 사실 그 이야기를 하기 위해 이 책을 시작했다는 게 정직한 표현이다.

취업할 곳으로 가장 안정적인 기관을 꼽는다면 공공기관이다. 만약 공공기관에 관심이 있다면 전국에 산재한 수많은 문화예술회관, 문화재단 등에서 인재를 찾기 위한 직원공모를 매일 업데이트하고 있다는 사실을 직시해야 한다. 찾아보면 취업에 도전할 만한 직장은 확실히 많다. 단지 정보 탐색하는 방법을 모를 뿐이다. 일반 기업의 경우 직원채용 공고는 연말과 연초, 혹은 대학 졸업시즌에 몰려있는 반면, 문화예술 관련 기관은 직원을 수시로 채용한다.

인터넷 구인구직 사이트인 '사람인'(2020년 3월 13일 기준)의 문화예술 카테고리를 보면 지금이라도 당장 어플라이할 수 있는 문화예술 직종은 377여 개에 음악 직종은 657건에 달한다. 음악 관련 직장에서의 채용 건수는 이토록 많다. 나아가 음악학원, 교습소에서 강사를 찾는 구인구직까지 포함하면 실로 방대하다. 모두 다 취업 현장이다. 이렇게 직업이 넘치는 세상인데 음악전공자들이 잘 모르는 이유는 정보를 탐색할 생각을 하지 못하는 데 있다. 지금 검색해 보라. 문화예술 카테고리로 들어가면 누구든지 전국 문화예술 관련 단체의 채용공고를 쉽게 만날 수 있다.

심지어 문화체육관광부에도 고용란이 있고 예술경영지원센터나 한국문화예술회관연합회에서도 늘 채용공고가 뜬다. 롯데콘서트홀이나 금호아트홀 연세와 같은 민간극장에도 검색하면 채용 공고를 확인할 수 있다. 이토록이나 많지만 음악전공자들은 정말 관심이 없다. 그러기에 후배들에게 꾸준히 검색하라고 강조한다. 음악전공자들이 검색을 안 하는 것뿐이지 직업은 찾고자 하는 자에게는 차고 넘친다. 이 책에서 강조하는 운동을 '무브먼트'라고 말하는 것은 아직 잠에서 덜 깬 음악전공자에게 '찾고자 하는 의욕'을 일깨워 주는 '의식개혁 캠페인'을 하기 위해서다. 전국 문화예술 단체나 극장이 늘 채용공고를 올린다는 것은 허풍이 아니라 팩트임을 다시 한번 강조하고자 한다. 두드려라. 길은 얼마든지 있다. 취업 프로세스의 샘플을 확인하고 리서치한 후 응시원서를 제출하면 끝이다. 응시 후 1차 서류에 합격하면 면접을 보면 된다. 물론 그 전에 면접을 준비하는 방법, 면접 노하우 등을 살펴보면 더욱 좋겠다.

01

취업의 프로세스

 취업에 있어 가장 큰 자산은 정보다. 위아츠 블로그(https://blog.naver.com/weartsblog)에서 제공하는 취업내용만 해도 한주에 수십 여 건에 달한다. 위아츠 블로그란 음악, 무용, 미술, 연극 지원사업을 매주 업데이트하는 사이트로 각종 공모, 구인 소식을 비롯하여 개인작품 홍보까지 가능한 플랫폼 역할을 하고 있다. 또 예술 관련 기관과 단체들의 채용공고와 다양한 지원사업들을 일주일 단위로 업데이트하고 있다. 이처럼 정보는 아는 자에게 주어지는 선물이다. 스스로 찾으려고 하지 않는 한 정보는 모습을 드러내지 않는다. 취업을 원한다면 정보의 광맥을 찾을 수 있는 안목과 의지, 무엇보다 행동이 필요하다. 취업을 위한 가장 일반적인 과정을 다섯 단계로 나누어 보았다.

▌1단계 : 직업 리서치하기 ▌

당연한 얘기지만 리서치를 잘하는 사람이 정보도 잘 얻는다. 취업에 관한 지금까지의 고정관념은 음악 관련 직업은 많지 않다는 것이었다. 그러나 막상 구직사이트를 검색해보면 다양한 직종들이 있다는 사실에 깜짝 놀란다.

취직자리를 찾는 사람들이 가장 많이 이용하는 일반 구직 플랫폼은 '사람인'이나 '잡코리아' 등 민간 플랫폼이다. 음악전공자들에게도 이 사이트들은 매우 유용한 게 사실이다. 음악 관련 카테고리가 별도로 구획되어 있기 때문에 생각보다 많은 입사정보를 찾을 수 있다. 다시 말하지만 취업 프로세스의 1번은 정보를 찾는 것이다. 사람인과 같은 일반 사이트만 검색해서는 답이 나오질 않는다. 전공자들이 가장 먼저 검색해야 할 추천 사이트로 전국 문화재단 및 문예회관 등 문화예술 관련 공공기관의 채용 공고란을 들 수 있다.

▎2 단계 : 응시원서 정복하기(이력서, 자기소개서, 직무수행계획서)▎

취업할 회사를 선택했으면 이력서부터 작성해야 한다. 이력서는 한 개의 이력서를 복사해 여러 회사에 무조건 제출하고 보자는 식으로 작성해서는 안 된다. 쓰는 사람은 '이렇게 작성해도 인사 담당자는 모를 것'이라고 짐작하겠지만 인사담당자는 '회람용'이라는 것을 족집게처럼 알아낸다. 따라서 지원한 회사마다 그 회사의 성격에 맞게 정성껏 작성하기를 권한다. 이력서를 무조건 넣고 보자는 식으로 제출하는 것보다 한 개를 작성하더라도 그 회사와 그 조직에 맞도록 작성하라는 것이다. 그것이 스스로의 가치를 높이는 길이다.

그런데 대부분 음악전공자들은 자기소개서를 작성해 본 경험이 부족하거나 작성법을 배워 본 적이 없을 것이다. 따라서 남들이 작성한 내용을 기계적으로 제출하는 일이 많다. 대단히 소극적인 작성법이다. '어떻게 작성해야 입사하고자 하는 회사에 어필할 수 있을까?' 하는 것이 중요하다. 따라서 응시원서 작성법을 미리 배워두는 게 좋다. 아니 꼭 배워야 한다.

응시원서에는 직장을 원하는 절절함이 담겨 있어야 한다. 되어도 그만 되지 않아도 그만이라는 무채색의 원서를 시선을 사로잡을 수 없다. 응시원서 작성요령과 면접요령에 대해 지난 5년 동안 많은 강의를 했는데 그 중 자기소개서를 작성한 어느 응시생의 명문장이 떠오른다.

'딱 달라붙겠습니다. 첫째 수첩에 딱 달라붙겠습니다. 좋은 정보에 딱 달라붙겠습니다. 직장에 딱 달라붙겠습니다.'

굉장히 좋은 문구다. 또 다른 응시생은 사회에서 바라보는 편견으로 본다면 학벌은 그리 좋지 않다고 볼 수 있지만 플루트 앙상블 활동을 하던 끝에 취업을 선택, 본사 디자이너 채용에 응시했다. 취업에 향한 갈망이 얼마나 큰지 응시원서와 경력사항에서 확인할 수 있었다. 이런 사례들이 참 많다.

▌3단계 : 응시하기 ▌

　취업 회사를 선정하고 이력서를 제출하기로 했으면 충분한 정보를 가지고 데드라인 이전에 제출해야 한다. 너무 기본적인 내용이지만 실제로 마감 시간에 턱걸이로 제출하는 취준생들이 많다. 마감이 6시라면 그 시간에 딱 맞춰서 제출하면 된다는 안일한 자세보다 하루 전에 일찍 제출하는 것이 좋다. 미리 준비하면 몇 번이고 수검할 수 있다. 그리고 응시원서는 컴퓨터상으로 수정하지 말고 반드시 종이로 출력한 뒤 교정할 것을 권한다. 한 줄씩 선을 그어가면서 읽어야 오탈자를 방지할 수 있다.
　이력서나 자기소개서는 최소 다섯 번은 체크해야 한다. 면밀하게 검토하고 누가 봐도 깔끔해야 편안함을 주고 신뢰를 줄 수 있다. 한 페이지 안에서도 글씨체가 매번 다르고 삐뚤빼뚤하다면 성의가 없어 보인다. 또 문장마다 좌측 정렬과 우측 정렬 등 원칙 없이 혼용하면 일관성이 없어 보인다. 한마디로 지저분한 응시원서가 된다. 응시하기 전에는 반드시 본인이 첨부해야 할 서류까지도 세심한 수검으로 완벽한 원서가 되도록 해야 한다.

▌4 단계 : 면접 ▌

 면접에서 가장 중요한 것은 애티튜드, 즉 자신감 있는 태도다. 자신감은 알고 있는 정보를 시원스럽게 답변했을 때 드러나지 않는다. 오히려 허를 찌르는 질문을 받았을 때, 또는 잘 모르는 부분을 질문받았을 때 나타난다. 이럴 때는 당황하지 말아야 한다. 모르는 부분은 분명하게 모른다고 밝히고 잘못한 답변이라면 곧바로 시인하는 것이 좋다. 다만 알아가겠다고 말하면 된다. 모르는 것을 인정하고 개선하겠다는 태도가 중요하다. 그런 자세가 최선을 다하는 애티튜드라고 볼 수 있다. 회사에 오고 싶은 마음이 느껴지게끔 해야 한다. 그렇다고 흥분하면 안 되며 침착하게 두괄식으로 답하는 게 중요하다.
 회사에 따라 다르지만 면접 시간은 짧다. 짧은 시간에 면접자의 매력을 어필해야 한다. 어필하기 위해 스토리텔링 식으로 오래 얘기하지 말고 간단명료하게 설명해야 한다. 면접에서 심사관의 질문을 명확하게 파악해야 한다. 어떤 사람은 질문의 요지를 파악하지 못해 면접관이 계속 질문하다가 결국에는 짜증을 내는 일도 있다. 따라서 취준생은 상대방의 질문 요지를 파악하는 능력도 키워야 한다. 면접은 그만큼 중요하다.

▌5 단계: 결과 발표 ▌

 입사에 합격하면 누구나 기쁘겠지만 만약 불합격이라면 왜 합격하지 못했는지 지원 회사에 직접 확인해 보는 자세도 중요하다. 기분 나빠서 따지는 인상을 주어서는 안 된다. 자신의 취약점을 확인하고 다음에 취업할 때 보완하기 위해서 확인하고 싶다면 회사 측에서도 굳이 거부할 이유가 없다.

취업은 경쟁률이 높은 만큼 대부분이 탈락하기 때문에 자존감을 상실하거나 좌절하면 안 된다. 툴뮤직만 해도 직원 경쟁률이 무려 50대 1에 달할 만큼 경쟁률이 치열하다. 취업도 하나의 공부라고 생각해야 한다. 단타에 성공하는 경우는 극히 드물다. 탈락하면 그 원인이 어디에 있는 찾아내는 자세가 무엇보다 중요하다. 취업 전선에는 3개월만 공부하면 합격한다는 보장은 없다. 첫 번째 도전해서 취업하는 경우는 그만큼 드물다. 최소한 1, 2년은 도전해야겠다는 독한 마음을 갖고 쉽게 포기하지 말아야 한다. 어쨌든 입사해서 2년쯤 경력을 쌓으면 그때는 이직이 어렵지 않다. 따라서 수월하게 취직하기 위해서는 '문이 좁은' 정규직을 노리기보다 인턴, 육아 휴직 대체직 등 쉽게 경력을 쌓을 수 있는 임시직에 취업하는 것도 한 방법이다.

유학 다녀와서 강사 활동을 할 때까지 기다릴 에너지가 있거나, 그 길에 확신이 차 있다면 그 길을 가는 것을 말릴 필요는 없다. 그렇지 않다면 차라리 10년의 커리어를 쌓겠다는 목표를 설정하고 취업에 도전하라. 10년이면 무엇을 해도 그 분야에서 커리어가 생긴다. 그 커리어를 가지고 어떤 직장이든, 어떤 창업이든 능히 할 수 있다. 내 경험상 틀림없는 사실이다. 사람은 누구나 더 좋은 직장을 향해 이동하는 게 보편적이다. 첫 직장에서 평생 근무하는 사람은 채 1%도 되지 않는다.

지금은 한번 취업하면 평생 근무해야 하는 그런 세대가 아니다. 최근

유엔기구가 발표한 연령 구분을 보면 무려 65세까지 청년으로 보고 있다. 그만큼 수명이 연장되고 젊게 살고 있기 때문이다. 청년이 65세까지인데 어떻게 한 직장에서 그 오랜 세월 동안 버틴단 말인가. 인생은 65세에 끝이 아니라 제2의 시작으로 봐도 틀림이 없다. 이제는 길게 바라봐야 한다. 그러니 취업 실패에 좌절하지 말자.

어떤 면에서 취업이란 '나에게 맞는 그 무언가를 찾아 평생 여행하는 과정'이다. 필자 역시 아직도 진로를 탐색하고 있다. 나에게 '현재의 직업이 끝'이라는 결론은 있을 수 없다. 그 길이 진리를 향한 진로가 되었든, 가족의 행복을 향한 진로가 되었든, 또는 자아발견을 위한 진로가 되었든 우리는 끝없이 진로를 탐색하며 행군하는 존재다. 진로 탐색은 평생의 과업이다. 이것이 나의 영원한 주장이다. 그러면 음악 전공생들이 취업할 수 있는 직장은 구체적으로 어떤 것들이 있을까?

02

취업으로 생각해볼 수 있는 직업

    음악전공자들이 취업할 수 있는 회사와 기관, 문화재단 등은 어떤 것들이 있을까? 전국 지자체별 문화재단과 일반 법인들이 운영하는 문화재단, 각 지방마다 공연이 펼쳐지고 있는 문화예술회관 등을 소개할 수 있으나 여기서는 지면의 한계상 서울, 인천, 경기도에 한해 소개하겠다. 또 개인과 법인을 막론하고 예술기획을 주 업무로 하는 공연기획 또는 대행사, 출판사 등도 알아본다.

1. 공공기관

① 문화재단

문화재단

문화재단이란?
문화예술의 발전을 위하여, 문화 예술인 및 단체에 대한 지원이나 문화예술에 관련된 창작, 교육, 지역 생활 문화 등 많은 사업을 수행하는 재단을 말한다.

	재단명		사이트
국가운영문화재단	국가에서 운영되는 문화재단으로 20.01.06 기준 서울*경기*인천 40개/ 강원 10개/ 경상 14개/ 대구*부산*울산 8개/ 충청 8개/ 전라 10개, 전국구, 시, 군마다 총 90개의 기관이 운영되고 있다. 전국지역문화재단연합회 http://www.ancf.or.kr 회원현황에서 재단 현황과 사이트 조회가 가능하다.		
	서울특별시	종로문화재단	www.jfac.or.kr
		중구문화재단	http://www.caci.or.kr
		성동문화재단	www.sdfac.or.kr
		성북문화재단	www.sbculture.or.kr
		마포문화재단	www.mapoartcenter.or.kr
		구로문화재단	www.guroartsvalley.or.kr
		영등포문화재단	www.ydpcf.or.kr
		강남문화재단	www.gfac.or.kr
		서초문화재단	www.seochocf.or.kr
		도봉문화재단	www.dbfac.or.kr
		강북문화재단	http://www.gbcf.or.kr/
		은평문화재단	https://www.efac.or.kr/
		금천문화재단	www.gcfac.or.kr
		광진문화재단	www.naruart.or.kr/
		동대문문화재단	www.facebook.com/dfacorkr
		동작문화재단	http://idfac.or.kr/home/homeIndex.do
		양천문화재단	www.yfac.kr
		노원문화재단	www.nowonart.kr
		관악문화재단	www.gwanakcullib.seoul.kr
		송파문화재단	준비 중
		강동문화재단	준비 중
	인천광역시	부평구문화재단	www.bpcf.or.kr
		인천서구문화재단	www.iscf.kr
		연수문화재단	준비 중

	경기도	용인문화재단	www.yicf.or.kr
		부천문화재단	www.bcf.or.kr
		고양문화재단	www.artgy.or.kr
		의정부예술의전당	www.uac.or.kr
		하남문화재단	www.hnart.or.kr
		화성시문화재단	www.hcf.or.kr
		성남문화재단	www.snart.or.kr
		안양문화재단	www.ayac.or.kr
		안산문화재단	www.ansanart.com
		수원문화재단	www.swcf.or.kr
		오산문화재단	https://osan.go.kr/arts/main.do
		군포문화재단	www.gunpocf.or.kr
		김포문화재단	www.gcf.or.kr
		광명문화재단	www.gmcf.or.kr
		여주문화재단	www.yjcf.or.kr
		평택문화재단	준비 중
기업운영문화재단	기업이나 사립으로 운영되는 문화재단으로 금호아시아나, 한빛, 네이버, 롯데, 아산나눔, 대원, 현대차정몽구재단 등이 대표적이다.		

재단명	사이트
금호아시아나재단	http://www.kacf.net/
네이버문화재단	https://www.naverfoundation.org/
롯데문화재단	http://www.lotteconcerthall.com/kor/Foundation/Intent
아산나눔재단	https://asan-nanum.org/
대원문화재단	http://www.daewonculture.org/kor/main.jsp
현대차 정몽구재단	http://www.hyundai-cmkfoundation.org/com/cmkIndex.do

② 전국문화예술회관

문화예술회관
문화 예술과 관련한 작품 전시, 공연 따위의 서비스를 제공하기 위한 곳으로 국가와 재단이 운영하는 시설이다. 모든 문예회관의 관련된 정보와 채용정보는 https://www.kocaca.or.kr/Pages/Main.aspx 사이트에서 확인할 수 있다.

지역	문예회관	사이트	비고
서울	강남씨어터	http://www.gfac.kr/	(재)강남문화
	강동문화재단	http://www.gangdongarts.or.kr	(재)강동문화

서울	관악문화도서관	www.gwanakcullib.seoul.kr	(재)관악문화
	나루아트센터	http://www.naruart.or.kr	(재)광진문화
	구로아트밸리예술극장	http://www.guroartsvalley.or.kr	(재)구로문화
	금나래아트홀	http://www.gnrart.or.kr	(재)금천문화
	노원문화예술회관	http://www.nowonart.kr/	(재)노원문화
	두산아트센터	http://www.doosanartcenter.com/	(재)두산연강
	마포아트센터	http://www.mapoartcenter.or.kr	(재)마포문화
	남산예술센터	http://www.nsac.or.kr	(재)서울문화
	반포심산아트홀	http://www.seochocf.or.kr	(재)서초문화
	성동문화회관	http://www.sdfac.or.kr	(재)성동문화
	미아리고개예술극장	http://www.sbculture.or.kr	(재)성북문화
	세종문화회관	http://www.sejongpac.or.kr	(재)세종문화회관
	영등포아트홀	http://www.ydpcf.or.kr	(재)영등포문화
	은평문화예술회관	http://www.efac.or.kr	(재)은평문화
	정동극장	http://www.jeongdong.or.kr	(재)정동극장
	아이들극장	https://jct.jfac.or.kr	(재)종로문화
	충무아트센터	http://www.caci.or.kr	(재)중구문화
	국립국악원	http://www.gugak.go.kr	
	국립중앙극장	http://www.ntok.go.kr	
	서대문문화회관	http://www.sscmc.or.kr	
	예술의전당	http://www.sac.or.kr	
	우리금융아트홀	https://bit.ly/2TAO7n2	
	한국문화예술위원회	http://theater.arko.or.kr	
	강북문화예술회관	http://theater.arko.or.kr	
	용산아트홀	http://art.yongsan.go.kr	
	종로체육문화센터	https://bit.ly/2TBH7qm	
인천	부평아트센터	https://bit.ly/2TBil9H	(재)부평구문화
	트라이보울	http://www.tribowl.kr	(재)인청문화
	인천서구문화회관	http://www.iscf.kr	(재)인천서구문화
	계양문화회관	https://bit.ly/39AfEuF	
	남동소래아트홀	http://www.namdongarts.kr	
	아트센터 인천	http://www.aci.or.kr/	
	인천 중구문화회관	http://www.icjg.go.kr/artcenter/	
	인천광역시교육청 학생교육문화회관	http://www.iecs.go.kr	

인천	인천문화예술회관	https://art.incheon.go.kr/index.do	
	인천수봉문화회관	http://www.artin.or.kr	
	강화문예회관	http://www.ghss.or.kr/	
경기	경기도문화의전당	http://www.ggac.or.kr	(재)경기도문화의전당
	고양어울림누리, 아람누리	http://www.artgy.or.kr	(재)고양문화
	광명시민회관	http://www.gmcf.or.kr	(재)광명문화
	군포문화예술회관	http://www.gunpoart.net	(재)군포문화
	김포아트홀	https://www.gcf.or.kr	(재)김포문화
	부천시민회관	http://www.bcf.or.kr	(재)부천문화
	성남아트센터	http://www.snart.or.kr	(재)성남문화
	수원SK아트리움	http://www.suwonskartrium.or.kr/	(재)수원문화
	안산문화예술의전당	http://www.ansanart.com	(재)안산문화
	안양아트센터, 평촌아트홀	http://www.ayac.or.kr	(재)안양문화예술
	세종국악당	http://www.yjcf.or.kr/main/yjcf	(재)여주세종문화
	오산문화예술회관	http://osan.go.kr/arts/	(재)오산문화
	용인포은아트홀	http://www.yicf.or.kr	(재)용인문화
	의정부문화재단	http://www.uac.or.kr/	(재)의정부문화
	하남시문화예술회관	http://www.hnart.or.kr	(재)하남문화
	화성아트홀, 반석아트홀	http://art.hcf.or.kr	(재)화성시문화
	가평문화예술회관	http://www.gpfmc.or.kr	
	과천도시공사	https://bit.ly/2lxVW6J	
	구리아트홀	http://www.gart.go.kr	
	남양주 다산아트홀	culture.nyj.go.kr	
	남한산성아트홀	http://www.nsart.or.kr	
	동두천시민회관	https://bit.ly/2TBjn5z	
	안성맞춤아트홀	http://www.anseong.go.kr/arthall	
	양주문화예술회관	http://www.yjfmc.or.kr	
	연천수레울아트홀	http://www.sureul.co.kr	
	이천아트홀	http://www.artic.or.kr	
	파주시 운정행복센터	http://www.pajucf.or.k	
	평택문화예술회관 (남부, 북부, 서부문화예술회관)	https://bit.ly/39CTKXM	
	포천반월아트홀	http://www.bwart.net	
	양평군민회관	http://lll.p21.net	

2. 공연기획사

공연기획사

공연기획사란?
공연기획, 홍보, 대행, 마케팅, 아티스트 매니지먼트, 예술지원사업 관련 직무를 하는 회사이다.

빈체로	http://www.vincero.co.kr/
크레디아	http://www.clubbalcony.com/Home/classic/classic_main.aspx
아트앤아티스트	http://artsnartists.com/
마스트미디어	www.mastmedia.co.kr
음연	http://www.eumyoun.com/main.asp
MOC프로덕션	http://mocproduction.com/
스톰뮤직	http://stompmusic.com/
봄아트프로젝트	http://bomarts.co.kr/
WCN	http://www.wcn.co.at/
스테이지원	http://www.stageone.co.kr/
프레스토아트	https://www.prestoartists.com/
더브릿지컴퍼니	https://www.thebridgekr.com/
예인예술기획	http://www.yeinarts.com/
이든예술기획	http://edenclassic.co.kr/
지클래프	https://blog.naver.com/clara32
툴뮤직	http://toolmusic.co.kr/

3. 클래식 음악제

클래식 음악제

음악제란?
음악을 주체로 하여 개최하는 제전이다. 일정한 시기에 개최되며 며칠 동안 계속되는 것이 보통이다.

대관령국제음악제	http://www.gmmfs.com/program_kor/korIndex.asp
통영국제음악제	http://www.timf.org/main/main.do
평창겨울음악제	http://www.musicpyeongchang.com/kr/main.jsp
제주해비치아트페스티벌	http://www.jhaf.or.kr/Home/Main.aspx
서울스프링실내악축제	https://www.facebook.com/seoulspringfestival
교향악축제	https://viridius.blog.me/221464185891
제주국제관악제	http://jiwef.org/default/index.php
시울국제음익제	http://simf.kr/

4. 음악관련 출판사

음악 출판사

음악 출판사란?
음악 출판사업의 활성화와 음악작품의 창작 및 이용촉진으로 음악산업 발전에 이바지할 목적을 가진 기업으로 음악관련 서적, 교재, 악보 등을 제작하고 판매한다.

세광출판사	www.sekwangmusic.co.kr
삼호뮤직	www.samhomusic.com
현대음악출판사	http://bookdb.co.kr/bdb/PersonDictionary.do?_method=writerDetail&prsnNo=30667618
돋을새김	https://blog.naver.com/doduls
동서음악출판사	http://www.dongseomusic.co.kr/?intro=1
음악춘추사	http://www.eccs.co.kr/
태림스코어	http://www.taerim.co.kr/bbs/index.html
아름출판사	http://www.armusic.co.kr
음악세계	http://www.eumse.com/main/main.php

03

취업을 위한 사이트 검색

▌1. 일반구직 ▌

구인구직과 관련한 민간회사의 전문사이트들 중 가장 대표적인 사이트는 사람인(www.saramin.co.kr)과 잡코리아(www.jobkorea.co.kr)를 꼽을 수 있다. 사람인의 경우 음악전공자들이 참고할 만한 카테고리는 한눈에 들어오지 않지만 전문직 카테고리를 클릭해 '문화예술 종교' 카테고리로 들어가면 '순수음악미술란'에서 음악전공자들이 도전할 수 있는 직업을 발견할 수 있다. 잡코리아의 경우 직무 카테고리로 들어가 미디어 섹션에서 음악 음향, 또는 '공연 전시 무대란'을 검색할 수 있다.

▌2. 문화예술 분야 구직▌

  문화예술 관련 단체에서도 구인구직을 위한 다양한 정보를 실시간으로 업데이트하고 있다. 이중 가장 대표적인 사이트는 역시 문화체육관광부와 예술경영지원센터, 그리고 한국문화예술연합회 등을 꼽을 수 있다. 그런데 사실 이 사이트들은 공공기관으로서 모두 연계되어 있기 때문에 구인구직 내용이 겹치기도 하지만 각 단체의 특성이 있는 만큼 모두 검색해 보아야 한다. 문화체육관광부의 경우 하위조직이 많기 때문에 사소한 구인구직을 취급하지 않을 것 같지만 실제 사이트에는 많은 정보가 담겨있기 때문에 건너뛰어서는 안 된다.

일반구직 (검색창에 문화예술 or 음악으로 검색)	**사람인** https://www.saramin.co.kr/zf_user/ · 인터넷 이력서, 채용정보 제공 · 단순 스펙이 아닌 AI분석 시스템
	잡코리아 https://www.jobkorea.co.kr/ · 인터넷 이력서, 채용정보 제공 · 교육 정보, 취업 관련 뉴스 및 통계자료

문화예술구직	**워크넷** http://www.work.go.kr/ · 고용노동부 고용정보시스템 · 구직, 구인 등 일자리 채용정보, 직업훈련, 실업대책, 고용보험 안내	
	문화체육관광부(채용정보) https://www.mcst.go.kr/kor/s_notice/notice/jobList.jsp · 문화, 예술, 체육, 관광, 콘텐츠, 미디어, 홍보 등 여러 분야에서 다양한 정책을 추진 · 문화체육관광부 채용정보를 포함, 소속/공공기관 채용정보를 기관 홈페이지와 연동하여 서비스를 제공	
	예술경영지원센터(일자리정보) https://www.gokams.or.kr:442/01_news/job_list.aspx · 예술 유통의 활성화 예술기관의 강화를 위한 체계적인 지원사업을 수행 · 예술경영 활동 범위를 넓혀갈 수 있는 다양한 문화예술 분야의 일자리 정보 제공	
	한국문화예술회관연합회(구인게시판) https://www.kocaca.or.kr/Pages/Community/JobBoard/JobBoard.aspx · 문화예술회관의 균형발전 및 상호 간의 협력 증진과 공연예술유통, 소외계층을 비롯한 국민의 문화활동지원 등을 수행 · 문화예술 분야의 채용정보를 공유하는 구인게시판 운영	

04

성공적인 취업을 위한
응시원서 작성법

▌1. 페이퍼 작업의 중요성 ▌

　어떤 회사를 도전한다 해도 응시원서를 작성하고 자기소개서를 제출해야 하며 면접 과정을 거쳐야 한다. 특히 자기소개서는 매우 중요하다.

자기소개서를 통해 지원자의 성향 기질, 취미, 특기 등을 파악할 수 있지만 그에 앞서 문서작성 능력과 논리의 일관성, 글에 대한 성실성, 소통 능력 등을 파악할 수 있기 때문이다. 그래서 필자의 수업에서도 두 차례에 걸쳐 자기소개서 작성을 위한 실습 시간까지 갖고 다양한 문서작성을 체험케 하고 있다. 학생들이 정성껏 작성한 자기소개서를 일일이 첨삭한 뒤 문장이 어설픈 부분을 지적하고 논리정연하게 작성하도록 가르친다. 자기소개서 쓰는 게 뭐가 어려울까 싶지만 오죽하면 학생부 종합전형 등에 대비한 자기소개서 전문 강사가 인기를 끌겠는가.

신입사원을 채용하다 보면 어이없는 원서를 만나곤 한다. 굳이 사진을 첨부해야 할 필요성을 느끼지 못해서인지 입사원서에 프로필 사진마저 생략하는 사례들을 자주 접한다. 이는 입사에 대한 간절한 의사가 없을 뿐 아니라 매우 불성실한 태도로 보인다. 이런 경우 서류전형 합격을 기대하기는 어렵다. 사진을 첨부할 때에도 가능하면 서류에 그려진 틀 안에 비율을 맞춰 첨부해야 하고 글 내용도 주어진 공란 안에 맞춰야 한다. 또 자기소개서는 상대방이 읽기에 편하도록 정렬해서 작성해야 한다. 좌우 정렬이 되지 않아 시각을 피로하게 한다면 그 또한 지원자의 미적 감각을 의심하게 된다. 보기 좋은 떡이 먹음직스럽다.

어느 기업이든 1차 심사는 무조건 서류심사가 기본이다. 따라서 취업의 첫걸음은 서류작성에 최선을 다하는 데에서부터 시작된다. 필자는 특강 시간에 모든 학생들의 자기소개서를 일일이 점검하고 꼼꼼한 첨삭을 거쳐 최대한 완벽한 소개서가 될 수 있도록 안내하고 있다. 예컨대 성장 배경과 입사 동기와 포부, 직무에 대한 이해 등의 글 길이와 예시를 넣어

주며 안배해준다. 평소에는 자기소개서쯤은 대충해도 된다는 생각을 갖고 있다가 하나씩 첨삭해주면 그제야 자기소개서가 얼마나 중요한지 깨닫는다.

▎2. 응시원서의 종류와 사례▎

응시원서는 지원하는 회사마다 다를 수 있지만 공통적인 원서는 이력서, 자기소개서, 직무수행계획서, 그리고 직장이 아닌 상급 학교에 진학할 경우에는 학업 계획서를 작성해야 한다. 여기에 구체적인 증빙서류를 제출할 것을 요구하면 졸업증명서, 자격증 증명서 등을 추가로 첨부하면 되지만 대부분 앞서 밝힌 세 가지 정도에서 그친다.

① 문서작업에서 중요한 것

이력서와 자기소개서 등 응시원서는 사실 여부를 분명하게 밝히는 것이 가장 중요하다. 즉 팩트 체크를 확실히 한 후에 작성해야 한다. 이를 위해서는 학교 입학 및 졸업 연도와 그에 못지않게 깔끔한 작성이 중요하다. 컴퓨터로 작성하기 때문에 각자의 손글씨 서체는 알 수 없지만 정렬 방식은 금방 눈에 띄기 때문에 매우 중요하다. 기본적인 맞춤법, 띄어쓰기를 면밀히 검토하고 오탈자가 없도록 대여섯 번 이상 줄을 치면서 검토해야 한다.

② 이력서 작성요령

음대생들 대부분은 학창 시절 이력서를 작성하는 것이 흔하지 않을 것이다. 아르바이트도 규모 있는 곳에서나 이력서 제출을 원할 뿐 이력서를 쓸 일이 거의 없다. 이런 이유로 막상 취업에 임박하면 그제야 이력서를 부랴부랴 쓰기 때문에 틀에 맞춰서 대충 작성하고 만다.

이력서 중에서 가장 눈에 띄는 부분은 프로필 사진이다. 최대한 해상도가 높고 잘 촬영한 사진을 사용하는 것이 좋다. 문자보다 사진에 먼저 눈이 가기 때문에 심사위원들에게 좋은 이미지를 주려면 깔끔하고 단정한 사진을 부착해야 한다. 요즘은 스마트폰의 사진 기능이 향상되어 해상도가 높지만 그래도 카메라로 촬영해야 화질이 좋을 뿐더러 이력서에 담긴 정성을 느낄 수 있다. 또 학력과 경력도 깔끔하게 정리하되 연도 순서를 무시하고 무작위로 작성하면 논리가 부족한 지원자로 보이기 마련이다.

그리고 경력 사항은 입사하고자 하는 회사의 업무와 전혀 관계없는 내용을 중요한 내용처럼 기록해서는 안 된다. 말하자면 생뚱맞은 것을 언급할 필요가 없다는 것이다. 예컨대 출판사 편집부에 입사하고 싶은데 콩쿠르에서 1등을 했다는 이야기를 할 필요가 없다. 평소 문장력을 키우기 위해 어떤 노력을 했으며 얼마나 글솜씨가 뛰어난지 등을 증명하는 경력 내용을 적시하는 게 좋다. 또 독서경진대회나 글짓기대회에서의 경험, 편집을 공부하기 위해 어떤 아카데미와 스쿨에서 공부했는지 등을 밝히는 게 좋다.

또 문화재단에 입사하기 위해서는 그동안 어떤 공모사업에서 활동했는지, 관련 재단에서 어떤 아르바이트 활동을 했는지 등을 중심으로 적어야 바람직하다. 경험했던 활동이 크든 작든 취업하려는 직무와 관련된 내용을 적어내는 게 어쨌든 유리하다. 직무와 무관한 콩쿠르 입상 사실만 잔뜩 나열하는 것은 가장 대표적인 비효율적 이력서 작성이다.

모든 경력 사항은 최대한 구체적으로 연도 일자까지 표기하는 게 바람직하며 일단 일자까지 기록했으면 다른 이력 사항도 일자까지 기록하는 게 보기도 좋다. 어떤 사항은 연도만 기록하고 또 다른 이력은 월까지만, 혹은 일자까지 기록하는 등 들쑥날쑥한 정리는 보기에도 좋지 않을뿐더러 이력 자체를 의심할 수 있다. 일관성과 통일성을 유지하되 발급기관이 한자로 표시한 명칭이라면 한자까지 그대로 기록하고 발급 취득날짜도 밝혀야 한다.

다시 한번 강조하지만

* <u>좋은 프로필 사진을 반드시 사용할 것</u>
* <u>학력 경력 사항은 최근 순서대로 작성할 것</u>
* <u>해당되는 경력 사항을 표기할 것</u> (지원회사와 관련이 있는 활동 사항 적극적으로 표기)
* <u>모든 정보는 최대한 구체적으로 작성할 것</u> (연도 일자, 자격증 발급기관 등)

이 점은 꼭 지켜야 한다.

③ 이력서와 응시원서의 좋은 예와 나쁜 예

<u>좋은 사례</u>

우선 이력서를 잘 작성한 사례를 살펴보자. 다음은 목원대학교 수업 중 이력서를 지도했던 내용이다.

1) 신혜림 학생(공연기획사 응시)

* 피아노를 전공했음에도 불구하고 교육 사항, 직무능력 사항, 경력 사항, 자격 및 면허취득 사항 모두 충실하게 준비해 온 것을 이력서에서 살펴볼 수 있다.
* 전공 외에 공연기획 실무에 필요한 시각디자인 자격증과 사무 행정 자격증을 가지고 있어 현장에 바로 투입되어도 가능할 이력을 가지고 있다.
* 본인이 지원하는 공연기획 파트에 해당하는 경력 사항을 잘 표기하였다.

이 력 서

(희망연봉 : 면접시 협의/회사 내규에 따름)

	성 명	신 O O	한 자	申 O O
	생년월일	19XX년 X월 X일	연 령	만 O 세
	E-mail			
	휴 대 폰	010-XXXX-XXXX	비상연락처	0XX)XXX-XXXX
	주 소			

1. 학력사항

년 / 월	학 교 명	학 과	졸업구분
2015년 03월 ~ 2019년 02월	OO대학교	피아노과	졸업
2012년 03월 ~ 2015년 02월	OO고등학교		졸업

2. 교육사항

년 / 월	교 육 과 정	교 육 기 관	비 고
2018년 09월 ~ 2019년 01월	시각디자인 (일러스트, 포토샵, 인디자인) 전문가 양성훈련 정규과정	OO학원	수료
2018년 07월 ~ 2018년 07월	사무행정 양성 (ITQ엑셀, 사무환경조성) 정규과정	OO학원	수료

3. 직무능력사항

프로그램(사용 언어)	활용능력
Adobe Photoshop	그래픽 제작 및 보정·합성 등 가능하며 인쇄용과 디바이스용 이미지를 구별하여 제작 가능
Adobe Illustrator	CI/BI, 캐릭터 등 2D 디자인과 편집디자인 가능
Adobe InDesign	리플렛, 카탈로그, 사보 등 편집디자인이 가능하며 인쇄 과정에 대한 이해가 있음
Microsoft Powerpoint	파워포인트를 활용한 프레젠테이션의 시각적 보조자료 디자인 가능
Microsoft Excel	엑셀을 활용한 사무업무가 가능하며 함수식 일부 사용가능
Microsoft Word	워드를 활용한 문서작성 가능
한컴오피스 한글	한글을 활용한 문서작성 가능

4. 경력사항

근무기간	회사명	직무
2018년 11월 23일	"가을" 미래를 내다봄 -유벨톤 심포니 오케스트라	안내데스크 티켓예매업무
2018년 11월 17일	장한솔 작곡발표회 '소리, 숨' -툴뮤직	공연진행도우미(무대전환)
2018년 11월 8일 ~ 11일	오페라 토스카 -대전오페라단	공연진행도우미(안내사항전달)
2018년 10월 27일	노영서 피아노 리사이틀 -툴뮤직	안내데스크 티켓예매업무
2018년 10월 6일	대통령상 전국합창경연대회 -대전문화재단	공연진행도우미

근무기간	회사명	직무
2018년 9월 28일	제1회 가을 콘서트 <노래의 날개 위에> -유벨톤 심포니 오케스트라	공연진행도우미(자막)
2018년 9월 9일	목원동행 -목원대학교 음악대학 동문회	공연진행도우미(자막)
2018년 8월 17일	"여름" 라틴 클래식 파티 -유벨톤 심포니 오케스트라	안내데스크 티켓예매업무
2018년 8월 2일 ~ 4일	제 4회 툴뮤직 여름음악캠프 -툴뮤직	캠프진행도우미
2017년 11월 12일	'고전과 낭만으로의 산책' -다트기획	안내데스크 티켓예매업무
2017년 7월 26일 ~ 28일	제 4회 툴뮤직 여름음악캠프 -툴뮤직	캠프진행도우미
2017년 5월 11일	필립 리차드슨 피아노 독주회 -툴뮤직	공연진행도우미

5. 자격 및 면허취득 사항

취득일	자격증명	발행기관
2018년 2월 19일	운전면허 2종보통	OO지방경찰청
2017년 12월 16일	PA지도사 2급(피아노어드벤쳐)	한국교육평가인증원
2017년 6월 15일	예술융합교육지도사	OO음악출판사
2017년 6월 15일	ITQ OA Master	한국생산성본부
2017년 3월 25일	ACA Photoshop	Adobe
2017년 2월 25일	ACA Illustrator	Adobe

7. 어학연수 및 봉사활동

기간	국가명 / 기관명	수행업무
2015년 6월 25일 (8시간)	OO 피아노	피아노 및 설치물 셋팅 및 철수 지원

2) 김민희 학생(국립아시아문화의전당 응시)

* 본인이 응시하고자 하는 부서인 연구교류과와 어울리는 컨벤션센터부터 국립아시아문화의전당까지 통역관으로 활동했던 단기 아르바이트 경력 사항을 적었다.
* 어학에 재능이 많아 토익을 포함한 다양한 언어 자격증을 보유하였다.
* 특별히 주목한 내용은 자원봉사 이력이었다. 문화재단부터 교회, 복지관, 유니버시아드, 병원 등의 다양한 기관에서 봉사활동을 펼쳤다. 이는 본인의 삶을 능동적으로 살아온 것을 느낄 수 있는 좋은 예이다.

입 사 지 원 서

성 명	(한 글) 김 ○○		(한 자) 金 ○○		성 별	여
생년월일	19XX.XX.XX (만 ○ 세)					
주 소						
연락처	전화번호	0XX) XXX-XXXX		휴대폰	(010) XXXX-XXXX	

학력사항

기 간	출 신 학 교	구 분	전공학과	희망부서1	문화창조과
13.03 - 18.현재	○○대학교	3학년재학	피아노과	희망부서2	연구교류과
13.03 - 18.02	○○보건대학교	휴학	○○학과	취미	작곡, 여행
10.03 - 13.02	○○고등학교	졸업		특기	외국어

경력사항

근무기간	기 관 명	역 할	소재지	담당업무
17.05 - 17.06	국립아시아문화의전당	통역관		5.18 기념 홍보관 안내
15.08 - 17.11	○○컨벤션센터	통역관		바이어 수출상담회 통역업무
16.04 - 17.02	○○ 약국	카운터		조제보조 및 손님응대
15.12 - 17.05	○○도서관	사서보조		장서관리 및 프로그램 보조

대학성적

1학년 (평균평점)		2학년 (평균평점)		3학년 (평균평점)		전학년 평균평점	석차	외국어	영어	TOEIC	XXX	점
1학기	2학기	1학기	2학기	1학기	2학기					TEPS	XXX	점
X.XX	X.XX	X.XX	X.XX	X.XX	-				기타	HSK	X	급

자격 및 면허

자격증명	취득일	발급기관
TOEIC	17.12.17	XXXXX
TEPS	17.04.02	XXXXX
HSK	16.11.26	XXXXX
1종보통운전면허	15.04.13	XXXXX
MOS POWERPOINT	15.02.06	XXXXX

가족사항

관계	성명	연령	근무처

자원봉사

기 관 명	봉 사 기 간	활동내용
○○문화재단	18.09 - 현재	문화자원봉사자
○○교회	10.02 - 18.02	피아노 반주
○○복지관	16.03 - 17.03	어르신 식사, 놀이보조
○○유니버시아드	15.07 - 15.08	선수촌 내 통역 및 정보통신 지원보조
○○병원	14.07 - 14.08	캄보디아 의료·미용자원봉사 보조

다음은 실제 툴뮤직에 제출했던 응시원서 내용이다.

1) 디자이너로 지원한 사례

* 실제 채용으로까지 연결된 케이스로 경력 사항을 보면 2년 6개월 동안 한곳에서 근무한 것으로 보아 꾸준함과 인내심을 엿볼 수 있고, 다양한 업무를 담당한 점이 좋은 인상을 남겼다.
* 기타활동을 보면 디자인 전공임에도 음악 관련 경력을 갖고 있어 이 역시 긍정적인 이미지로 다가왔다.

이름	
지원분야	
휴대폰	
E-mail	
주소	

학력사항

재학기간	학교명 및 전공	구분
2015.03 ~ 현재	○○대학교 ○○학과	졸업예정
2008.03 ~ 2014.10	○○대학교 ○○학과	중퇴
2005.03 ~ 2008.02	○○고등학교	졸업

경력사항

근무기간	회사명 및 부서	직위	담당 업무
2014.06 ~ 2016.12	○○기업 / ○○부서	사원	R&D사업 보조(연구비 관리) 프로젝트관리 보조 품질경영시스템 인증관리 행정업무 및 문서수발신 회사홍보물 제작 외

어학

외국어	시험	점수	기관
일본어	일본어능력시험 (JLPT)	N3급	일본국제교육지원협회

기타활동

기간	활동 내용	기관
2008.08 ~ 2010.12	플룻앙상블 단원활동 및 회계	○○기관 플룻앙상블
2008.09 ~ 2011.02	미술교육원 디자인반 보조강사 아르바이트	○○미술교육원
2011.12 ~ 2012.01	평생교육사 실습 (홍보물 제작 외 사무보조업무)	○○기관
2014.03 ~ 2014.06	품질경영시스템 인증관리 아르바이트	(주)○○기업
2008.09 ~ 2016.06	오케스트라 단원활동 및 공연포스터, 팜플렛 제작지원	오케스트라동아리 및 동호회

2) 공연기획자로 지원한 사례

* 활동 사항에서 살펴보면, 출판사를 비롯해 공연기획사, 공연장 등 문화예술 활동과 관련한 다양한 경험과 구체적으로 어떤 역할을 수행하였는지 잘 기술했다.
* 교육/연수에서 보면 예술경영 실무교육과정을 비롯해 세무, 회계, 경리 등 실무과정도 이수한 것으로 보아 공연기획에 다양한 업무를 감당할 수 있는 능동적인 인재라고 느껴졌다.
* 컴퓨터 활용능력에서 보면 기본적인 한글 문서 작성부터 간단한 디자인 업무까지 가능하며 현장에 바로 투입이 가능할 것으로 보였다.

이름	
생년월일	
휴대폰	
거주지	

학력사항 (최종학력: ○○대학교(4년) 졸업)

재학기간	학교명 및 전공	학점	구분
2012.03~2016.02	○○대학교 ○○학과 ○○대학교 ○○전공(복수전공)	x.xx / 4.5	졸업
2009.03~2012.02	○○고등학교		문과

활동사항

기관 및 장소	활동 내용	활동구분	기간
○○출판사	· 대학 교수 대상 전화 및 메일 교재 홍보 · 회사 블로그 포스팅 작성 및 게시판 관리 · 도서 포장 및 출입고 관련 업무 · 원고 검토 및 오탈자 검수 · 2016.03 출간 <○○○서적> 교정·교열 · 기타 사무보조 업무 및 자료조사	아르바이트	2015.07~2017.01
공연기획사	티켓매니저 · 공연장 현장 티켓발권 및 관객 입장 관리 · 일일 정산 및 기타 사무보조	아르바이트	2014.12~2015.05
공연기획사	· 기업체 대상 프로모션 관련 자료조사 및 공문발송 · 공연장 수·검표 및 시설관리	아르바이트	2013.07~2013.08
○○공연장	서포터즈 1기 · 뮤지션 사전 인터뷰 · 온·오프라인 홍보기획 및 실행 · 공연진행스텝	대외활동	2015.08~2015.11
문화기획동아리	서포터즈 1기 · 공연 관련 이벤트 기획 및 진행 · 온·오프라인 홍보기획 및 실행 · 공연진행스텝	대외활동	2014.02~2014.03
○○단체	물품셋팅 자원봉사 · 행사 관련 물품 준비 · 외부 행사 지원	봉사활동	2014.02~2014.07

나쁜 사례

다음은 지원서를 잘못 작성한 사례를 들어보자. 실제 툴뮤직에 지원한 응시자의 사례를 살펴보자.

1) 주말 툴뮤직 연습실 관리자로 응시한 예

* 우선 지원자의 프로필 사진이 없다.
* 문서만 봐도 분주하다. 일정하지 않은 간격과 글씨체 때문이다.
* 정성이 부족한 부분이 많은데 특히 명확하지 않고 표기의 통일성도 없다.
* 거주 형태, 종교, 취미 등 불필요한 정보는 표기할 필요가 없다.
* 자기소개서를 보면 내용이 구체적이지 않고 뻔한 내용이다. 당연한 이야기들의 연속이라 성의가 없어 보인다.

입 사 지 원 서

인적사항		
성명		
현주소		
E-mail		

학력사항				
학 교 명		재 학 기 간		졸업여부
동래	고등학교	년 월 -	년 월	졸업
백석대	대학교	2009 년 3 월 -	2013 년 2 월	졸업

경력사항											
직 장 명	근 무 기 간						근무부서	담당업무	비 고		
노래연습장	13	년	3	월	~	15	년	5	월	점장	매장 및 직원 관리, 발주 등등	
의류매장 정직원	15	년	10	월	~	16	년	3	월	정직원	고객 응대,의류입고관리	
휘트니스 인포메이션	15	년		월	~		년		월	staff	회원응대, 키 출납관리, 회원권상담	
콘서트(공연) 진행 staff	14	년		월	~		년		월	staff	동선 확인 및 안내	
pc방	12	년	3	월	~	12	년	11	월	아르바이트	카운터, 매장관리	
전용 운동센터	16	년	7	월	~	17	년	4	월	매니저	회원응대 및 상담, 직원관리	
오피스텔 모델하우스 홍보관	17	년	7	월	~	17	년	9	월	staff	홍보관 및 고객출입관리	
오프라인 와인 매장	17	년	9	월	~	17	년	10	월	계약직	배송업무 및 매장관리	

가족 사항

관계	직업	동거
부	사업가	X
모	사업/부동산	X
제	학생	X

기타 사항

거주형태	전세/**월세**/자가	신 장	Cm
종 교	무교	체 중	kg
취 미	운동,음악듣기, 분석하기	시 력	
특 기		혈액형	형
결혼여부	기혼/**미혼**	군대	군필자!

자 기 소 개 서

출근하는데 전혀 지장 없습니다!!
시간약속은 철저히 지키고 무단결근은 절대 없습니다.!
잘 웃는 편이고 여러 종류의 서비스업종을 경험해 원활한 응대가 가능한 편입니다.
제가 주로 일했던 업종과 겹치는 부분((고객응대, 직원관리, 매장관리))은 더 잘할 수 있도록 할 것이고,
모르는 부분에 있어서는 처음부터 배울 자세 완벽하게 갖추고 있습니다.
계속해서 장기 근무하기 위해 입사 지원합니다.
제대로 한번 해보겠습니다. 감사합니다.

④ 자기소개서 작성요령

자기소개서를 작성할 때 가장 중요한 원칙은 사실을 기반으로 작성해야 하는 점이다. 소위 사회적 명사들이 대중의 공분을 하거나 물의를 일으킨 내용은 학력과 경력 위주, 논문표절 등이 주를 이룬다. 팩트를 기반으로 하지 않고 자기소개를 임시변통으로 작성하기 때문이다. 어떤 일이 있어도 문서에서 제일 중요한 것은 팩트라는 점을 잊지 말아야 한다. 그 다음 팩트의 서술방식이 초등학생 수준의 단순한 서술식으로는 성숙한 글이라는 인상을 남길 수 없다.

1. 포괄적 문장을 지양하라

자기소개서를 작성할 때 가장 흔한 서술형으로 '내가 어렸을 때' '유복한 집안에서' 등 포괄적으로 시작하는 작문이다. '나는 부모님께 좋은 교육을 받았다'라는 식으로 써도 안 된다. 그러면 읽는 사람은 '좋은 교육이 무엇인지 알고 싶은데 그 얘기가 없구나' 하면서 흘려 넘기게 된다. 따라서 '매일 아침 5시에 기침한 뒤 규칙적으로 조깅하는 아빠의 모습을 보고 큰 영향을 받아 그 뒤로는 나도 아침마다 새벽을 깨운다' 는 식의 구체적인 내용을 밝히는 게 좋다. 응시자들의 가장 큰 오류는 글이 너무 포괄적, 추상적, 감성적이라는 것이다.

2. 구어체의 군더더기 단어는 사용하지 말라

정제되지 않은 어투, 예컨대 '정말', '사실상' '너무나' '진짜' 등과 같은 습관적 구어체는 사용하지 않는 게 좋다. 특히 '정말'이라는 단어는 지원서에서 가장 많이 발견되는 군소리 중 하나다. 또 응시원서는 친구들과 대화하듯이 어물쩡한 어투로 작성해서는 안 되며 자신을 분명하게 표현하는 태도가 중요하다. 요즘에는 카톡에서 자주 사용하듯 줄임말을 오용하는 경향이 있다. 말도 안 되는 줄임말이 너무 많다. 하유진 박사의 '나를 모르는 나에게'에서도 이 점을 지적하고 있다. Express Yourself! '너 자신을 잘 표현하라'는 것은 일단 말이든 글이든 주어가 있으면 그 문장의 끝은 반드시 서술어로 명확하게 끝내라는 뜻이기도 하다. 우리나라 사람들의 대화를 잘 분석하면 주어와 서술어가 맞지 않는 비논리적 표현이 많다는 것을 알 수 있다. 한마디로 주어로 시작했지만 끝맺음이 없는 불완전한 문장이 많다는 뜻이다. 또 카톡에서나 사용할 법한 이모티콘 등을 섞여가면서 언어로 해야 할 말을 다양한 비언어적 이모티콘으로 표현하는 경우도 많아지고 있다. 응시원서에서 이런 표현은 금물이다. 반드시 주어와 목적어 서술어 등 논리적 구조가 확실한 문장으로 잘 다듬어 표현해야 한다.

3. 간결하고 깔끔하게 써라

중문 복문은 가급적 피하고 간결하고 깔끔하게 작성하는 게 좋다. 모든 문서는 작성자가 얼마나 공을 들이느냐에 따라 완전히 달라진다. 띄어쓰기는 물론 양쪽 정렬도 깔끔해야 하며 글씨체도 작성자가 선호하는 서체를 사용하지 말고 읽는 사람이 수월하게 읽을 수 있는 서체를 사용해야 한다. '결국 글은 쓰는 것이 아니라 다듬는 것입니다'(야마구치 다쿠로, 조윤희 옮김)라는 책이 있다. 제목 그대로 글은 쓰는 것보다 다듬는 후속 작업이 더 중요하다는 말이다. 이 책에는 문장을 작성한 후에는 반드시 고치고 다듬는 과정을 거쳐야 한다고 강조하고 있다.

구체적인 방법으로 6가지를 제시한다. 1. 주제와 관계없는 내용은 쓰지 않는다. 2. 비슷한 표현을 반복하지 않는다. 3. 불필요한 부사와 형용사는 삭제한다. 4. 늘어지는 어미를 피한다. 5. 의미 없는 단어는 삭제한다. 6. 기본적으로 맞춤법 띄어쓰기에 신중하라. 특히 맞춤법이 틀리면 아무리 멋지고 간결한 문장이라도 성의가 없어 보인다. 필자 역시 아무리 좋은 글이라도 맞춤법과 틀린 부분을 두세 개씩 발견하면 그 글을 신뢰하지 않는다.

4. 지원 동기, 성장 과정 등은 챕터마다 제목을 달리하라

지원서는 지원동기, 성격의 장단점, 성장 과정 등 몇 개의 챕터로 구분되는데 작성할 때에는 각 챕터마다 제목을 쓰고 내용을 기술하는 것이 바람직하다. 이는 화자가 하고 싶은 이야기를 가장 간단한 문장으로 압축하는 능력을 보여줄 수 있다. 또 지원자의 정체성을 표현하는 간단한 문장 한두 개를 별도로 적어 두는 것도 좋다. 반드시 기술하라는 것은 아니지만 지원자가 어떤 사람인지 표현한다면 짧은 시간에 훨씬 깊은 인상을 줄 수 있다.

예를 들어보자. 성장 과정은 어떻게 적어야 할까? 회사는 왜 성장 과정을 기록하라고 할까? 이는 성장 과정을 통해서 회사와 지원자가 서로 맞는지 살펴보려는데 목적이 있다. 예컨대 필자 회사의 주 업무는 공연기획이다. 따라서 지원자의 성장 과정에서 새로운 일을 찾아 나서는 개척정신과 모험심을 찾을 수 있다면 금상첨화다. 이처럼 회사와 지원자의 성격이 서로 맞아야 한다. 어떤 봉사활동을 했는지, 어려움이 있었을 때 어떻게 극복했는지, 타인과 갈등이 있을 때 어떻게 해결했는지 등을 소개한다면 회사는 당연히 이런 직원을 채용할 것이다.

그러나 지원자가 많을 때는 일일이 읽지 못하고 제목만으로 지원자를 판단할 수도 있다. 따라서 회사에서 원하는 업무를 파악하고 그 업무에 맞는 성격을 제목으로 결정한다면 긴 문장보다 훨씬 효과적일 것이다.

5. 사전에 좋은 응시원서와 자기소개서 등을 읽고 배워라

원서를 작성할 때에는 다른 사람들이 작성한 자기소개서를 타산지석으로 참고하는 것이 좋다. 대학교 내내 응시원서와 자기소개서 작성법을 배운 적도 없는데 빈칸에 무엇이든이 채우면 된다는 식의 '나홀로 작성'은 인사 담당자들의 마음을 움직일 수가 없다.

좋은 소개서를 살펴보자. 문학적인 표현을 가미하되 지나치게 현란한 표현을 절제한 문장으로 구성된 글이 좋다. 정해진 공간 안에 지나치게 많은 정보를 넣지 말고 지원회사가 원할 법한 핵심만을 적어내라. 너저분해 보이면 아무 것도 눈에 들어오지 않기 때문이다. 문장이 짧으면 글을 읽는 사람도 빠르게 읽을 수 있어 좋다. 문장이 너무 길면 중간쯤 읽다가 다시 주어를 확인하는 일이 잦아지는데 이러면 가독성이 떨어져 외면받게 된다. 지원서를 작성하기 전에 참고할 만한 자기소개서의 샘플을 소개해 본다.

⑤ 자기소개서의 좋은 예와 나쁜 예

좋은 사례

실제 목원대학교 수업에서 자기소개서를 지도하고 코멘트했던 사례다.

1) 김민희 학생(국립아시아문화의전당 응시)

* 모든 글 앞에 짙은 글씨로 요약한 문장을 달아서 읽기에 수월하다.
* 글의 배치를 양쪽 정렬로 하여 문서가 깔끔하게 보여서 좋았다.
* 본인의 성장 과정과 지원동기를 잘 서술하였고, 본인이 가진 장점을 다양한 관점에서 잘 기술하였다.

자 기 소 개 서
1. 성장과정
실패는 앞으로 나가기 위한 새로운 한 걸음이다 　어린 시절을 조부모님 밑에서 자란 저는 다른 아이들과는 조금 다른 시각으로 세상을 바라보게 되었습니다. 인정 많고 박식하셨던 할아버지께서는 마을 사람들을 대가없이 돕기를 좋아하셨습니다. 부모님 또한 오랜 기간 동안 한 고아원을 섬기며 후원하시는 모습을 보며 저는 다른 사람을 아끼고 존중하는 사람으로 성장하게 되었습니다. 　새로운 것에 대한 갈망이 있던 저는 중학교 3학년부터 고등학교 1학년까지 혼자 중국에서 유학생활을 하게 되었습니다. 낯선 곳에 대한 두려움보다 다양한 사람들을 만나고 새로운 문화를 배우는 것에 대한 흥분과 떨림으로 저는 유학생활에 빠르게 적응해나갔습니다. 언어와 생활습관 등이 달랐기 때문에 당황스러운 일도 수차례 있었지만 그러한 일들을 통해 다름을 마주하는 것은 저에게 새로운 시각을 갖게 하는 선물이었습니다. 이를 통해 저는 조금 더 넓은 사람과 세계에 대한 포용적인 마음을 갖게 되었습니다. 　유학생활을 마치고 돌아왔을 때는 목표를 잃고 방황하기도 하였습니다. 치열한 입시전쟁을 치르고 어떤 길로 가야할지 정하지 못해서 대학도 수차례 휴학하는 등 실패의 연속이었습니다. 그럼에도 불구하고서 저는 또 다른 꿈을 목표하였고, 그 꿈을 향해 매일 달리고 있습니다. 　인생은 마라톤이라고 합니다. 지치고 힘들 때에는 큰 숨을 쉬며 페이스를 조절합니다. 음악에서 역시 새로운 프레이즈를 시작할 때에 연주자는 관객과 호흡하며 새로운 큰 숨을 들이쉽니다. 저 또한 그 결정이 틀렸다고 좌절하거나 주저앉지 않고 저는 새로운 기회를 새로운 다짐으로 나아갈 것입니다.
2. 지원동기
화음은 혼자 만들어 낼 수 없다 　아시아 문화교류를 통한 다양한 연구와 공연 등이 이루어지는 이 곳, 아시아문화전당은 기존에 각 아시아 국가들이 가지고 보존해야 할 고유문화유산들과 창의적인 아이디어가 필요시 되는 곳이라고 생각합니다.

광주시민으로서 전당이 개관하기 전부터 굉장한 기대가 있었지만, 최근 우리문화와 동남아의 문화교류가 활발해지면서 아시아문화전당사업에 대한 관심이 더욱 높아지게 되었습니다. 새롭고 빠른 것에만 관심을 가지기 쉬운 세대에게 우리나라의 전통문화 뿐 만 아니라 동남아 각국의 문화로 시선을 돌리기는 쉽지 않은 일입니다. 문화에 대해 끈기 있게 연구하는 역할과 그 문화를 사람들에게 어떻게 접근할 수 있도록 할지에 대한 기획방안을 탐구하고 싶습니다. 이러한 허브역할을 감당함으로 인해 문화에 대한 진정성 있는 연구와 홍보, 그리고 시민들의 참여가 모여 진정한 하모니를 이룰 수 있다고 생각합니다.
이를 위한 아이디어를 기획하고 실천함으로써 아시아와 우리 광주, 나아가 대한민국 시민들에게 아시아문화전당을 더욱 알리고 이용하여 아름다운 화음이 울려 퍼질 수 있도록 힘쓰겠습니다.

3. 성격의 장·단점
착한 지휘자
저의 성격의 단점은 거절을 잘 못한다는 것입니다. 다른 사람의 기분을 살피면서 혹시 서운해 하지는 않을지를 걱정하기 때문에 내가 조금 손해 보는 게 마음 편하다고 생각하는 편입니다. 그래서 가끔은 거절을 못해 떠맡은 일로 스트레스를 받기도 합니다. 그러나 또 금새 다른 이에게 도움을 줬다고 생각하면 오히려 제가 시간이 되어 대신 해줄 수 있어서 다행이라고 생각하게 됩니다.

제 성격의 장점은 책임감과 친화력이 높다는 것입니다. 어렸을 때부터 남녀노소 가리지 않고 예의를 지키는 범위 안에서 친구처럼, 손자처럼 지내왔기 때문에 낯선 사람들과 일하거나 어울릴 때 부담스럽지 않습니다. 사람들의 마음을 비교적 잘 알아차리고 그들에게 의지가 되고 힘이 되어 줄 때가 많습니다.

또한, 어떤 일을 적극적으로 나서서 하며, 리더가 되어 팀을 조화롭게 이끄는 역할을 하려고 노력합니다. 팀 내에서는 서로 격려하며 부족한 부분을 배우면서 좋은 성과를 내고자 최선을 다합니다.

4. 입사 후 포부
인간 브이(Victory)가 되자
전당의 상징물인 왕두작가의 브이형상의 대형 조형물은 전당의 희망과 승리를 표현한 작품입니다. 이는 전당의 첫 번째 옥외 상징물로 사람들이 전당하면 가장 먼저 떠올리는 건축물이기도 합니다.

처음에는 전당을 보았을 때 커다란 브이는 사람들의 눈에 띄어 사람들의 호기심을 자아냅니다. 그리고는 전당으로 발걸음을 인도하는 역할을 합니다. 그로 인해 사람들은 전당에 대해 둘러보게 되고 관심을 갖게 되는 것이지요.

이처럼 저도 인간브이가 되어 사람들에게 국립아시아문화전당에 대한 호기심을 불러일으키게 하여 문화를 향유하고 창조하는 기회를 제공하는 역할을 하도록 하겠습니다. 전 세계 참여자들과 함께 자유롭게 화합과 창조를 이뤄낼 수 있도록 성실과 진심으로 일하겠습니다.

지원서 상의 모든 기재사항은 사실과 틀림없음을 확인합니다.

작성일자: 2018 년 11 월 13 일   작성자: 김 ㅇ ㅇ   (서명)

다음은 툴뮤직에 지원한 사례다.

1) 공연기획자로 지원한 사례

* 실제 채용까지 연결된 사례로 짙은 글씨를 통해 주요 내용을 잘 정리하였고, 1장 분량의 깔끔한 문서정리가 좋았다.
* 필자가 특히 좋았던 부분은 입사 후 포부 부분으로 '딱 달라붙겠습니다'를 반복적으로 사용함으로 위트가 느껴졌고, 입사에 대한 능동적이고 적극적인 태도를 잘 표현하였다.

자 기 소 개 서

지원자 명:

1. 자신의 성장 과정

[책임감 있는 사람]
 목회를 하시는 아버지께서는 무엇보다 책임감을 중요시 여기셨기 때문에 궂은 날씨에도, 몸이 아플 때에도 헌신적으로 사역에 임하셨고 어릴적부터 그런 아버지를 보며 가치관을 키웠습니다.
 대학 시절 십시일밥이라는 비영리 민간단체에 소속되어 봉사활동을 하였습니다. 학교의 운영진으로 자원했고 한 요일의 담당 매니저로서 13명의 봉사자를 책임 관리했습니다. 운영진으로서 봉사자들이 봉사하는데에 활력을 불어넣고, 화기애애한 분위기를 만들어 무단이탈이 없고 출석율이 우수했습니다. 이렇게 책임을 가지고 임한 결과, 봉사단체에 속해있던 약 2년간 단체가 잘 유지될 수 있었습니다.
 주어진 책임을 다하지 못하거나 망각할 경우 전체에 막대한 손해를 끼칠 수 있습니다. 하지만 저의 강한 책임감으로 주어진 일을 완벽하게 처리하여 오히려 도움이 되는 직원이 되겠습니다.

2. 자기 성격의 장 단점

[존중과 배려가 있는 사람]
 상대방의 성격과 잘 맞춰주고 배려하는 장점이 있습니다. 항상 상대방의 성격과 기분을 이해하고 존중하려는 마음을 품으려고 노력하고 있습니다. 그 덕분에 금호아트홀에서 하우스 어셔일을 할 때도 고객들과의 문제가 생겼을 때 차분히 대처하며 웃음으로 대할 수 있었습니다. 단점은 걱정이 많다는 것입니다. 어렸을적부터 항상 고민과 걱정이 많아서 하고싶은 일의 타이밍을 놓치는 일이 많았습니다. 하지만 지금은 쓸데 없는 걱정은 덜고, 신중이라는 이름으로 차근차근 주어진 일을 수행하며, 남들이 보지 못하는 문제점까지 예리하게 볼 수 있는 사람이 되도록 하겠습니다.

3. 지원동기

[음악을 진정으로 좋아하는 사람]
 음악이 가진 감동과 위로의 힘을 믿고있으며, 평생 음악과 관련된 직업을 갖고 살고싶다는 꿈을 꾸고있습니다. 음악을 통한 사회나눔을 전제로 하며 청년음악가를 후원하고, 장애인 음악콩쿨주최, 유익한 교육, 다양한 연주회를 기획하는 예비사회적기업의 일부분으로 일을 하는 것에 큰 의미를 느낍니다. 또 스튜디오라는 것이 단순히 공간인 것이 아니라, 누군가에게 꼭 필요한 창작공간이라는 것을 같은 음악인으로서 알기 때문에, 스튜디오를 운영하는 일에 남들보다 더 열성적으로 임할 수 있을 것입니다.

4. 입사 후 포부

[딱 달라붙겠습니다!]
　첫째, 수첩에 딱 달라붙겠습니다. 습득한 업무를 모두 수첩에 적어놓으며 빠르게 스튜디오 운영 및 관리에 익숙해지겠습니다.
　둘째, 주변 정보에 딱 달라붙겠습니다. 트렌드에 맞고 유연한 운영을 위하여 관련된 주변 정보 검색을 게을리하지 않겠습니다.
　셋째, 직장에 딱 달라붙겠습니다. 오랫동안 우직이 일할 인생직장으로 생각하고, 끊임없는 계발정신으로 스튜디오 운영에 힘쓰겠습니다.

2) 툴뮤직 행정/기획 보조 업무로 지원한 사례

* 키워드를 적절히 잘 사용하였고, 키워드와 글이 잘 매칭된다.
* 사례가 구체적이고 글의 내용이 타당성이 있다.
* 지원 기업에 대한 언급한 부분이 좋았고, 어떻게 기여할지도 구체적으로 언급하였다.
* 글 전반적으로 능동적인 태도가 자연스럽게 나타나며 글의 의도가 명확하였다.

자 기 소 개 서

성장과정

[흔들리며 핀 꽃은 줄기를 세우는 법을 안다]
　중학생 시절까지만 해도 저는 평범한 가정에서 자라 다른 친구들과 별다를 것 없이 살아왔습니다. 부모님께서 퇴직 후 운영하시던 작은 꽃가게는 불황으로 인해 형편이 나빠졌고, 집안 사정에도 영향을 미쳤습니다. 학생이었던 저는 다니던 학원을 모두 그만두게 되었고, 스스로 공부하는 방법을 터득해야만 했습니다. 무료로 제공되는 인터넷 강의를 기본으로 하루에 풀 문제집의 양을 정하는 등 스스로 계획을 세우며 공부를 했습니다. 혼자서 공부하는 것으로는 해결되지 않았던 과목은 친구들과 함께 서로 모르는 내용을 가르치고 배우는 작은 모임을 결성하여 공부하기도 했습니다. 이런 방법들이 처음에는 익숙하지 않아 어렵기도 했지만, 후에는 전략적으로 시간과 공부량을 조절하기에 이르렀습니다.
　포기를 배워야 했던 순간에 저는 스스로 길을 찾고 저만의 방식을 터득하는 법을 배웠습니다. 지금도 어떤 문제가 닥쳤을 때 저는 스스로 해결 방법을 찾기 위해 노력하며, 조금 더 효율적이고 효과적인 방법이 무엇일까 고민합니다.

성격의 장단점

[꼼꼼함은 나의 무기]
　꼼꼼함은 제가 가진 가장 큰 장점입니다. 어렸을 적 제 특기는 글씨를 아주 예쁘게 쓰는 것이었습니다. 경필 쓰기 대회가 열렸던 초등학교 2학년부터 5학년까지 금상을 놓쳐본 적이 없었습니다. 4년 동안 경필 쓰기 대회의 수상을 놓치지 않을 수 있었던 비결은 꼼꼼하고 끈기 있는 제 성격 덕분이었습니다. 써야 할 글자의 크기와 위치를 생각하며 한 글자 한 글자를 정성을 다해 썼습니다. 이러한 성격은 글씨를 쓰는 것 이외의 업무에서도 진가를 발휘했습니다.
　대학교 3학년 때 출판사에서 도서홍보 아르바이트를 했습니다. 주 업무는 각 대학의 교수님께 전화와 이메일을 통해 교재를 홍보하고, 그 내용을 보고하는 일이었습니다. 전화 통화와 이메일 작성도 물론 잘 수행해냈지만, 가장 두드러진 성과를 낸 것은 바로 보고용 엑셀 파일을 작성하는 것이었습니다. 담당 교수님의 연락처를 조사하기 위해 학과와 통화한 내용은 물론 교수님의 정보와 접촉내용, 홍보 결과까지 한 번에 확인할 수 있는 양식을 직접 개발하여 작성했습니다. 제가 만든 파일은 이전 홍보 내용을 확인하고 그다음 학기 홍보를 진행하는 데 많은 도움이 되었다는 평가를 받았습니다.

[안주하지 말자]
    차분하고 꼼꼼한 성격이 장점이 되는 반면, 조금은 소극적인 것이 저의 단점이었습니다. 남들과 다를 것 없이 살아도 문제가 없었던 10대 시절과 달리, 성인이 된 이후 겪게 된 사회는 스스로 나서지 않으면 발전이 없다는 것을 깨달았습니다. 그 이후 저는 어느 곳에서든 먼저 인사하고, 먼저 다가가는 연습을 했습니다.
    그런 점에서 굿네이버스에서의 봉사활동은 아주 좋은 기회였습니다. 고정된 일정이 아닌 요일과 시간을 선택해 참여하는 봉사활동이어서 항상 새로운 사람들이 참여했습니다. 저는 처음 만난 사람들에게 밝게 인사했으며, 봉사활동을 진행하는 동안 계속해서 대화 주제를 던지고 이야기에 참여했습니다. 끊임없는 노력의 결과로 저는 지나가는 한 명의 참여자로 남는 것에 그치지 않고 '비공식 간사님'이라는 별칭까지 얻은, 저만의 역할을 가진 참여자가 되었습니다.
    지금도 새로운 공동체에 참여할 기회가 생기면 그저 안주하는 사람으로 남지 않고 저만이 가질 수 있는 역할을 찾기 위해 노력하고 있습니다.

지원동기 및 입사 후 포부

[좋은 것을 함께 나누는]
    복수전공을 문화예술경영 분야로 설정하고, 대학로에서 아르바이트를 하고, 공연기획 관련 대외활동을 선택한 배경에는 음악과 공연에 대한 애정이 있기 때문이었습니다. 수능을 마치고 첫 아르바이트를 통해 벌었던 돈으로 평소 좋아하던 가수의 공연을 보러 갔을 때였습니다. 이어폰으로만 듣던 노래를 실제 라이브로 듣게 되었을 때의 감동을 느낄 수 있었던 것도 물론 좋았지만, 무엇보다 인상적이었던 것은 입장을 기다리는 순간이었습니다. 협소한 공간이었지만 수많은 사람들이 같은 '취향'을 공유하고 즐거움을 나누는 모습을 보며 음악과 공연이 주는 긍정적인 에너지를 몸소 느낄 수 있었습니다.
    또한 몸은 고되지만 열정을 가지고 일하는 사람들이 있는 현장의 모습은 저에게도 활력을 주었습니다. 다양한 활동을 통해 음악과 공연 자체에서 나오는 긍정적인 에너지와 그 에너지를 많은 사람들에게 전달하고자 노력하는 사람들의 시너지 효과를 몸소 겪었고, 저 또한 이 과정에 기여할 수 있는 사람이 되고자 합니다. 그런 점에서 음악이 가진 긍정적인 힘을 다른 사람과 공유하고자 하는 툴뮤직의 비전과 가치에 크게 공감합니다. 제가 툴뮤직의 일원이 된다면 툴뮤직이 가진 최종적인 목표를 가슴 깊이 새기며 열정적으로 움직일 수 있는 사원이 되겠습니다.

[지식과 경험을 바탕으로]
    저는 대학교에서 경영학을 전공하며 회계 및 재무 관련 지식을 습득했으며, 마케팅과 광고기획 등의 과목을 수강하며 기획의 과정과 방법 등을 익혔습니다. 또한 복수전공으로 선택한 문화예술경영전문가 융복합 과정을 통해 보다 세부적으로 문화예술과 관련된 기획, 홍보, 정책 등의 지식을 습득했으며, 공연, 축제, 음악산업, 전시 등 문화예술 전반에 대한 이해를 쌓았습니다. 그리고 2016년 노마딕스-국립현대무용단에서 실시한 ACP과정을 통해 현직 종사자들의 강의를 들으며 공연예술제작실무와 공연예술마케팅에 대한 지식을 습득하였습니다.
    또한 공연기획사에서의 아르바이트와 공연기획 대외활동을 통해 티켓발권부터 공연 현장 스탭 업무 등 실제 현장의 업무를 경험했습니다. 이론과 경험으로 터득한 지식들은 행정/기획보조 업무를 수행하는 데 전체 과정을 고려하며 업무를 수행할 수 있도록 해주는 기반이 될 것입니다. 현재 예산업무와 관련하여 회계 실무를 수행하는 데 도움이 되고자 4월에 실시되는 전산회계 자격증 시험을 목표로 공부 중입니다.
    문화예술에 대한 호감 여부는 단순히 콘텐츠 자체에서 느끼는 긍정적 또는 부정적 이미지를 넘어, 소비하는 과정에서 겪는 모든 활동들에 의하여 결정됩니다. 때문에 아무리 좋은 음악과 공연이라도 그것을 소비하는 과정에서 부정적인 경험을 겪게 되면 콘텐츠 자체에 대한 기억도 부정적으로 남게 됩니다. 그래서 공연과 행사를 차질 없이 관리하고, 이들이 진행되는 공간을 꼼꼼하게 관리하는 것이 좋은 음악과 공연을 대중들에게 전달하려는 툴뮤직의 목표를 이루는 데 매우 결정적인 역할을 하는 업무라고 생각합니다. 제가 행정/기획보조를 담당하는 일원이 된다면, 그동안 쌓아온 전공 지식과 다양한 활동 경험, 그리고 제 성격의 장점인 꼼꼼함을 모두 녹여 음악과 공연이 가진 긍정적인 에너지를 보다 성공적으로 전달하는 방법을 항상 고민할 것이며, 꼼꼼한 업무 처리로 함께 일하는 동료와 선임들의 업무를 보조하겠습니다.

나쁜 사례

　나쁜 자기소개서를 살펴보자. 자기소개서를 너무 현란하게 쓴 경우를 종종 발견한다. 단순히 미사여구가 화려한 게 아니라 정해진 공간 안에 지나치게 많은 정보를 담다 보니 너저분해 보인다는 뜻이다. 한 마디로 글 쓰는 사람의 심리도 분주하고, 읽는 사람도 분주해진다. 문장의 기초인 띄어쓰기부터 틀린 곳 투성이면 일단 소개서를 읽지 않게 된다.

　너무 긴 내용도 고개를 절레절레 흔들게 한다. 자기소개서만 3페이지에 달하는 것도 지원자 패싱의 원인이 된다. 중앙 정렬도, 끝 정렬도 아닌 제멋대로의 글 정렬 또한 내용이 아무리 탁월해도 깨작깨작한 느낌만 줄 뿐 읽지 않게 된다. 논리에 맞지 않는 문장, 또는 별 의미가 없는 문장을 군더더기처럼 덧붙인 내용도 나쁜 소개서의 전형이다. 거리가 멀어도 출근에 지장이 전혀 없다고 강조하는 것은 전혀 의미 없는 문장이다. 출근에 지장이 있다면 왜 지원했겠는가. 또 시간 약속은 철저히 지키고 무단결근은 없다는 등의 내용은 면접관의 비웃음만 살 뿐이다. 당연한 것은 굳이 적을 필요가 없다. 필자는 특강에서 이런 모순된 문장이나 별 의미 없는 문장을 정확히 짚어 주면 자기소개서를 어떻게 작성해야 논리적인지 금세 알게 된다.

툴뮤직에 지원한 사례

1) 주말 툴뮤직 연습실 관리자로 응시한 예

* 내용을 읽다 보니 툴뮤직에 응시한 문서가 아니었다. 잘못 접수한 것이다. 많은 업체를 동시에 응시하다 보면, 이러한 실수를 저지를 수 있다. 보내기 전 반드시 해당 업체가 맞는지 확인해야 한다.
* 타이틀과 본문의 띄어쓰기 통일이 안 되어 있다. 문서는 통일성이 중요하다.

자기소개서

지원동기

"흰 도화지가 주는 의미"

종이의 오랜 역사가 무색하게 새로운 기술의 도입으로 출판 방법 또한 다행해졌습니다. 그럼에도 편집디자이너가 매력적인 것은 우리가 익숙한 종이를 새롭게 탄생시키는 것에 있습니다. 새하얗고 특유의 종이 냄새의 편안함을 풍기는 전지를 용도에 맞게 분절하여 소책자, 책, 전단, 포스터 등 다양한 용도로 재탄생하는 것만으로도 의미 있지만 그 안에 어떤 내용을 담느냐에 따라서 내용을 전달하고 그로인해 삶을 풍요롭고 이롭게 할 수 있다는 점은 직업에 대한 자부심을 가지기에 충분합니다. 유아기부터 미술을 배우고 상업 고등학교에 진학하여 디자인을 배우면서 광범위한 디자인 세계에서 제가 원하는 것을 찾는 것은 그리 어려운 일이 아니었습니다. 저의 생활을 찬찬히 들여다보니 항상 가방에 책을 가지고 다니며 활자와 함께했고 책을 읽으며 드는 생각이나 감명 깊은 문구를 적기 위해 필요한 문구에 관심이 많았습니다. 또래들이 화장품을 사서 얼굴을 꾸밀 때 저는 다이어리를 구입하여 다이어리를 채워나가는 것을 즐거워했습니다. 쉬는 날에는 언제나 서점으로 향하여 책에 둘러싸여 행복감을 느끼곤 했는데 그 때 느낀 것이 종이 질감에 따라 느낌이 달라진다는 것과 같은 내용의 책도 리커버를 하여 타깃을 달리하면 구입 소비자 층에 변화를 이끌 수 있다는 것을 느꼈습니다. 독서를 좋아하여 서점에 방문하는 사람이 있는가 하면 누군가는 약속시간에 가기 위하여 잠시 머무르거나 아기자기한 팬시와 향긋한 카페가 어우러진 서점의 분위기가 좋아서 방문하는 사람들이 많다는 것을 관찰한 후에 저들의 눈에 띄는 디자인을 하고 싶다는 생각을 했습니다. 막연한 생각을 품고 있던 중에 서류를 떼기 위하여 방문한 주민센터에서 다양한 정보를 한 눈에 보기 쉽게 정리 해 놓은 소책자를 비치해 놓은 것을 보고 정말 유용한 정보들을 텍스트로 나열하지 않고 디자인 요소들과 함께 배치하니 이해도 쉽고 보관하고 꺼내보고 싶은 심리가 생기는 구나.하는 생각이 들었습니다. 경험으로 깨달은 점들을 곱씹어 보니 많은 사람들에게 유용한 정보를 알기 쉽게 전하는 일을 하고 싶다는 생각이 들었고 현실적인 능력을 배양한 후에 지원하게 되었습니다.

학교 생활 및 교육 활동

"특성화 고등학교에서 시각디자인학과란"

인문계 고등학교에서 인문학 수업의 비중을 넓혀 공부를 할 때 특성화 고등학교에서는 실무에 필요한 과목들을 공부합니다. 시각디자인 전공수업이 수업시간표에서 비중이 점점 넓어져 3학년 때는 8할 이상을 전공수업에 집중하였습니다. 색채를 배우기 위해 색상환을 만들기도 하고 색상표를 만들어 다양한 색변화를 눈으로 직접 확인하기도 합니다. 다양한 재료들을 활용하여 입체 제작물을 만들고 독특한 창의성으로 물체를 변형시킨 그림을 그리며 한 가지 이론을 심층 있게 배웁니다. 가상 미션을 던져주고 북커버 디자인을 한다거나 사인 디자인을 하기도 하여 실무에 바로 쓸 수 있는 교육받습니다. 이렇듯 저는 특성화 시절부터 디자인 실무에 대한 경험을 쌓을 수 있습니다. 아는 만큼 보인다는 말이 있듯이 실생활에서도 디자인과 관련된 요소들이 눈에 띄었고 디자이너 시각으로 일상과 사물을 보고 생각해 보는 습관이 생겼습니다. 관심과 흥미를 가지고 예사롭지 않게 보는 시각을 가지고 나만의 색으로 표현하는 연습을 하는 과정을 거치면서 디자이너의 꿈을 꾸며 학교 안에서 마치 디자이너가 된 것처럼 과제를 하며 성장했습니다. 이론적인 미술과 고전 미술에 대한 공부를 하는 것이 아니라 실무에 필요한 지식을 쌓고 경험을 통해 몸소 배운 경험은 디자이너로서 필요한 감각을 키우는데 많은 도움이 되었습니다.

" 컴퓨터학원에서의 6개월 과정은 회사 생활과 같았다."

전문적인 실무능력을 갖추기 위해 국가에서 지원하는   전자출판전문가과정을 수료하였습니다. 6개월의 교육시간 동안 프로그램 활용방법과 저작권, 편집 이본 능에 내한 실무신이 기본으로 알고 있어야할 상식들을 습득하고 더불어 수행과제들을 진행합니다. 고객요구분석을 통해 니즈를 파악하고 기획서 작성 후에 초안 스케치를 토대로 이미지 소프트웨어를 활용하여 이미지를 구현하여 작업을 완성한 후에 교정, 검열 과정을 거쳐 수정을 하고 인쇄 전 배열표 등을 작성하여 인쇄 사고 발생을 최소화하고 인쇄 종이 평량과 후가공 등을 결정하여 인쇄한 후에 감리하는 기획부터 출판, 인쇄 전반의 과정을 수행했습니다. 정기적으로 인쇄센터에 방문하여 실무에 대한 이해도를 높이는 등 6개월 동안 회사에서 근무하는 것처럼 일련의 작업에 집중하였고 실무에 필요한 지식과 다양한 편집기능을 활용하여 구현하면서 업무역량을 쌓았습니다. 단순한 그래픽 디자인 기술을 배운 것이 아닌 편집 디자이너로서 인쇄에 대한 이해도를 높이는 계기가 되었습니다. 또한 회사 업무에 따라 신입으로서 열심히 익히고 발전하기 위해서는 기초체력이 정말 중요한 바탕 중 하나라고 생각하는데 6개월 동안 훈련과정에 참여하면서 이른 오전부터 오후까지 남아 포트폴리오를 준비하며 기초 체력을 기르는데도 큰 도움이 되었습니다.

성장과정

"사람은 책을 만들고, 책은 사람을 만들다."

어머니는 콩나물을 삶는 동안에도 항상 활자를 가까이하셨습니다. 책이나 신문을 늘 펼쳐 놓고 읽으셨고 어느새 다 읽으시고 다른 책으로 바뀌어 있었습니다. 사방이 책에 둘러싸인 집에서 자라다보니 자연스레 책과 친해졌고 잠을 잘 때도 놀 때도 항상 책과 함께 했습니다.
반면, 아버지께서는 과묵하시고 활자와 거리가 먼 분이셨습니다. 성격부터 취향까지 너무 다른 두 분 사이에는 늘 마찰이 있었고 그 마찰로 인하여 두 동생을 돌보는 것은 제 몫이 될 때가 많았습니다. 그 사이에서 동생을 돌보며 책임감이 생겼고 자연스레 또래 친구들과 나눌 수 없는 감정들을 책과 나누며 자랐습니다. 연세가 많으신 두 분께서는 세 명의 아이들의 미래를 책임지는 것을 힘겨워하셨고 그 안에서 저의 희생은 당연하게 여겼습니다. 사업을 하시던 아버지께서 사업이 어려워지면서 어렸을 때부터 해온 미술을 포기하고 그 후 더 어려워진 형편으로 인해 학업도 중단하게 되었습니다. 부모님의 짐을 덜어드리면서 동생들을 보살피다보니 가정 안에서 우애가 돈독하였고 지금도 제게 형제는 큰 자산이고 행복입니다. 동생들이 예쁘고 소중하다보니 그 범위가 점점 넓어져 모든 사람들의 행복이 제 행복 같아 좋은 소식이 들려올 때면 덩달아 기쁘고 즐거워집니다. 굴곡 있는 성장과정이 흠처럼 느껴질 때도 있었지만 그 안에서 포기하지 않고 끊임없이 긍정적인 면을 찾다 보니 지금은 제가 참된 의미를 찾게 해준 계기라고 생각됩니다.

성격의 장단점

"오뚜기처럼"

어려움을 마주했을 때 문제의 해결방안에 대해 먼저 생각하고 긍정적으로 생각하며 밝게 행동하며 오뚜기처럼 다시 일어납니다. 책임감이 강해 맡은 일에 항상 최선을 나아고자 노력하시아 가끔은 버겁게 느껴실 때노 있습니다. 이런 것을 번아웃 증후군이라고 하던데 저는 이를 극복하기 위하여 고등학교 때부터 주말에 등산과 필라테스를 해 왔습니다. 평소에 운동을 하기 힘들지만 주말을 이용하여 다녀오면 마음이 정화되는 기분이 들기도 하고 또 다시 일이 즐거워지는 효과도 있고 체력도 좋아지는 효과를 얻습니다. 교육기간에 따로 휴가기간이 없어도 즐겁게 할 수 있는 것은 나름대로 해소구를 만들었기 때문이라고 생각합니다. 지구력 있게 꾸준히 자신을 단련하고 발전시키며 긍정적으로 지내려고 노력하는 모습이 제 스스로에게 칭찬할 수 있는 모습이라고 생각합니다. 고객과 일을 함께하다보면 일정이 유동적이고 탄력적으로 조절해야하는 일들이 휘실 수 있고 고객의 만족도를 우선시하기 위해 작업한 디자인을 휴지통에 버려야할 상황 등 다양한 실무적 변수들을 마주했을 때 저의 자질을 토대로 긍정적인 시각으로 상황을 판단하고 마음을 다스려 새로운 문제해결 방안을 마련하여 일을 성공적으로 이끌어 낼 수 있는 것은 어떤 위기에도 굴하지 않고 회복할 수 있습니다. 이런 특성은 실무에서 그리고 긴급한 상황에서 더 큰 빛을 발할 것입니다.

입사 후 포부

"주어진 일 이상을 하는 사원이 되겠습니다."

귀사의 창립이념에 맞는 인재가 되도록 책을 사랑하고 책의 사랑스러움을 전할 수 있는 사람이 되겠습니다. 퇴근 후 주 2회 이상 외국어 교육을 하여 번역 서적에 대한 이해도를 높이고 그에 맞는 디자인을 할 수 있도록 연구하고자 합니다. 의미 있는 디자인으로써 각 고객층의 소장욕구를 유발하고 소장하였을 때 행복한 책을 만들고 싶습니다. 처음 귀사를 접하는 소비자가 주요 고객이 되도록 노력할 것이며 기존에 가진 세계문학전집 시리즈의 명성을 유지할 수 있도록 소비자에 대한 공부를 하며 신입으로서 작은 역할이 주어지더라도 그 일 이상을 하는 노력파 사원이 되고 싶습니다. 행복한 마음으로 귀사의 발전을 위해 일할 준비가 되어있는 제게 기회를 주십시오.

⑥ 직무수행계획서

직무수행계획서는 자신이 어떤 사람인지에 대한 컨텐츠를 잘 보여줘야 한다. 문장력은 기본이지만 결국 기업은 직무수행계획서를 통해 그 사람이 회사에 필요한 인재인지 아닌지를 파악하기 때문이다. 지원자들 한꺼번에 많은 기업에 도전하면 각 회사에 대한 정보를 철저히 파악하지 못한 채 지원하게 된다. 그러면 취업은 실패로 가는 지름길이 된다. 지원자는 지원하는 회사를 정했으면 그 회사에 대한 정보를 사전에 파악해야 한다. 회사의 경영철학, 주력 분야, 인재상, 현재의 현황 문제 등을 파악하는 게 무엇보다 중요하다.

일반 기업이 아니고 재단에 취업하려면 그 재단에서 추진하는 다양한 사업을 파악하고 그 사업에 자신이 합류한다면 어떤 아이디어를 개발할 것인지 등을 창의적으로 소개하면 된다. 공연장이라면 해당 단체의 기획 시리즈 등을 분석하고 기획에 관심을 갖고 있음을 보여줘야 한다. 어떤 기획에 감동을 받고 있는지, 그리고 각 기획 프로그램의 장단점은 무엇인지 등을 설명한다면 좋은 점수를 받을 수 있다. 결국 직무수행계획서란 나는 이 회사에 완벽하게 부합하는 인재상이므로 나를 뽑으라는 이야기를 담고 있어야 한다. 그렇게 설득을 해야 한다.

설득을 하기 위해서는 우선 지원회사에 대해 정보를 파악해야 하는데

이 점에서 음대생들이 대단히 취약하다. 필자도 면접을 많이 보았지만 우리 회사를 어떻게 알고 있으며 어디까지 알고 있는지 질문하면 대부분 지원자들은 '아는 게 없다'는 식으로 말문이 막힌다. 그러면 그 자리에서 이별을 고할 수밖에 없다. 그만큼 준비도 안 하고 무성의하게 찾아왔다고 판단하기 때문이다. 이런 학생들에게 절실함은 찾아볼 수 없다. 합격하면 좋고 안되면 그만이라는 소극적인 태도는 면접 순간 금방 눈에 띈다. 그런 자세라면 기업주가 채용할 리 만무하다. 다시 말하지만 입사 전에 기본적으로 그 기업에 대해 파악해야 한다.

⑦ 지원동기의 중요성

면접에서 반드시 나오는 질문 중 하나가 '왜 지원하게 되었는가' 하는 지원동기이다. 지원동기는 자기소개서의 원서에 기록했어도 면접에서 재차 묻곤 한다. 이미 자기소개서를 통해 기술한 내용을 왜 또 묻느냐고 의아해할 수 있다. 면접을 심사하는 사람이 굳이 다시 한번 구두로 묻는 것은 적시한 내용의 사실 여부를 판단하기보다는 직접 들어 보고 싶은 것이다. 쓰는 것과 말하는 것은 엄연히 다르다. 기업은 어차피 사람과 사람의 커뮤니케이션이 중요하기 때문에 이를 파악하려는 차원에서 묻는다.

일반 회사 입사는 물론 재단 등에 지원을 신청하거나 펀딩을 받을 때에도 면접은 대단히 중요하다. 이런 경우 매번 지원사업에 왜 지원하는지, 펀딩은 왜 하는지 등 똑같은 질문을 받는다. 서류를 통해 충분히 전달했음에도 그들이 이유를 묻는 것은 대표의 진정성, 이 일을 책임질 수 있는 사람인지 판단하기 위해서다. 투자에는 반드시 위험요소가 따르기 때문에 대표와의 면접을 통해 원서 내용이 틀림없는지 꼭 확인해야 한다. 이런 내용은 면접 부분에서 다시 다루겠지만 어디를 지원하든 지원동기가 분명해야 하며 '나는 이 기업에 대해 매우 잘 알고 있다'는 인상을 주어야 좋은 평가를 받을 수 있다.

직무수행계획서와 지원동기에서 주의할 내용을 정리해보자.

* <u>회사정보를 미리 파악할 것</u> (홈페이지, 지원기관의 요즘 이슈, 지원부서의 업무, 회사의 경영철학, 주별 분야, 인재상 파악)
* <u>지원하고자 하는 회사에 대해 자신 있게 서술할 것</u>
* <u>본인의 경력이 왜 이 회사에 잘 부합하는지 그 이유를 간략하게 기술할 것</u>
* <u>본인이 채용된다면 어떻게 어떤 방향으로 업무를 진행할 것인지의 비전을 구체적으로 밝힐 것</u> (첫째, 둘째, 셋째 등 구분을 지어 깔끔하게 정리할 것)
* <u>구체적인 경험과 신뢰할 수 있는 사례를 토대로 작성할 것</u>

05

취업면접 노하우

자신감 있는 태도와 복장도 중요

몇 년 전 모 대기업에서 신입사원을 면접할 때 관상을 보는 사람을 배석하게 해 인상평가를 했다는 말이 회자한 적이 있다. 그 말이 진실이든 소문이든 중요한 것은 그만큼 인상이 중요하다는 뜻이다. 취업자들은 면접의 메커니즘을 이해할 필요가 있다. 누가 면접을 보든 본격적인 인터뷰에 앞서 반드시 첫인상을 보게 되고 지원자에 대한 호감도를 따지게 된다. 따라서 이런저런 특성을 알아야 면접을 준비할 수 있다.

그렇다면 호감이란 스스로 만들 수 있을까? 호감은 원래 얼굴을 보자마자 불과 3초 만에 느끼는 감정인데 성형수술을 하지 않는 한 호감을 강제로 바꿀 수는 없는 노릇이다. 어쨌든 면접의 알고리즘을 알고 있으면 성형수술을 하지 않더라도 호감을 느끼게 할 수 있다. 첫인상을 바꿀 수 없지만 자신감 있는 태도로 부족한 호감을 만회할 수 있다. 자신감 있는 답변 태도와 함께 복장도 매우 중요하다. 대학교를 졸업하고 사회생활을 시작하는 사람들에게 복장 얘기까지 하는 것은 불필요하다고 생각할 수 있지만 실제 면접 현장에 가보면 상식 밖의 옷차림들을 발견한다.

답변할 때의 말투도 신경 써라

면접관과 인터뷰할 때 발언은 명확하고 자신 있게 해야 한다. 그렇다고 목소리를 무조건 크게 하라는 것은 아니며 발음을 명확하게 하되 자신의 생각을 분명히 밝힐 것을 권한다. 또 구어라 해도 흐지부지 말끝을 흐리지 말고, 가능하면 문장처럼 서술어로 분명하게 끝을 맺어야 한다. '그리고, 그리고, 그런데, 그런데' 등 같은 접속사를 반복하며 답변을 이어가면 무엇을 말하고자 하는지 알 수 없고 요령부득한 사람으로 판단하고 만다. 또 '음… 아… 에…' 등 잦은 군소리도 피해야 한다.

그런데 군소리라는 게 면접 당일 갑자기 사라지는 게 아니다. 자신의 발음을 인식하면서 의식적으로 참아서 될 일도 아니다. 군소리를 없애는 훈련은 평소에, 그것도 지속적으로 해야 한다. 자신의 대화를 녹음한 후

다시 들어보면 얼마나 군소리가 많은지 금세 알 수 있다. 친구들과 대화할 때, 항상 군소리를 하는 사람이 있다. 이런 습관은 아무리 지우려 해도 면접 중 나도 모르게 드러나곤 한다. 그렇다면 굳이 연습할 필요가 없지 않을까 되물을 수 있지만 면접에 임하는 자세를 숙지하지 않는 것보다는 훨씬 낫다. 어떻게 답변하고 어떤 태도를 갖춰야 하는지 정보를 아는 것과 전혀 모르는 것과는 상당한 차이가 난다.

두괄식으로 답변하라

  면접관이 질문하면 답변은 두괄식으로 하는 게 좋다. 면접에서 간과해선 안 될 일은 자신의 이야기를 진설하기 이전에 상대방이 무슨 이야기를 듣고 싶어 하는지를 미리 파악하는 일이다. 면접관이 어떤 주제를 두고 '어떻게 생각하십니까'라는 질문을 했을 때 면접관이 어떤 이야기를 듣고 싶어 하는지를 생각하고 우선 결론부터 제시하는 게 좋다. 그런 다음에 그 이유를 밝혀야 한다. 결론은 가능한 짧으면 짧을수록 좋다. 결론을 지나치게 길게 나열하면 호흡도 길어져 면접관을 지루하게 만들 수 있다. '이 친구는 도대체 언제까지 말을 할 건가'라며 소리 없는 불만을 유발할 수 있다. 예컨대 '어떤 과일을 좋아합니까' 하고 물으면 '저는 사과를 좋아합니다. 왜냐하면…' 식으로 먼저 결론을 말하고 그다음 그 이유를 간단히 설명하라는 것이다.

  질문을 받을 때는 초집중해야 한다. 말끝을 흐리고 작은 목소리로 답하거나 '뭐라고 말씀하셨어요?' 하고 다시 묻는 것 등은 좋은 이미지를 줄 수 없다. 그렇다고 잘 알아듣지 못했을 경우 당황한 채 멀뚱하게 앉아 있지 말고 명확하게 다시 묻는 게 낫다. 면접은 지원자를 두려움으로 몰아넣거나 거부하기 위해 만든 자리가 아님을 알아야 한다. 면접을 받는 입장에서는 상대방이 쫓아내려 한다고 생각할지 몰라도 그것은 대단한 착각이요 오해다. 지원자를 잘 알고 싶어서 이것저것 질문하는 것이기 때문에 겁을 먹을 필요가 없다. 사람이 겁을 먹으면 아이 컨택을 하지 못한다. 잘못한 일도 없는데 눈을 마주치지 못하는 것이다. 그러나 이런 두려움을 극복해야 한다. 얘기할 때도 똑바로 바라보고 자신 있게 말해야 한다. 자신 있는 태도를 보인다고 해서 상대방의 눈을 뚫어지게 바라보라는 것은 아니다. 어떻게 해야 상대방의 기분을 거슬리게 하지 않고 부드럽게 아이 컨택을 할 수 있는지 미리 연습해야 한다. 편안하게 응대하는 사람을 보면 편안하게 질문할 수 있지 않을까?

제출한 자기소개서 반드시 숙지하라

자기소개서를 제출했는데도 자기소개서에 기록한 내용을 다시 묻는 경우가 많다. 그런데 의외로 자기소개서를 제출할 때 복사본을 만들어놓지 않거나 미리 읽어보지 않은 채로 면접에 임하는 바람에 본인이 쓴 내용을 기억하지 못하는 일이 많다. 뜻밖이지만 왕왕 발생한다. '그게 뭐지? 내가 뭐라고 썼지?' 하고 망설이면 안 되는데 앞서 지적한 대로 주저하기보다 차라리 틀리더라도 얘기를 하는 게 낫다. 잊었다는 사실을 덮으려고 하지 말고 솔직하고 명확하게 말해야 한다. 사실 자기소개서 내용을 기억하지 못 하는 것은 어떤 면에서 진솔하게 소개서를 작성하지 않고 다른 인격을 적었다는 뜻이다. 물론 틀리더라도 당당하게 말하라고 했지만 어쨌든 자기소개서는 진실하게, 그리고 명확하게 기록할 것을 권한다.

　자기소개서에도 강조했지만 면접에서 무조건 질문하는 내용 중 하나가 지원동기다. 따라서 지원동기만큼은 몇 번이고 능숙하게 답할 수 있도록 연습해야 한다. 지원동기 안에는 그 회사에 대한 정보를 파악해야만 답할 수 있는 내용도 포함해야 한다. 그래야 지원자가 입사를 간절히 원한다는 것을 파악할 수 있다. 간혹 면접관들은 예기치 않은 질문을 툭 던질 때도 있다. 가령 '우리 회사의 가장 큰 문제는 무엇이라고 생각하느냐' 또는 '우리 회사가 나아갈 방향은 무엇이라고 생각하느냐' 등 그 회사에 다니고 있는 기존 직장인들에게 던질 만한 질문을 하기도 한다. 그럴 때 유창하게 답하기 위해서는 미리미리 예상 답안을 준비해 놓아야 한다.

　내가 왜 이 회사에 뽑혀야만 하는지 자연스럽게 어필하는 것도 필요하다. 예를 들어 기획부서라고 하자. 본인이 파악한 회사 기획의 현황을 설명하고, 이 회사 또는 재단에서 어떤 기획을 펼치면 좋겠고, 그 기획에 내가 어떻게 기여할 수 있는지를 명확하게 설명하면 그야말로 최고의 답변이 될 수 있다. 가장 좋지 않은 답변은 무조건 '최선을 다하겠다'는 호언장담이다. 이런 추상적인 답은 호기롭게 보일 수 있으나 '아는 게 없다'는 인상을 보일 수 있다. 따라서 어느 부서에서 어떻게 돕도록 하겠다는 구체적인 답을 제시하는 게 낫다. '어떤 페스티벌을 어떤 방향으로 어떻게 활성화시키겠다', 또는 '어떤 지원사업의 문제점을 발견했는데 최대한 그 문제점을 개선하도록 힘써보겠다' 등 다른 지원자들보다 한 발짝 더 깊이 들어간 답변이 좋다.

면접의 50% 이상은 '애티튜드'로 결정하기 때문에 반드시 모니터를 해 봐야 한다. 다른 학생들과 모의 면접한 내용을 촬영한 후 나중에 살펴 보면 본인의 문제점이 보이기 마련이다. 손을 가만히 두지 못한다거나, 얼굴을 흔드는 등 불편해하거나 불안해하는 동작을 발견할 수 있다. 우리가 타인과 대화할 때 본인도 모르는 버릇이 얼마나 잘 드러나는지 알 수 있다. 한 학생은 교생 실습 강의 중에 입술에 침을 바르는 버릇을 알게 되었다고 한다. 틱장애까지는 아니더라도 특정 동작의 습관적인 반복이 학생들이 강의에 집중하는 데 방해가 되는 것처럼 지원자의 불필요한 동작의 반복과 말투는 면접관의 눈살을 찌푸리기에 충분하다.

소위 명사들이라고 하는 분들의 강의를 들으면 마치 즉흥적으로 강의하는 것처럼 보이지만 대부분 철저히 준비한 텍스트대로 강의한다. 모니터링을 수없이 반복하면서 강의 내용 전체를 숙지했기 때문에 자연스러울 뿐이다. 심지어 어느 부분에서는 억양을 높이고 어느 부분에서 담담하게 말할 것인지까지 연습한다. 그렇게까지 면접을 준비해야 하느냐고 의문을 제기할 수 있다. 하지만 미리 준비해야 한다는 면에서는 강의든 면접이든 다를 게 없다.

채용만 해 달라는 식의 비굴한 자세를 보이거나 자존감이 낮은 사람으로 비춰져서도 안 된다. 지금까지 취업을 위해 최선을 다했으며 회사와 함께해야 할 자격이 충분하다는 것 어필하는 것은 좋다. 그러나 긴장한 나머지 동공이 심하게 흔들리거나 손을 비비적거리고 안면 근육이 씰룩거리는 등의 태도를 보여서는 안 된다. 자신이 없고 자존감이 낮아 보인다.

반대로 너무 건방진 태도도 문제다. 당신 회사에 입사하지 않아도 그만이라는 식의 건방진 태도는 금물이다. 입사 후 문제를 일으킬 가능성이 높아 보인다. 모든 것은 편하게 해야 한다. 말의 속도로 적당해야 한다. 너무 과해도 안 되고 너무 덜해도 안 된다. 오직 중용의 태도로 균형을 유지해야 한다. 검이불누 화이불치(儉而不陋 華而不侈)의 자세를 잊어서는 안 된다. 화려하지만 사치스러워 보이지 않고, 검소하지만 누추하게 보이지는 말라는 말이다. 결국 겸손하지만 낮은 자존감을 가진 사람으로 보여서는 안된다. 면접의 절반은 분명 태도에 있다.

 학생들과 면접을 리뷰할 때 가장 강조하는 내용이 있다. 면접에 절대 늦어서는 안 된다는 점이다. 늦는다는 것은 상대방을 그만큼 소중하게 생각하지 않는다는 의미이다. 어떤 회사든 면접에서 늦으면 끝이라고 보면 된다. 이상한 일이지만 면접을 보면 꼭 늦는 사람들이 있다. 필자의 경우 2시에 약속했다면 그 장소에 특별히 할 일이 없어도 12시까지 도착해서 기다리곤 한다. 그래야 마음이 편하다. 면접에서 가장 중요한 태도는 약속시간 엄수라는 사실을 재삼 강조한다.

걱정할 시간에 '하기나 해'

 면접에 임하면 누구나 떨린다. 그러나 떨린다고 해서 포기할 수는 없다. 진로 수업을 할 때 강의 말미에는 항상 그레이라는 래퍼의 랩 '하기나 해'의 가사를 들려준다. 두려워할 시간, 고민할 시간에 하기나 하자는 격려의 뜻으로 자주 들려준다. 랩은 무언가에 대한 불만을 토로하고 공격적인 가사를 주저리주저리 나열하는 경우도 많은데 그레이는 누군가를 비방이나 사회에 대한 불만 대신 주로 자기 자신을 성찰하는 내용을 담고 있다. '하기나 해' 얼마나 멋진 말인가. 아무것도 하지 않은 채 성공만 바라는 어리석음을 버리고, 성공했어도 그 성공이 영원하길 바라지 말고 그냥 하고 싶은 일을 '하기나 하라'는 메시지를 담고 있다.

쓸데없는 생각 그만하고
하기나 해
그냥 **하기나 해**
뭐든지 걱정만 많으면
잘 될 것도 되다가 안 되니까
그냥 그냥 **하기나 해**
하기나 해
그냥 **하기나 해**

클래식 전공자들에게도 이런 가사 내용이 절절하게 와닿을 수 있다. 취업에 도전하기도 전에 전전긍긍한 나머지 스스로 자신감을 내려놓거나 포기하지 말자. 근심과 걱정의 정신적 매너리즘에 빠지지 말고 그냥 하기나 하라는 것이다. '하기나 해'는 나이키 광고의 'Just Do It'과 같다. 이 문구는 나이키의 스포츠에 대한 철학을 담고 있는 문장으로 '일단 시작하라'는 스포츠맨십을 상징하는, 스포츠 광고 역사상 가장 훌륭한 브랜딩 워딩으로 기억된다.

성실과 끈기를 보여줘라

미국의 마케팅 왕 빌 포터를 아는가? 선천적으로 뇌성마비로 태어난

빌 포터가 마케팅 왕이 될 수 있었던 것은 꾸준함이었다. 빌 포터는 신체적인 결함 때문에 성인이 되어서도 일자리를 구할 수 없자 생활용품 회사인 왓킨스의 방문판매직에 지원했다. 그러나 그의 신체적 결함을 눈치챈 회사 측은 단호히 거절했다. 그래도 그는 다시 방문해 '그저 가장 힘든 곳이라도 보내주어 영업할 수 있게 해 달라'고 부탁했다. 결국 회사 측은 영업을 가장 기피하는 지역인 오리건 주 포틀랜드에 빌포터를 파견했다. 서민들이 지갑을 열지 않기로 가장 유명한 지역이다. 빌 포터는 마비된 오른손은 뒤로 숨기고 왼손으로 무거운 가방을 든 채 매일 100군데 이상의 가정을 방문했지만 한결같이 무시당하고 쫓겨났다.

그래도 빌 포터는 '절대 포기하지 말라' '끝까지 인내하라'는 어머니의 당부를 떠올리며 '고객의 거절은 더 좋은 상품으로 다시 찾아와 달라는 신호'로 생각하고 신상품이 나오면 또 방문했다. 그렇게 20년 동안 영업한 후 빌 포터는 영업왕이 되었다.

직장에서 사원을 채용할 때 선발하는 기준은 여러 가지가 있지만 가장 큰 가치는 꾸준함이다. 한번 도전해서 안 되면 좌절하고 뒤로 물러서는 게 아니라 자신이 원하는 길이 과연 이 길뿐인가를 계속 자문하되 그게 맞다면 결코 포기하지 않는 근성이 필요하다. 이것이 진로의 첫걸음이다. 필자는 아주 작은 회사를 운영하는 사람으로 인생에서 크게 성공한 사람도 아니고 백만장자도 아니다. 하지만 삶의 만족도는 매우 높은 편이다. 왜 그럴까? 도전이 많은 만큼 실패도 많지만 포기하지 않고 끊임없이 일을 하기 때문이다. 일을 할 때마다 이 선택이 내가 원하는 것인지 쉼 없이 의심하면서 길을 찾아 나가고 있다. 나 역시 남들과 똑같은 불안감을 갖고 살지만 늘 행동을 통해서 극복한다.

　심리학자 윌리엄 제임스는 두려움을 이기는 유일한 방법은 행동이라고 말했다. 바쁘게 살다 보면 불안할 틈이 없다. 해야 할 일이 많아서 어서 일을 마치고 사랑하는 가족을 보고 싶을 따름이다. 열심히 일하고 사랑하고 그러다 보면 불안은 사라진다. 필자는 일할 때는 밀도 있게 집중하고 쉴 때는 확실히 쉬는 스타일이다. 주말에는 딸과 놀아야 하기에 주중에는 더욱 치열하게 일한다. 지금까지 서술한 내용을 정리해 보자.

1. 호감 가는 답변 태도와 복장

* <u>명확하고 자신감 있게 답하기</u>

　저는 ~~ 한 이유로 ~~~ 게 생각합니다. (자신 있는 또박또박한 말투)

* <u>끝까지 종결어미 마무리하기(말끝 절대 흐리지 않기)</u>

　'요'로 끝내는 것보다 '다'로 끝내는 게 좋다.

　말끝을 흐리거나 작은 목소리는 절대 안 된다.

* <u>자신 있는 아이 컨택은 필수</u>

2. 제출한 자기소개서 반드시 숙지

* <u>자기소개서는 자신의 모습을 정확하게 어필할 것</u>

　즉 상상의 인격을 만들지 말아야 한다. 결국 들통나기 때문이다.

3. 회사 정보 정확히 파악

* <u>연혁, 현재 이슈 등을 파악할 것</u>

* 부정확한 내용은 언급을 삼갈 것

4. 회사에서 내가 필요한 이유를 어필할 것

* 입사한다면 최선을 다하겠습니다. 또는 예전부터 입사하고 싶었다는 등 막연하고 추상적인 표현은 삼가고 최대한 구체적으로 답변할 것

5. 면접 전, 본인의 모습 모니터해보기

* 면접 전에 거울을 보고 입 모양 등을 점검하거나 동영상을 녹화해 단점을 고쳐 나갈 것

망망대해에서도 결코 꿈을 잃지 않는 항해사들

지금까지 우리가 어떻게 응시원서를 작성하고 면접에 대응해야 하는지 알아보았다. 취업에 앞서 가장 중요한 주제는 꿈이 무엇인지 찾아보고 꿈을 발견했다면 궁시렁거리거나 좌고우면하지 말고 '하기나 하라'는 것이다. 하기나 하라는 정신은 취업뿐만 아니라 모든 활동에 작용된다. 혹여 취업이 아니라 연주 활동에 여전히 미련이 있다면 악기를 열심히 연주하고, 창업으로 돈이 벌고 싶으면 일단 도전해 보라는 것이다. 일단 해 보라. 그러나 거기에는 꾸준함은 필수조건이라는 사실을 잊어서는 안 된다.

툴뮤직 소속 피아니스트 중에 이훈 선생님이 있다. 이훈 선생님은 미국에서 한창 피아니스트로서 스타덤에 오르는 찰나, 뇌졸중으로 쓰러진 불운의 음악가다. 하지만 자신의 꿈을 포기하지 않고 뇌졸중을 극복해

피아노 연주 활동을 펼치고 있다. 최근에는 피아노 실력을 예전 수준으로 회복하고 있어 진정 인간승리의 모범을 보여주고 있다. 이처럼 우리 주변에는 포기하거나 좌절하지 않고 자신의 꿈을 향해 꿋꿋이 살아가는 분들이 많다. 이런 사실을 알려주면 취업의 문턱에서 망설이는 취준생들에게 큰 힘을 얻는다. 시각장애 피아니스트 노영서와 노조미 이와이 역시 꿈을 향해 거친 파도를 넘나드는 항해사들이다.

피아니스트 노조미 이와이

눈을 잃었기에 그보다 귀한 음악 얻다

세계적인 작가 파울로 코넬료의 삶을 바꾼 계기는 몇 달 동안이나 지속해야 하는 '고행의 길'이었다. '산티아고의 길'(카미노 데 산티아고)이라는 스페인의 순례길에 참여하면서부터 파울로는 자신의 길을 찾아냈고 곧 작가가 되었다. 고행의 길은 곧 '역경'이다. 어느 시인이 말했다. '역경이란 씨앗의 껍질을 벗겨 내는 바람 같아서, 우리 존재의 중심부만 남긴다. 그 중심부가 놀라운 힘을 발휘한다.'

2016년 슈베르트 국제 콩쿠르에서 참가자들은 물론 관객 모두를 깜짝 놀라게 한 피아니스트가 있었다. 모두가 시각장애 피아니스트 노조미 이와이의 피아노 연주에 큰 감동을 받았다. 콩쿠르 결과는 심사위원 특별상이지만 그 어떤 연주자들보다 깊은 인상을 남겼다. 노조미 이와이는 피아노 음악을 뛰어넘어 행복의 파도를 타고 청중의 가슴을 적시운 까닭이다.

얼굴의 변형과 신경의 퇴화를 막기 위해 매일 플라스틱 의안(義眼)을 탈착하듯이, 하루 동안 채운 자신의 '행복'을 누군가 단 한 사람에게라도 전달할 수 있다면 그 행복을 기꺼이 쏟아 놓고야 마는 천사 같은 피아니스트다.

'눈으로 세상을 보지 못하지만 그 덕분에 마음으로 세상을 볼 수 있거든요. 빛이 좋다지만 빛이 너무 강하면 해를 끼칩니다. 어둠을 두려워하는 사람도 있지만 그 어둠 때문에 평안을 누리고 휴식을 취하는 사람이 있잖아요. 제가 경험한 삶은 이처럼 양면성이 끊임없이 존재해 왔습니다."

누군가 자신의 처지를 두고 또는 눈이 보이지 않는다는 이유로 안쓰럽게 생각할 수 있지만, 노조미는 오히려 빛이 없어서 행복할 때가 많다고 말한다. 이 절대 긍정의 힘, 그는 대체 이런 긍정의 힘이 어디에서 나올까?

시각을 잃고 피아노 배우기 시작

노조미 이와이는 마음의 눈으로 깊은 감동을 전하는, 일본 국적의 한국 피아니스트다. 일본에서 태어난 그가 피아노를 시작한 건 네 살 때 시각을 잃은 후였다. 유치원에서 남자아이와 장난감을 갖고 놀다 긴 꼬챙이 같은 나무가 눈에 박히면서 오른쪽 눈의 시력을 상실했다. 이미 왼쪽 눈도 뇌의 난치병으로 시력을 잃어가고 있던 차 그나마 성하던 오른쪽 눈을 완전히 잃은 것이다.

"수술을 마치고 병원에서 나오는 길에 '지금부터 무엇을 가르칠까' 고민하던 중에 피아노 바이올린 첼로와 같은 악기 교육이 떠올랐습니다. 피아노는 그렇게 해서 시작된 것이죠."

딸이 시각장애인이 된다면 보통은 부모부터 절망감에 휩싸여 넋이 나갔을 텐데 노조미의 어머니는 달랐다. 눈을 찌른 어린이의 부모에게 수술비라도 받아내야 하지만, 알고 보니 어려운 가정임을 알고 그마저도 포기한 채 '주어진 현실을 받아들이고 딸을 강하게 키워야겠다'는 생각만 가득했다. 음악의 길에서 새로운 인생을 찾아 주자는 어머니의 바람대로 노조미는 피아노를 시작했다.

그런데 머지않아 신기한 일들이 벌어졌다. 노조미의 피아노 실력은 '그게 가능할까' 싶을 정도로 놀라운 암보력, 짧은 연습 시간으로 출력되는 실제 연주의 가성비는 '눈 뜬 자들'의 부러움의 대상이었다.

눈이 정상이라면 이토록 아름다운 음악 세계 몰랐을 수도

딸이 피아노를 좋아하고 행복해한다 한들, 또 딸을 강하게 키우려고 노력한다 한들 어찌 마음이 편하기만 했을까. 노조미 어머니는 딸이 육체적으로 힘들어할 때 '내가 무슨 죄를 지었기에 우리 딸을 이렇게 힘들게 했을까' 자탄했지만 그래도 딸 앞에서는 늘 당당하게 살자 다짐했다.

"노조미! 넌 해낼 수 있어, 우리 같이 일어설 거야 하면서 용기를 주곤 했죠. 제 팔은 딸의 것이라고 생각해요. 눈은 줄 수 없지만 팔은 줄 수 있으니까요."

어머니의 열정을 본받은 듯 노조미는 피아노에 푹 빠져 지냈다. 어떤 곡이라도 금세 소화한 후 음악에 몰입하는 모습을 본 어머니는 불꽃축제(하나비)가 한창인 어느 날 노조미에게 '눈이 보이지 않아도 정말 행복한지' 물었다.

"엄마, 난 눈이 안 보여도 충분히 행복해요. 만약 눈이 보였으면 이렇게 아름다운 음악 세계를 몰랐을 거예요."

노조미의 대답에 이날 어머니는 이 지상에 발을 내디딘 이후 가장 많이 울었다. 슬픔과 행복이 너울처럼 넘실대는 그 순간을 지금도 잊을 수 없다.

"저는 제 딸에게 오히려 너무 많은 것을 배웁니다. 음악을 알게 되었고, 인생에 대해서도 깊은 혜안을 갖게 되었죠. 제 딸에게 제가 감사하고 있습니다."

장시간 연습의 어려움을 역으로 활용

노조미에게 가장 큰 어려움은 장시간 피아노를 칠 수 없다는 점이다. 노조미는 시각장애 외에 뇌와 신체 곳곳에 질병을 갖고 있다. 장시간 피아노 연습은 사실 불가능한 일이다. 그런데 이 단점이 노조미의 암보와 연습에는 더없이 훌륭한 장점으로 변했다. 노조미는 연습할 때 시간을 무조건 늘리는 데 의미를 둔 '스칼라'가 아니라 니체처럼 방향과 목표를 정하고 초집중으로 연습하는 '벡터'를 선택했다. 그러기에 도호예술학교에서 졸업시험을 치를 때 불과 한 달간 연습하고도 최고 점수를 획득할 수 있었다. 노조미는 어떤 무대도 긴장하지 않고 자신감 있게 연주한다.

"두려움은 눈으로 무언가를 바라보기 때문에 생기잖아요. 제가 청중이나 주변을 볼 수 없기 때문에 긴장감이나 두려움 같은 무대공포를 느끼지 못하는 것 같아요. 무대만 서면 그저 행복합니다."

피아니스트로서 실력이 성장하지 않으면 타인에게 감동은 언감생심이다. 음악인들은 매일매일 성장해야 한다. '동사 부딪치다'라는 시(詩)가 있다. 일본의 어느 작가가 쓴 시다. 시각장애인 전화교환원에게 질문을 던졌다. '출퇴근 시간이 힘들지 않으냐'고 묻자 '힘들기는 하지만 여기저기 부딪치면서 걷기 때문에 그럭저럭 올 수 있다'고 답하는 내용이다.

'부딪치면서 말인가요?' 그러자 교환원이 미소 지었다. '부딪치는 것이 있으면 오히려 안심이 되니까요.'

노조미에게 있어 부딪치는 존재는 누구였을까? 부모님과 함께 위대한 스승들이 동사 '부딪치다'의 기둥 역할을 해주었다. 노조미 내면에 있는 진주 같은 음악적 보석을 끄집어낸 스승은 누구인지 궁금했다. 시각장애인임을 알고 '나는 가르칠 수 없다'며 냉담한 반응을 보였을 분들도 있었을 테고….

"모두가 저를 사랑해주셨습니다. 특히 도호예술고등학교를 마치고 미국 텍사스 크리스천 대학에서 만난 타마스 웅가 교수님은 저를 8년 동안 가르친 위대한 스승님입니다."

노조미가 입상해온 각종 콩쿠르들

노조미가 우리에게 알려지게 된 결정적인 사건은 아무래도 콩쿠르가 아닐까? 특히 2016년 슈베르트 국제 콩쿠르에서 특별상을 받았을 때 우리는 노조미의 이름을 비로소 인식하게 되었다. 그러나 이미 오래전부터 노조미는 각종 콩쿠르에서 입상한 바 있다.

어린 시절 일본에서 개최된 Piara Piano Competition, Rose Piano Competition,

Osaka International Music Competition 등에서 우승하며 연주자로서 두각을 나타냈다. 이런 실력은 미국에서 더욱 발화돼 도미 이후에는 MTNA Texas Piano Competition, TCU Concerto Competition, Wideman International Piano Competition, Schlern International Music Competition 등 일반 콩쿠르와 콘체르토 콩쿠르에서 속속 입상, 음악적 기량을 인정받아 왔다.

"콩쿠르로 따진다면 아무래도 폴란드의 Internatinal Baltic Piano Competition에서 3위로 입상하면서 국제적인 관심을 가졌던 것 같아요. 2015년에는 XXV Concorso Internazionale per Pianoforte e Orchestra 'itta'Di Cantu'에 입상하고 베토벤 콘체르토로 최고연주자상을 받았거든요. 굉장한 경험이었습니다. 그리고 이어진 콩쿠르가 심사위원 특별상을 받은 슈베르트 국제 콩쿠르죠."

콩쿠르와 함께 오늘날의 노조미를 끌어 올린 것은 지칠 줄 모르는 독주 여행이다. 미국 전역 및 캐나다, 코스타리카, 이탈리아, 폴란드, 한국 및 일본에서 꾸준히 연주회를 개최해 왔는데 2012년에는 마침내 독주 음반을 출시, 도쿄의 Kioi Hall에서 데뷔 연주회를 성공적으로 마치기도 했다. 그 후 2014년 두 번째 연주실황이 역시 음반으로 나오면서 노조미의 음악은 두터운 애호가층을 형성했다.

"페스티벌도 많이 참가했습니다. 그때마다 어머니께서 고생을 많이 하셨지만요. Piano Texas Academy & Festival, 이태리의 Schlern Music Festival, 캐나다 Banff Center 페스티벌 등이 그 대표적인 페스티벌입니다. 앞으로도 건강이 허락하는 그날까지 음악 여행은 계속하고 싶어요."

음악인이라면 먼저 사랑을 배웠으면

이렇게 전국을, 아니 전 세계를 누빌 때도 자신을 돌봐야 하는 어머니의 모습을 보고 힘들어하지 않을까 싶어 질문을 던지자 그 대답이 의외였다.

"아니요. 아마 제가 없었다면 어머니는 더욱 힘들었을 거예요. 제 이름의 뜻이 '희망'

이거든요. 제가 없다는 것은 희망이 없다는 것인데 그것만큼 불행한 일도 없잖아요."
노조미의 답에 어머니도 동의한다. "사람은 한번 죽지 두 번 죽지 않습니다. 살아가는 동안 밑바닥에서 위를 보고 하나하나 다듬어 가면 됩니다. 저는 딸이 할 수 있는 일을 도와주면서 그 어떤 상황에서도 바닥을 보는 '좌절'은 하지 않기로 했습니다. 만약 정상적인 자녀를 두었다면 이렇게까지 끈기와 정성으로 살아가지 않았을 것입니다. 딸을 키우면서 저 역시 성장하고 있음을 느낍니다."
노조미도 어머니도 늘 성장한다. 내 연주를 원하는 단 한 사람이 있어도 달려가서 겸손하게 연주를 해 주고, 나보다 못한 사람을 찾아서 그들을 위로하면서 하루를 마감한다. 가끔 모녀는 와인을 기울이며 하루를 축배한다. "우리 오늘도 행복했어." 모녀가 건배를 들고 지나온 하루를 축하한다. 매일매일이 감동이다.
"음악은 사랑이어야 해요. 특히 음악하시는 분들은 가르치는 일도 많이 하시는데 음악을 먼저 사랑하지 않으면 그 가식은 금세 탄로 납니다. 음악은 사랑이고, 사랑을 품으려면 본인이 행복하고 사랑이 많아야 하겠죠. 그러니 음악보다 먼저 사랑을 배워야 합니다."
몇 해 전 체코필과 협연을 준비하는 동안 어머니가 계단에서 넘어져 다리를 다쳤다. 이러한 상황에 어떻게 협연은 했을까?
"엄마가 없어도 혼자 할 수 있다는 가능성을 발견했습니다. 어머니에게 일어난 불행도 저를 성장시키는 계기가 되었던 거죠. 세상에 나쁜 일은 없습니다. 저는 그렇게 봐요. 협연 후에도 곧바로 기훈겐 미술관에서 연주를 했는데도 그 무시무시한 태풍을 뚫고 무사히 잘 치러냈습니다. 엄마 대신 천사들처럼 많은 분들이 도와주었거든요."
불행도 절대 긍정으로 바꾸는 '긍정의 달인' 노조미 이와이다. 그를 통해 마음만 바꾸면 세상은 밝아진다는 단순한 진리를 곱씹었다. 많은 분들이 그런 노조미의 마음의 광채를 많이 받았으면 참 좋겠다. 보이는 대로만 판단하지 않고 영혼의 눈으로 바라보는 방법을 배웠으면 좋겠다.

– 월간 리뷰 2018년 11월호 커버스토리 중 –

06

대학교 재학 시 준비할 사항

▎1. 내가 어떤 사람인지 고민해보기 ▎

취업이든 창업이든 대학교를 졸업한 후에 어떤 길을 선택하든 대학 시절 꼭 파악해야 할 사항은 우선 내가 누구인지, 어떤 사람인지, 어떤 재능이 있는지, 어떤 사회성이 있는지, 어떤 성격과 기질이 있는지 스스로 고민하고 알아보는 과정을 꼭 가져야 한다는 것이다. MBTI 등 자신의 성격을 파악하는 도구는 수없이 많다. 어떤 도구를 사용하든 자신의 성격과 직업의 특성을 매칭해서 직업을 선택하기 전에 반드시 나를 파악하는 과정이 필요하다.

2. 글과 디자인에 관심 갖기

자기 성격 파악에 이어 두 번째로 강조하고 싶은 준비사항은 늘 강조하지만 '글과 디자인'에 관심을 가지라는 것이다. 글을 잘 쓰려면 우선 잘 쓴 글을 자주 읽는 습관을 길러야 하되 거기서 멈추지 않고 글쓰기를 습관화해야 한다. 디자인 역시 품격 있는 디자인, 창조적인 디자인, 대중의 눈을 휘어잡는 디자인을 찾아 남들이 보지 못한 각도에서 자신만의 미적 감각을 키우는 게 좋다.

음악대학은 전국 어디나 비슷한 문제를 안고 있다. 학생들의 미래를 위한 준비교육이 학교 커리큘럼에는 전혀 없다. 그 진로가 취업이든 창업이든, 사회적기업이든 이들 회사에 도전할 수 있는 교육이 없다는 점이다. 그러나 모든 책임을 학교로 돌릴 수만은 없는 게 오늘의 현실이다. 결국 자기 인생의 주인은 학생 스스로이며, 실패할 경우 그 책임 또한 자신에게 있음을 직시해야 한다. 스티브 잡스는 '가난하게 태어난 것은 자신의 잘못이 아니지만 가난하게 살다 죽는 것은 자신의 책임'이라고 역설했다. 학교에 취업시스템이 없어서 실패했다며 비판할 수는 있지만, 비판만 해서는 답이 나오지 않는다는 말이다.

나는 지금까지 숱한 학생들과 컨설팅을 하면서 크게 두 부류의 학생이 있다고 결론지었다. '글을 쓸 줄 아는 학생'과 '글을 쓰지 않는 학생'이다. 글을 쓰지 않는 것이지 쓰지 못한다고는 하지 않겠다. 노력 여하에 따라 글 쓰는 능력은 언제든지 달라질 수 있으니까 말이다. 취업을 생각하는 학생은 모름지기 기본적으로 글 쓰는 훈련을 해야 한다. 본인이 어느 분야를 선택하든 반드시 거쳐야 하는 관문은 자기소개서와 지원서 제출이며, 입사하더라도 소통의 도구로서 문장력을 빼놓을 수 없다.

현대 사회에서 필요한 또 하나의 기초지식은 '디자인' 감각과 디자인을 스스로 할 수 있는 능력이다. 본인을 소개하는 포트폴리오도 타인이 작성해줄 수는 없다. 물론 남에게 돈을 주고 맡기면 아름답게 포장해서 만들 수는 있지만 자신에 대한 가장 확실한 정보를 아는 것은 본인이다. 포토샵, 일러스트, 인디자인 등 디자인을 전문가들만 사용하던 시대는 지났다. 유튜브 하나를 제작하더라도 촬영부터 자막, 커버스토리 등 모든 기획을 스스로 하는 시대이기 때문에 무엇을 하든 디자인을 배워 자기 경쟁력을 높이는 게 좋다. 그러나 음악전공생들은 이런 흐름에 대해 큰 관심을 두고 있지 않은 것 같아 안타까울 뿐이다.

내가 알고 있는 음악전공 학생 중 그 분야의 전문가는 아니지만 음악을 공부하면서도 틈틈이 글쓰기와 디자인을 공부한 학생들은 사회생활에서도 늘 앞서가는 모습을 보곤 한다. 글쓰기와 디자인은 전공과 관계없이 누구나 배워야 하는 시대다. 우리는 10년 후에 무엇이 될지 아무도 모르지만 무엇을 하든 글쓰기와 디자인은 필요하다는 점은 확실하다. 그동안 경험을 얼마나 했기에 이렇게 단호하게 말하는가에 대해 묻는다면, 대학 조교와 취업, 일반회사 창업 6회, 사회적기업 창업 등 사회 각 분야를 경험했기에 확실하게 말할 수 있다. 지난 몇 년 동안 대학 강단에서 다루었던 과목이 진로 탐색 과목인 이유는 여기에 있다.

▍3. 취업을 위한 경력 만들기 ▍

단도직입적으로 말하면 무조건 자격증(언어, 문서, 포토샵, 문화예술사, 운전면허증)을 취득하라. 나아가 교육이수 수료증(예술경영아카데미, 예술의전당, 취업성공패키지 등)을 이수하라고 권하고 싶다. 필자는 학생들에게 특히 방학 동안에 제발 자격증을 취득하라고 강조한다. 사실 누구나 각자의 인생에서 대학 생활은 처음이기 때문에 선배들이나 교수들의 특별한 조언이 없는 한 방학을 어떻게 보내야 할지 생각하지 않고 마냥 방기하는 경우가 많다. 도대체 학교 시절을 어떻게 보내야 하는가? 방학을 효과적으로 보내는 방법은 간단하다. 방학만 되면 특별한 목적이 없이 배낭여행이나 무전여행으로 세월을 보내는 친구들이 많다. 물론 다양한 경험을 하겠지만 그런 경험이 자신의 진로에 얼마나 큰 도움이 되는지 뒤돌아보아야 한다.

노는 것도 중요하다. 그러나 아무리 그게 중요하다 해도 방학 기간 중 2개월 반 동안 그것만 해서는 너무나 아까운 시간이 아닐까? 방학이야말로 토익, 토플, 중국어 등 언어학습은 물론이고 엑셀 등 문서작성이나 포토샵, 촬영법, 영상 편집, 웹디자인, 인디자인 관련 자격증을 따기에 가장 좋은 시기이다. 또 아무리 기악을 전공해도 1년 중 5개월이라는 긴 시간을 연습만 하고 지내기에는 아무리 생각해도 길고 긴 시간이다. 음악과 학생들에게 이런 점을 가이드해주는 사람을 좀처럼 찾을 수 없는 것이 현실이다. 혹시 돈이 없어서, 돈이 부족해서 배울 수 없다고 변명할 수 있다. 그러나 취업 관련 사이트만 찾아도 무료로 배울 수 있는 곳들은 얼마든지 발견할 수 있다.

① 자격증

방학 중 취득해야 할 자격증이 또 있다. 운전면허증이다. 취업을 하든 창업을 하든 현대인들은 운전을 할 때 자유를 얻을 수 있다. 대중교통을 이용하지 말라는 게 아니다. 사업은 기동력이고 기동력은 즉각 출발할 수 있을 때 발휘된다. 어쨌든 진로를 목적으로 한다면 기본적으로 맥가이버가 돼야 한다. 호기심을 해결하기 위해 찾아 나서는 맥가이버가 되라는 것이다. 어떤 업무가 주어졌을 때 누가 가르쳐 주기를 기다리는 게 아니라 가르쳐줄 곳을 스스로 찾아 나서거나 본인이 직접 해결하려는 자세를 가져야 한다. '나는 모르니까 누군가 알아서 하겠지' 하는 자세로 임하면 어떤 상황에서도 뒤처지게 돼 있다. 윗사람이 맥락 없이 갑자기 보도자료를 작성하라고 지시한다면 보도자료 작성법을 가르쳐줘야만 작성하겠다는 수동적인 자세에서 벗어나 스스로 선배들은 보도자료를 어떻게 썼는지 찾아보고 모방해 가면서 나만의 보도자료를 만들어 가야 한다. 기업에는 이미 참고할 만한 수많은 레퍼런스가 있기 때문이다. 아니 회사에서 찾지 못하더라도 인터넷 검색만 해도 스스로 얼마든지 작성할 수 있다. 물어보는 대신 찾으면 다 나온다.

② 교육이수 및 수료증 취득

　대학교를 졸업했다고 곧바로 산업 현장에서 일할 수 있는 것은 아니다. 취업하기 전에 취업과 관련한 다양한 사전 지식을 쌓아야 한다. 물론 예전에는 사전 지식을 습득할 수 있는 교육과정이 없었기에 누구나 똑같은 상황에서 일을 시작했다. 한마디로 누구나 맨땅에서 맨발로 걷기 시작했기에 누가 잘하고 못하고가 없었다. 입사한 뒤 닥치는 대로 배우면 그만이었다. 그러나 요즘에는 취업 이전에 자신의 진로에 적합한 수많은 교육과정이 구비되어 있어 미리 배우는 사람이 훨씬 유리할 수밖에 없다. 기획을 꿈꾸는 사람은 공연기획 관련 아카데미 등에서 본인이 원하는 과목을 미리 공부할 수 있듯이 각 직종마다 마음만 먹으면 얼마든지 미리 배울 수 있다.

③ 자원봉사

　자원봉사는 취업과 깊은 관련이 있다. 자신의 적성을 실제 현장에서 가장 잘 파악할 수 있는 시험장이기도 하다. 일단 어떤 자원봉사든 실제 해보면 자신의 적성과 맞는지 맞지 않는지 감을 잡을 수 있다. 서울문화재단에서 명예 기자로 활동하거나 서울국제음악제 등에서 공연 자원봉사자로 활동했다고 치자. 둘 중 예술가를 취재하는 일에 더욱 흥미를 느끼고 적극적으로 임했다면 단순 공연 진행보다 기자에 적성이 맞는다는 얘기이다.

이와 달리 그 일을 하기 전에 내가 원하던 것과 맞는지 맞지 않는지 직접 확인할 수도 있다. 결국 자원봉사는 그 분야에 관심 있는 친구들이 참여할 수도 있지만 진로에 대해 미리 걱정하는 친구들이라면 더욱 참여할 것을 권한다. 이일 저일을 하면서 내 적성에 맞는지 맞지 않는지 확인할 수 있기 때문이다.

④ 아르바이트 경험

이와 같은 맥락에서 아르바이트도 중요한 경험이다. 특히 관련 직종에서 해보는 것도 중요하지만 음악과 관련 없는 직종에서 경험하는 것도 중요하다. 음악 외적인 일이라도 결국 사람을 상대한다면 느끼는 바가 많기 때문이다. 어떤 아르바이트를 하든 공통적으로 사람을 응대하는 법부터 배우게 되는데 이런 경험은 음악인들에게 가장 필요한 경험이다. 그동안 음악적인 환경 안에서만 살아왔다면 비음악적인 환경 속에서 타인을 어떻게 대해야 하는지 배울 수 있다. 그러면 내가 음악을 공부하는 게 얼마나 행복한 것인지, 또 아이들을 레슨하는 게 얼마나 감사한 일인지 비로소 깨닫게 되고, 사람과 더불어 사는 것이 어떤 의미가 있는지 등을 절절히 느끼게 된다. 따라서 필자는 음악을 전공한 학생들에게 누누이 강조한다. 부디 음악에서 벗어난 아르바이트를 체험해보라는 것이다. 공연기획사에서 인턴으로 일하는 것 이상으로 그릇도 닦아보고 깨뜨려보는 등 서비스 업종도 해봐야 한다. 그럴 때 시급 8,590원을 버는 게 얼마나 힘든지 알 수 있다.

생각해보라. 스타벅스에서 아르바이트로 일할 때 아무런 교육도 없이 그냥 일을 시키지 않는다. 점원은 왜 친절해야 하는지부터 미소 지어야 하는 이유, 근무시간을 철저히 지켜야 하는 이유 등을 충분히 가르친 후 비로소 현장에 투입한다. 이런 교육을 받아야 손님을 어떻게 응대할지 알 수 있다. 그렇게 배우고 현장에 나가도 고객들의 항의와 불만 등을 겪으면 서비스업이 얼마나 어려운지 몸으로 익히게 되고, 그 어려움 속에서 시급 수입을 받았을 때 뜨거운 보람도 느낀다. 또 악보만 열심히 암보했던 친구들이 세상 밖에서도 커피의 종류, 가격 등 암기해야 할 게 너무 많다는 것도 알게 된다. 세상에 쉬운 일이란 아무것도 없다.

⑤ 공모사업 도전 경험

필자가 학생들에게 자주 하는 명언(?)이 있다. '땅 파서 돈 나오지 않지만 문서를 잘 작성하면 돈이 나온다.' 이는 취업자에게 하나의 진리와 같은 말이다. 필자 역시 사업이든 취업이든 비빌 말한 인맥은 없었지만 공모사업에는 어느 정도 자신이 있다. 공모사업은 누구나 도전이 가능하다. 물론 응모한다고 한 번에 덜컥 지원받는 것은 아니지만 탈락해도 또 탈락해도 계속 도전했다. 그런 가운데 공모사업 도전을 통해 기획의 순화 원리를 알게 되었고 자꾸 도선하다 보니 기획에 관한 커리어와 요령을 알게 되었다. 예전에는 인맥을 통해야만 일이 성사되었지만 오늘날 지원 사업은 다르다. 지금은 누구나 문서작성에 능하고 잘 지원하면 채택 가능성이 높아진다.

필자의 회사도 수많은 도전 끝에 지난 2019년 서울시 소셜벤처 엑셀러레이팅 지원 사업에 선정된 바 있다. 사업은 지치지 않고 계속 전진하다

보면 어느 정도 지명도가 생기고 그 지명도 때문에 거래처나 일거리들이 꾸준히 늘어나기 마련이다. 그러나 일이 계속 늘어난다고 해서 자만해서는 결코 안 된다. 일의 효율성을 위해 지속적으로 연구 개발하고 투자해야 한다. 필자 회사는 규모가 크지 않다. 크지는 않지만 하루 매출을 정해놓고 그 매출을 달성하기 위해 무엇을 어떻게 해야 할지 매일 매일 연구한다. 예컨대 하루 매출 30만원이라고 정하면 그 매출을 위해 과거에 세운 실적들을 참고해 어떻게 실천해서 열매를 얻어야 할지 전사적으로 노력한다.

사실 엑셀러레이팅 사업뿐만 아니라 지원 사업 대부분에 걸쳐 음악업체가 도전하는 것은 매우 드문 일이다. 서울시가 사회적기업 관련 사업을 발표할 때마다 필자는 직접 찾아가 음악계 관련 업체가 얼마나 있는지 확인해 보곤 하는데 그때마다 거의 없다는 답을 듣곤 한다. 지난해 서울시 소셜벤처 엑셀러레이팅 사업에서 음악 파트는 필자 회사만 승인받은 것으로 알려지고 있다. 물론 처음부터 지원자가 전혀 없었던 것은 아니다. 파이널 프리젠테이션까지 올라가 최종 합격한 회사는 우리밖에 없었다. 엑셀레이팅 사업을 포함해 모든 지원 사업에서 최종 단계에서는 프리젠테이션을 하기 마련인데 이 프리젠테이션은 대단히 중요하다. 일종의 지원 사업을 위한 스킬이라고 볼 수 있는데 흔히 음악을 전공한 사람들은 이런 작업에 미숙할 것으로 오해하지만 사실은 정 반대다. 음악을 전공한 예술가들은 매우 감성적이기 때문에 이공계 전공자들보다 훨씬 잘할 수 있다. 필자가 작성한 프리젠테이션 한 개를 보여주겠다.

🔹 사업 개요 – 사업의 필요성

① 장애인 음악가 육성사업

2012년 장애문화예술인실태조사에 의하면
장애예술인의 82.18%가 **발표의 기회**를 갖지 못하고 있다.

2007년 장애문화예술인실태조사에 의하면
장애예술인은 창작활동에 **주 평균 17.3시간**을 투자,
창작활동과 관련해서 얻는 **월평균 수입이 없다는 것**이 69.3%로 대부분을 차지한다.

장애예술인에게 창작과 발표의 균등하게 줄 수 있는 제도가 마련되어야 한다.

🔹 사업 개요 – 사업의 필요성

② 청년 음악가 진로 개선 사업

2016년 한국고용정보원의 자료에 따르면,
최하위 취업률 학과에 예술학과가 대부분을 차지, 하위 10개 학과 중 5개 이상은
음악관련 학과로, **예술계통 중 특히 음악인들의 취업문제가 심각**하다.

2019년 조선일보 홍형진 기자에 따르면,
음대생들이 수억을 들여 유학을 마쳐도 결국에는 실업자라고 비판하면서
한국 클래식 교육이 바뀌야 한다고 주장하였다.

2019년 전남일보 백흥승의 클래식이야기 <한국 음악대학의 역할과 위기>에 따르면,
음악대학의 위기에 대해 이야기하면서 대다수 음대 학생들의
실질적인 취업과 진로 선택을 위한 진지한 노력이 필요할 것이라고 주장하였다.

▶ 사업 개요 - 아이템 소개

1. 장애인 음악가 육성사업

- 장애인 음악 콩쿠르
- 장애인 음악 교육
- 결과 발표회

➡ 100여명의 장애인 음악가들에게 무대 발표의 기회를 갖게 해줄 예정

▶ 사업 개요 - 아이템 소개

2. 청년 음악가 진로 개선 사업

- ✓ 음대생들과 졸업생들을 위한 진로서적 발간 프로젝트
- ✓ 진로특강, 포럼 및 워크샵, 진로 컨설팅

➡ 진로서적 발간을 통하여 음대생들의 창업, 취업, 사회적 기업에 대한 전문지식을 얻을 수 있으며, 이를 통해 사업을 하거나 취업을 준비하는 재학생, 졸업생들에게 실질적인 진로문제 해결에 도움을 줄 예정

▶ 사업 개요 – 구체성과 차별성

장애인 음악가 육성사업 - 장애인 음악 교육

<제 1회 툴뮤직 마스터클래스>

<제 1회 툴뮤직 장애인 음악교육 포럼>

● 사업 개요 – 구체성과 차별성

장애인 음악가 육성사업 - 장애인 음악콩쿠르

<툴뮤직 장애인 음악콩쿠르>

주최 : 서울시 사회적기업 (주)툴뮤직

참가인원 : 발달장애 / 시각장애 / 지체장애 장애학생

✓ 장애인만을 위한 콩쿠르, 참가비가 없는 콩쿠르

● 사업 개요 – 구체성과 차별성

장애인 음악가 육성사업 - 장애인 음악콩쿠르 음악회

<제 1회 툴뮤직 장애인 음악콩쿠르 : 수상자 음악회>

수상자 특전 :
최우수상 및 우수상 2명에게 100만원 상당의 레코딩 진행

● 사업 개요 – 구체성과 차별성

청년 음악가 진로 개선 사업 - 진로 특강

● 사업 개요 – 구체성과 차별성

청년 음악가 진로 개선 사업 – 진로 관련 수업

<전주대 음악창업 수업>　　　　<목원대 진로탐색 수업>

● 사업 개요 – BM

공간사업

<위탁운영 – 로로스페이스>　　　　<예술공작소툴>

● 사업 개요 – BM

음악교육(입시) 관련 행사

<툴뮤직 피아노 입시평가회>　<툴뮤직 피아노 콩쿠르>　<툴뮤직 여름음악캠프>

● 사업화 추진 전략 - 사업 추진 일정

장애인 음악가 육성 사업

세부사업화내용		9월	10월	11월	12월
장애인 음악가 육성사업	장애인콩쿠르 기획 및 인쇄물 제작				
	장애인콩쿠르 참가자 모집 홍보				
	장애인콩쿠르 진행				
	수상자 교육				
	교육자 결과발표회				

● 사업화 추진 전략 - 사업 추진 일정

청년 음악가 진로 개선 사업

세부사업화내용		9월	10월	11월	12월
청년 음악가 진로 개선사업	인쇄물 제작				
	참가자 모집				
	진로서적 발간				
	진로 특강				
	포럼 및 워크샵				
	진로 컨설팅				

● 핵심역량 - 창업기업 조직 소개

서울시 사회적기업 ㈜톨뮤직 정은현 대표이사 프로필

중앙대학교 음악대학 피아노과 졸업
중앙대학교 일반대학원 음악학과 졸업(피아노 페다고지 전공)
중앙대학교 일반대학원 음악학 박사수료
2011~2012 중앙대 예체능계열 융합프로그램 Festivity 총괄
사사: 이연화, 채숙자, 서정아, J. Maxin
FESTIVITY 헝가리, 체코 국제 교류 음악회 단장
개교기념 4D 미디어 퍼포먼스 '비상' 총괄진행
피아니스트 이연화 "Beethoven Piano Sonatas(Sony BMG)" 라이센스 매니징
바리톤 강형규 <Edelweiss>, 바리톤 석상근 <Memory>, 피아니스트 노염서 <라 발스>,
피아니스트 노조미 이와이 <1st Album>, 피아니스트 김기경 <F.Chopin Piano Etudes> 앨범 프로듀서
전주대학교 링크플러스사업, CK사업 컨설팅
목원대학교 피아노과, 전주대학교 음악학과, 서울종합예술실용학교 겸임교수 역임
경기예술고등학교, 대전예술고등학교 실기강사 역임
- 현, 서울시 사회적기업 ㈜톨뮤직 대표이사
  예스24 문화웹진 <채널24>, 장애인예술 매거진 <이미지> 자문위원
  사회적기업 육성사업 문화예술분야 전문 멘토

㈜톨뮤직 대표 정은현

● 핵심역량 - 창업기업 조직 소개

㈜툴뮤직 협력업체 [마이스터클랑]

스타인웨이 전문 피아노 업체
마이스터클랑

● 핵심역량 - 창업기업 조직 소개

㈜툴뮤직 협력업체 [꿈꾸는 자작나무]

CNC 목재전문 가구 공방,
사회적기업
꿈꾸는 자작나무

● 성과 및 기대효과

보도자료(업무협약 | NSP통신)

[NSP통신] 2019-05-17 13:40

재미컴퍼니, 툴뮤직과 맞손…뮤지션 육성 및 음원 콘텐츠 유통 협력
이복현 기자

[원문링크]
http://www.nspna.com/news/?mode=view&newsid=359478

■ 성과 및 기대효과

보도자료(콘서트) | KBS뉴스)

[KBS뉴스/생활] 2019.06.10. 오후10:20

기적의 한 손 콘서트...뇌졸중 이겨낸 왼손 피아니스트
윤영란 기자

[원문링크]
https://n.news.naver.com/article/056/0010710438

■ 성과 및 기대효과

보도자료(사회적기업 | 시사위크)

[시사위크/사회적기업] 2019. 01. 10

수익사업과 소셜미션의 건강한 하모니
권정두 기자

[원문링크]
http://www.sisaweek.com/news/curationView.html?idxno=117425

　프리젠테이션을 할 때는 발표 순서가 매우 중요하다. 주요 키워드는 그 목차에 정리돼 있기 때문이다. 우리가 선택한 키워드는 '장애인 음악가 육성'과 '청년 음악가 진로 개선 사업'이었다. 장애인 음악가를 육성하고 청년들의 진로 개선을 위해 이러이러한 사업을 펼치겠다는 간단한 프리젠테이션이다. 더불어 현재 우리가 펼치고 있는 사업을 소개하고 자문위원, 협력업체 등을 적시한 뒤 관련 기사를 삽입하는 정도로 단 5분 만

에 설명을 마쳤다. 물론 5분 만에 마치려면 준비를 철저히 해야 한다. 프리젠테이션에 한번 성공하면 마태효과처럼 계속 자신감이 더해 더 강한 도전을 할 수 있다.

결론은 음대생과 졸업생들이여, 제발 공모사업에 도전해보라는 것이다. 지원 사업의 종류도 많은 만큼 본인이 원하는 것을 리서치해보기를 바란다. 필자가 특강을 하는 학교에서는 학생들에게 리서치부터 과제로 주는데 이런 훈련을 하면 스스로 할 수 있게 된다.

공모사업은 졸업한 이후에 하는 게 아니라 학창 시절에도 얼마든지 할 수 있다. 청춘마이크 등 대학생들도 참여할 수 있는 사업이 많다. 작은 규모라도 일단 사업을 시작해 스스로 돈을 벌 수 있다는 자신감을 갖게 돼 점점 규모가 큰 지원 사업으로 성장할 수 있다. 다시 한번 강조하지만 땅 파서 돈은 안 나오지만 문서 지원을 계속하다 보면 돈이 나온다.

⑥ 취업성공패키지

취업성공패키지는 고용노동부에서 취업을 장려하는 제도를 말한다. 청년들의 취업을 위해 만든 제도인 만큼 대학시절 꼭 도전해 볼 만한 취업 경험으로 1단계, 2단계, 3단계가 있다.

이 패키지는 기초적인 취업 교육도 시키는데 이력서 작성법을 작성하는 초기부터 취업에 성공하기까지 컨설턴트가 멘토링을 해주기 때문에 취업 과정을 한 번에 꿰뚫어 볼 수 있다. 지원자가 아무리 많아도 컨설턴트가 한 사람씩 도와주기 때문에 취업에 대한 두려움이 있다면 이 제도를 활용해 보길 권한다. 취업성공패키지는 지원 사업의 일종인데 저소득 취업 취약 계층에 대하여 개인별 취업 활동 계획에 따라 '진단·경로 설정 → 의욕·능력 증진 → 집중 취업 알선'에 이르는 통합적인 취업지원 프로그램이다. 취업할 경우 '취업 성공 수당'까지 지급함으로써 노동시장 진입을 체계적으로 지원하는 종합적인 취업 지원 체계다.

1, 2, 3단계로 나눠서 다양한 참여수당이 발생하는데 음대생들은 이런 취업의 세계를 전혀 모르는 데 문제가 있다. 그동안 취업에 관해 다양한 조사를 해본 결과 전 세계 어디와 비교해 보아도 대한민국은 취업하기 가장 좋은 나라라는 사실을 알게 되었다. 단 찾고자 하는 자에게 좋은 나라다. 무관심한 사람에게는 아무리 멋진 제도를 손에 쥐어 줘도 쓸모가 없을 뿐이다.

07

대학교 졸업 후

취업은 재학 중, 또는 졸업 직후에만 갖는 게 아니라 끊임없이 관심을 가져야 한다. 그러나 관심만 갖거나, 좋은 일자리만을 찾다가 하세월 낭비하는 것은 바람직하지 않다. 졸업 후에도 취업을 향한 준비활동을 꾸준히 해야 한다.

▌1. 인턴, 연수단, 육아휴직 대체직 채용에 관한 관심 갖기 ▌

앞서 여러 번 지적했지만 대학교 졸업 후 취업을 준비하는 과정에서 뜻대로 풀리지 않는다고 좌절해서는 안 된다. 방법을 달리하면 길은 얼마든지 열려 있다. 정규직에서 시작하지 못한다고 포기하지 말고 인턴, 연수단, 육아휴가대체 등의 기간제 직원 채용에 관심을 가지면 된다. 사실 음악전공생뿐만 아니라 다른 전공도 처음부터 정규직에 진입하기 힘든 세상이다. 그래서 단계별로 진입을 시도하는 게 현명하다. 계단도 세 단계를 한꺼번에 오르려면 가랑이가 찢어지는 법이다.

취업의 키워드는 '스텝 바이 스텝'이다. 취업에도 단계가 있다. 아무런 경험도 없는데 학력만 보고 선뜻 받아주는 기업은 그리 많지 않다. 오히려 작은 기업이라도 2년, 3년 경험하면 이직이 수월해진다.

▌2. 예술관련 아카데미 수료 또는 예술 지원사업 도전 ▌

일단 취업이 되든 안 되든 일주일에 최소 이틀은 꾸준히 공부하는 습관을 길러야 한다. 아무리 좋은 직장에 취직해도 직장생활을 하는 동안 능력을 인정받기 위해서는 실력을 쌓아야 한다. 또한 인문학도 공부를 게을리하지 않아 인성을 기르는 것도 매우 중요하다. 직장도 공동체 사회이기 때문에 진급하려면 인성이 좋아야 한다. 실력을 갖춘다는 것은 곧 '끊임없이 공부한다'는 의미이다. 누가 시켜서 하는 게 아니라 자발적으로 해야 학습에 효과가 있지 않을까?

작은 기업에 취직한 사람이라면 더더욱 공부를 열심히 해야 한다. 도약은 가만히 앉아 있는 자에게 돌아오지 않는다. 음악전공자에게 가장 좋은 공부와 경험은 예술관련 아카데미와 다양한 공모전에 끊임없이 도전하는 것이다. 특히 공모 도전은 취업은 물론 창업에 무엇보다 큰 도움이 되는 분야이기 때문에 가능한 본인이 관심 있는 공모에 도전하길 바란다.

08

애티튜드

　취업 파트에서 취업을 위한 다양한 정보와 준비과정을 소개했다. 끝으로 노파심에서 다시 한번 강조하고 싶은 지청구가 있다. 취업 이전에 태도를 제대로 갖추라는 것이다. 우리가 반드시 잊지 말아야 할 태도를 간추려 보았다.

1. 타과와 동일하게 생각하기(취업 준비하기)

취업은 음악전공생들에게 전혀 관계없는 딴 세상이 아니다. 막상 4학년이 되면 앞날을 걱정하게 되는데 1, 2학년 방학을 얼마나 알차게 보냈느냐에 따라서 불안과 희망이 엇갈린다. 따라서 타 전공생처럼 진로 탐색에 일찍부터 관심을 가져야 한다.

2. 주어진 일에 최선을 다하기

대학 시절에도 해당하는 일이지만 이는 사회생활의 기본 철학이기도 하다. 얼마 후에 다른 직장으로 이직할 것을 염두하고 현재 맡은 일을 대충한다면 반드시 그 마음이 행동으로 드러나게 돼 있다. 오늘을 충실히 할 때 매일 매일이 충실하고 그 매일이 합쳐서 1년이 되며 그때의 경험치는 시키는 일만 수동적으로 해온 사람과는 비교할 수 없을 만큼 큰 차이가 난다.

3. 어느 정도의 시간 버티기 - 최소 1년 이상

직장에 일단 취직하면 그 업무와 성격이 전혀 맞지 않는다면 모르지만 큰 이유도 없이 언제 떠날까만 호시탐탐 기회를 노리는 기회주의가 돼서는 안 될 말이다. 어느 직장이든 조직에 속하면 자유보다는 규율과 사규의 간섭을 받게 된다. 따라서 업무가 본인의 적성에 맞는다면 최소 1년은 진득하게 일하기를 바란다.

▌4. 결코 좌절하지 말기▐

앞서 소개했던 영국 가수 로비 윌리암스 Robbie Williams가 런던 로열 알버트홀에서 노래했던 프랑크 시나트라의 'My Way'의 가사를 소개한다. 인터넷을 검색하면 금방 나오지만 이 장에서 특별히 가사를 복기하는 데는 그만한 이유가 있다. 진심으로 받아들이라는 것이다. 가사 한 줄 한줄 새겨볼 만한 가치가 있다.

강의가 끝날 때마다 학생들에게 이 노래를 곧잘 들려준다. 취직이 안 된다고 수없이 실패했다고 결코 낙담하지 말라. 창업하다가 쓰러졌다고 결코 좌절하지 말라. 다시 일어서 끝까지 걸어가길 바란다. 반드시 성공할 그날까지… 내 방식대로…

이제 생의 마지막 순간이 다가와 인생의 마지막 장을 맞이하게 되었습니다.
나의 벗이여, 이제 사심 없이 내가 자신 있게 살아온 나의 인생을 밝히고 싶군요.
난 나의 인생을 충실하게 살아왔고 살아오면서 수많은 일을 겪어왔습니다.
그러나 그 무엇보다도 중요한 것은 난 내 삶을 **내 방식대로** 살아왔다는 겁니다.
조금의 후회도 있지는 않아요. 그러나 다시금 되새길 만한 후회는 없었지요.
나는 내가 해야 할 일을 다 했고 힘들었던 고난의 일들을
아무런 편법도 쓰지 않고 해왔습니다.
나는 내 모든 인생의 길을 계획했고 그 길을 따라 최선을 다해 걸어왔습니다.
그러나 그 무엇보다도 중요한 것은 난 내 삶을 **내 방식대로** 살아왔다는 거지요.
그래요. 친구도 알고 있으리라 확신하지만 난 내가 할 수 없었던 일에도
터무니없이 대들기도 했었던 그런 적도 있었습니다.

그러나 그 모든 일을 겪어 오면서도 행여 의심스러울 때는

그 모든 걸 다 먹었다가도 뱉어내 버렸죠. 난 모든 것에 맞서서 자신 있게 견뎌 냈어요.

그래요. 난 **내 방식대로** 살아온 겁니다. 난 사랑도 했고 웃기도 하고 울기도 하면서

소유하는 만족감도 얻었고, 잃어버리는 좌절감도 겪었습니다.

그런데 이제 눈물을 거두고 나니 그 모든 것이 우스웠다는 걸 알게 됩니다.

내가 해온 그 모든 일들을 생각해보면

부끄럽지 않은 인생이었다고 난 말할 수 있습니다.

그래요. 아녜요. 난 부끄럽게 살지 않았어요. 난 **내 방식대로** 살아온 겁니다.

남자란 무엇을 위해 사는가. 남자란 무엇을 성취해야 하는가

자신을 지키지 못하면 아무것도 없는 거지요.

자신의 감정을 솔직히 얘기할 수 있어야 합니다.

무릎을 꿇고 말하는 그런 비굴한 자들의 말이어서는 안 되는 거지요.

지난 세월이 말해 주고 있습니다. 내가 온갖 어려움을 겪었다고 말이죠.

난 **내 방식대로** 살아온 겁니다. 그래요. 그것이 바로 내가 걸어온 인생이었습니다.

제5부

창업

01

창업 필수 시대

　음악 관련 창업은 힘들다. 그러나 주변 어디를 봐도 창업이 힘들지 않은 분야가 없다. 2018년도 8월 KBS의 보도에 의하면 '신규 대비 폐업 비율'은 72.2%에 달한다고 발표했다. 가게 10곳이 문을 여는 동안, 7곳이 문을 닫았다는 말이다. 특히나 신규 자영업자들의 창업과 폐업을 비교해 보면 과반의 자영업자들이 창업 후 2년을 버티지 못하는 것으로 나타났다. 자영업 실태는 폐업률보다 '기업 생존율'로 보면 자영업이 얼마나 어려운지 체감할 수 있다. 기업 생존율이란 신생 기업(1년~5년) 중 창업 연도에서 기준 연도까지 생존해 있는 기업의 비율을 말한다. 창업 후 살아남는 기업이 얼마나 되는지 보여주는 지표다. 신생 기업의 생존율을 분석하는 '기업생멸 행정통계'(2015년도 기준)를 보면 기업의 1년 생존율은 62.7%이다. 2년 생존율은 49.5%, 5년 생존율은 27.5%로 떨어진다. 자영업 10개가 문을 열면 그중 4곳이 1년 이내에 문을 닫고, 7곳 이상이 5년을 버티지 못하고 문을 닫는다는 의미다. 이처럼 창업은 쉽지만 그걸 5년 이상 버티어내기란 어느 모로 보나 쉽지 않다. 따라서 우리가 흔히 자조적인 말투로 '음악 관련 사업은 어렵다', '창업해도 버티기 힘들다'는 말은 음악계에만 적용되지는 않는다는 것이다. 창업해서 지속적인 성장을 거두기란 어느 분야를 막론하고 힘든 것이다.

어떤 면에서 음악인들은 다른 분야보다 더 어려울지도 모른다. 음악인은 다른 분야에 비해 소득이 대단히 취약하기 때문이다. 이런 기사가 있었다. '서울에서 활동하는 예술인' 중 절반 가까운 예술가들이 월 100만 원 벌이에도 미치지 못한다는 내용이다. 당시 기사는 2016년 8월에 읽었던 것으로 기억하지만 지금이라고 크게 달라지지 않고 있다. 대부분 음악인들은 음악 활동만으로는 생활하기 어려워 아르바이트 등 생계 전선에 뛰어들고 있다. 엄밀히 말해 음악인들의 레슨 활동도 아르바이트와 별 차이가 없다. 연주만으로 생계를 꾸리기에는 수입이 턱없이 부족하기 때문에 레슨 활동을 하지 않을 수 없고, 결과적으로 학생들을 가르치느라 예술로부터 점차 멀어지는 악순환이 반복되고 있다.

몇 년 전, 서울문화재단은 '서울예술인 실태조사'를 발표했다. 예술인 430명 가운데 52.1%는 월평균 소득이 100만원 미만이었다. 이중 5.3%는 소득이 아예 없었다. 예술은 예술인들에게 밥벌이가 되는 직업이 못 된다는 뜻이다. 예술가로 살지만 월평균 소득 중 '예술활동을 위한 비중이 전혀 없다'는 응답자는 24.4%, 30% 미만은 28.8%에 달했다.

예술가들의 사각지대를 도와주기 위해 정부가 적극 나서면서부터 판도는 다소 달라지기는 했다. 사회보험 지원에 이어 한국예술인복지재단이 설립되는 등 지원제도가 속속 탄생하고 있지만 그 혜택이 모든 예술가들에게 두루 미치는 것은 아니다. 혜택을 받으려면 저작물이 있거나 예술 활동으로 얻은 일정 금액의 소득이 있어야 하고, 예술인 경력정보 시스템에 입력돼 있어야 한다. 전국 130,000여 명의 예술인 중 혜택을 받는 예술인은 23,000여 명(16.9%)에 불과한 실정이다.

물론 서울시는 '최초 예술 지원사업' 등을 발표하고 공공지원금 수혜 경력이 없는 3,500여 명의 예술인에게 나이에 상관없이 예술대학 졸업 후 활동경력 3년 이내이거나, 만 35세 미만일 경우 지원금(200만~300만원)을 지급하겠다고 하지만, 예술을 전공한 모든 졸업생들에게 그 혜택이 돌아가기는 어려운 일이다. 어찌 됐건 예술인으로 산다는 것은 쉽지 않다. 이 어려운 사정을 국가가 고려해 다양한 지원책을 내놓는다 해도 근본적으로 예술인들을 취약계층으로 인정해주지 않는, 매우 독특한 필드에 속해 있다.

그러면 정부가 도와줘도 매우 제한적인 혜택을 받을 수밖에 없는 음악인들, 우리는 어떻게 해야 할까? 답은 오직 창업에 있다. 프리랜서부터,

음악학원, 창업육성사업을 통한 창업 등 모든 분야에서 창업을 시도해야 한다.

02

스타트업 지원사업은 창업 기회

'한국예술인복지재단'(www.kawf.kr)을 통해 예술가 개개인들에게 도와주려는 정책은 참으로 다행스러운 정책이다. 크든 작든 예술인들의 복지에 신경을 써야 한다는 정부의 의지가 엿보인다. 창작준비금 지원사업, 예술인 사회보험료 지원, 산재보험 지원, 의료보험 지원, 자녀돌봄 지원, 예술인 성폭력 신고 제도, 예술인 심리상담 지원 프로그램도 있다. 이런 혜택 역시 모든 예술인들에게 돌아가는 것은 아니다. 무릇 찾는 자에게 지원의 물을 대줄 뿐이다. 그러니 예술인 스스로 재단의 도움과 복지혜택을 찾아야 한다. 창업도 마찬가지다. 창업 지원책을 스스로 찾아 나서야 한다. 청년들이 창업하려고 할 때 우리나라만큼 진입로가 넓은 곳도 없다. 회사를 운영하는 기존 대표자에게 직접 지원하는 것은 많지 않지만, 그 어느 국가보다 손쉽게 창업에 도전할 수 있다. 물론 한 가지 단서가 붙는다. 페이퍼를 잘 작성해야 한다.

이제 젊은 음악인들에게 창업은 필수가 되어 가고 있다. 창업은 가능하면 젊은 시절에 도전하길 바란다. 예컨대 평생 직장이나 공무원 생활을 하다가 50대가 되어서 어설프게 창업하면 젊은 사람들보다 센스, 즉 감각이 떨어지기 때문에 경쟁에서 밀릴 수 있기 때문이다. 창업은 센스가 무엇보다 중요하기 때문이다.

다시 말하지만 도전하라! 문화예술 창업은 예전에 비하면 훨씬 더 많은 기회, 더 많은 혜택, 더 많은 도전을 불러일으키고 있다. 이는 비단 이미 졸업한 음악전공자들에게만 해당하는 게 아니라 음대생 누구라도 가능한 사업들이다.

03

창업에 고려해야 할 사항

창업을 하기 위해서는 무엇보다 창업준비금, 즉 시드머니가 있어야 한다. 그런데 그 자금을 친척으로부터 빌리거나, 신용에 따라 금융권의 도움을 받으려고 한다. 독립심이 강한 전공자는 아르바이트 등을 통해 결혼 자금을 마련하듯이 준비하려고 한다. 그러니 스스로 마련하겠다는 닫힌 마음을 열면 내 돈을 들이지 않고도 시드머니를 구할 수 있다. 창업은 거기서부터 시작된다.

1. 시드머니(Seed Money)

창업하는 업종마다 차이가 있겠지만, 공연기획사 창업에 앞서 고려해야 할 사항은 많지만 그중에서 가장 기초적인 준비사항은 다음과 같다.

① 임대료
② 인건비
③ 광고비 – 온라인, 오프라인
④ 인테리어비 – 조명, 벽지, 바닥, 기타물품
⑤ 물품 구매비 – 악기, 필요비품
⑥ 공연 제작비 – 사진 촬영비용, 대관료, 팜플렛, 아티스트 매니징(메이크업, 코디네이터)
⑦ 음반제작 – 자켓디자인, 프레싱 비용, 녹음비용(스튜디오 렌탈비, 엔지니어 비용, 마스터링비)
⑧ 기타 – 전기사용료, 정수기료, 인터넷, 화재보험금, 접대비, 식비

① 임대료

사업을 시작할 때는 초기자본인 시드머니가 필요하다. 흔히 시드머니 하면 가장 먼저 임대료를 꼽는다. 자본금이 충분하다면 임대료 걱정을 하지 않겠지만 청년들로서는 임대료가 여간 부담스러운 게 아니다.

그러나 창업을 마음먹었다면 임대료를 지원받을 수 있는 다양한 혜택을 찾아보아야 한다. 지원을 받게 되면 임대료는 크게 걱정하지 않아도 된다. 사회적기업의 경우 지원 사업에 선정이 되면 창업 준비 기간에는

관리비만 내면 된다. 관리비만 지불한다고 해서 사무실이 그저 그런 수준이라고 생각하면 착각이다. 월세로 따지면 월 몇백만 원을 내야 하지만 관리비만 부담하면 된다. 물론 스튜디오 설비까지 갖출 필요가 없다면 사무 공간으로는 공모 사업 지원을 위한 공간만 한 곳도 없다.

지원 사업을 통한 가장 대표적인 사무 공간으로는 사회연대은행의 '알파라운드' 입주 허브를 들 수 있다. 스타트업 창업자들에게 거의 무상으로 제공하고 있다. 공동으로 사용할 수 있는 다양한 편의 시설과 강의실 등 최신 시설을 자랑하고 있다. 물론 이런 공간을 사용하려면 무조건 공모사업에 도전해야 한다.

입주기업 모집공고

창업지원센터, 대학교 창업지원 기관, 사회적경제 지원기관 등에서 다양한 형태로 입주 기업을 모집하고 있다. 기관에 따라 입주 혜택뿐 아니라 사업개발비와 멘토링까지 지원하는 경우가 있으니 기관마다의 특성을 파악해보면 좋다.

알파라운드	https://alpharound.or.kr
LG소셜캠퍼스	http://www.lgsocialcampus.com/
서울창업허브	http://seoulstartuphub.com/
도봉구 마을사회적경제지원센터	http://dbmasecenter.org/
서대문구 사회적경제마을자치센터	https://www.sdm.go.kr/social/index.do
노원사회적경제지원센터	http://happynowon.kr/
은평사회적경제혁신밸리센터	https://blog.naver.com/eunpyeonggu/221688365383
관악구 코워킹스페이스	https://blog.naver.com/gwanak_gu/221779982779
영등포구 사회적경제지원센터	https://ydphub.com/

② 인건비

창업에서 임대료 다음으로 걱정되는 것은 인건비다. 당장 수입이 생기지 않아도 고용하는 순간부터 급여를 줘야 하기 때문이다. 따라서 가능하면 혼자 일을 시작하되 꼭 필요한 인원만 채용하는 것이 좋다. 공연기획사의 경우 필드에서 함께 뛸 직원 한 명이면 족하다. 사업을 시작하면 웬만한 업무는 본인이 직접 실행하고 경험해야 한다. 남에게 업무를 지시하더라도 본인이 그 업무를 아는 것과 모르는 것과는 천양지차다. 모르는 일은 제대로 지시할 수 없고, 관리감독도 한계가 있다. 따라서 사장이 전문가로서 굳어질 때까지는 실전에서 공부해야 한다. 단순히 인건비를 아낀다는 차원이 아니라 사장이 모든 업무를 경험하기 위해서 몸으로 체험해야 한다는 것이다.

필자도 창업 첫 단추부터 직접 뛰었다. 다른 업무는 대학 시절부터 이미 경험을 했기에 무난히 처리했지만 음반제작과 유통에 대해서는 아는 바가 전혀 없었다. 음반제작, 엔지니어 섭외, 레코딩 스튜디어 섭외는 물론 음반유통에 이르기까지 모를 때마다 전문가들에게 끝없이 질문을 던졌다. 심지어 음반에 QR코드 삽입 방법을 모를 정도였다.

공연기획 역시 경험은 있었지만 사업가로서 시작했을 때 부딪히는 게 많았다. 인터파크에서 티켓 수령을 못 해 펑크를 내기도 했지만 그때마다 위축하지 않고 담당자와 전문가들에게 겸손하게 묻고 또 물었다. 마이클 무어의 말마따나 '세상에 부딪혀라, 세상이 답해줄 때까지' 부딪쳐보는 것이다. 티켓 수령을 못한 일은 실패가 아니라 자산이 되었다.

그렇다면 언제부터 직원을 채용할까? 당연한 답이지만 일이 많아 혼자 감당하기 힘들 때 채용하는 게 바람직하다. 물론 조금 힘들다고 바로 직원을 채용하는 것도 문제다. 지금 바쁘더라도 공연 사업은 반드시 '비수기'가 도사리고 있다. 공연업계의 경우 1월부터 5월까지 비수기라고 볼 수 있다. 자칫 직원을 고용했다가 퇴직을 권고하는 일이 벌어질 수도 있다.

③ 인테리어 물품구입비

　창업은 겸손하게 출발해야 한다. 가능하면 인테리어와 비품 구매에 최대한 돈을 아끼라는 뜻이다. 독립적인 사고방식을 갖지 않는 청년들은 창업할 때 주로 부모님으로부터 사업 자본을 지원받는 경우가 많다. 그러나 경험상 본인이 모은 돈으로 사업을 시작한 사람보다 부모나 타인의 지원으로 시작한 창업자들이 돈을 함부로 쓰는 경향이 있다.

　개업했다가 가장 쉽게 문을 닫는 업종 중 하나가 커피샵인데 주로 부모님의 자본으로 오픈한 경우가 많다. 어쨌든 창업자에게 가장 중요한 정신으로 경비를 최소화하는 절약 정신을 강조하고 싶다. 또 창업 후 잠시 잘 나간다 싶을 때 반드시 비수기를 대비해야 하는 점도 잊어서는 안 된다.

▍2. 창업 지속성을 위한 조건 ▍

　예술계에서의 사업은 고정적인 하나의 모델에만 집착하지 말고 다양한 '비즈니스 모델'(B.M.)을 확충하는 것이 좋다. 흔히 '선택과 집중'이야말로 경영에서 가장 중요한 원칙이라지만 음악계의 경우 한 가지만 고집했다가는 망하기 십상이다. 주식의 포트폴리오 투자처럼 수익을 창출할 수 있는 다양한 창구를 마련해놓고 출발하는 게 더 나을 수 있다. 예컨대 공연기획사를 운영한다고 치자. 공연이 많으면 행복하지만 공연이 항상 넘치는 것은 아니다. 비수기가 있고, 여러 사회적인 요인에 의해 공연이 줄줄이 취소되는 일도 비일비재하다. 이럴 때 공연 하나에만 전념해 온 회사라면 리스크가 클 수밖에 없다.

　리스크를 대비하는 차원에서도 다양한 사업모델은 필수적이다. 다양한 비즈니스 모델은 회사의 고정적인 수익 창출에 필요할 뿐 아니라 각 사업의 시너지 효과를 증폭할 수 있는 방법이기도 하다. 다시 말하지만 '한 가지 사업에만 올인하지 말라.' 음악이라는 필드는 예술만큼 변화무쌍하기 때문이다.

04

창업으로 가능한 직업

▌1. 악기레슨▐

① 개인레슨

　레슨은 사실 음악을 전공한 사람들에게 가장 매력적이고 메리트 넘치는 직업이다. 시간당 따복 따복 레슨비가 주어지는 직업은 그리 많지 않다는 점에서 가장 효과적인 경제활동 중 하나다. 레슨에서 가장 중요한 포인트는 레슨하려는 아이에게 어떻게 홍보하느냐는 것이다. 일종의 고객 창출 능력이다. 이를 위해서는 싫든 좋든 영업, 즉 마케팅을 해야 한다. 그런데 대부분 레스너들은 학생들을 모집하기 위해 광고를 내는 것에 매우 인색하다. 음악전공생들에게 레슨은 먹고사는 문제와 직결되기 때문에 가장 광고를 많이 해야 하는 업종이 아닌가. 광고뿐만 아니라 일단 모집한 학생들을 잘 지도하려면 나름대로의 시스템을 구축하고 통일성 있게 지도해야 한다.

지난 2011년 경 이 두 가지 문제를 가장 효과적으로 해결할 수 있는 방법을 구상하기 시작했다. 그동안 레슨을 통해서 체득한 경험을 토대로 내실 있는 커리큘럼을 구성하고, 구체적으로 어떤 과정으로 어떻게 가르쳐야 효과적인지 '티칭 맵' 즉 교수법의 지도를 그려보았다. 필자는 레슨을 무척 좋아하기에 많은 학생들을 가르치고 싶었다. 다행히 학생모집을 위한 일반적인 마케팅을 하지 않았음에도 많은 학생들이 몰려왔다. 그러다 사업을 본격적으로 펼치기 위해 레슨에 큰 신경을 쓰지 않았다. 그런데도 학생들이 '꾸역꾸역' 모여들었다. 별다른 마케팅을 하지 않아도 어떻게 필자를 찾아올까? 그 이유는 '글'에 있었다.

필자는 누군가를 직접 만나서 피아노를 배우자고 하지 않는다. 요즘은 만나는 시대가 아니지 않은가. 단지 인스타그램이든 페이스북이든 내가 무슨 일을 하고 있는지 글을 통해 알리기만 했다. 간결하고 임팩트 있는 글을 남길 뿐이지만 그런 글을 쓰는 것과 쓰지 않는 것과는 엄청난 차이가 났다. 그래서 레스너들을 만나면 SNS를 통해 자신을 알리는 일부터 실천하라고 권한다. 방구석 공상가를 걷어차고 나를 알리는 글을 올리라는 것이다.

| 정은현의 레슨 시스템 맵 |

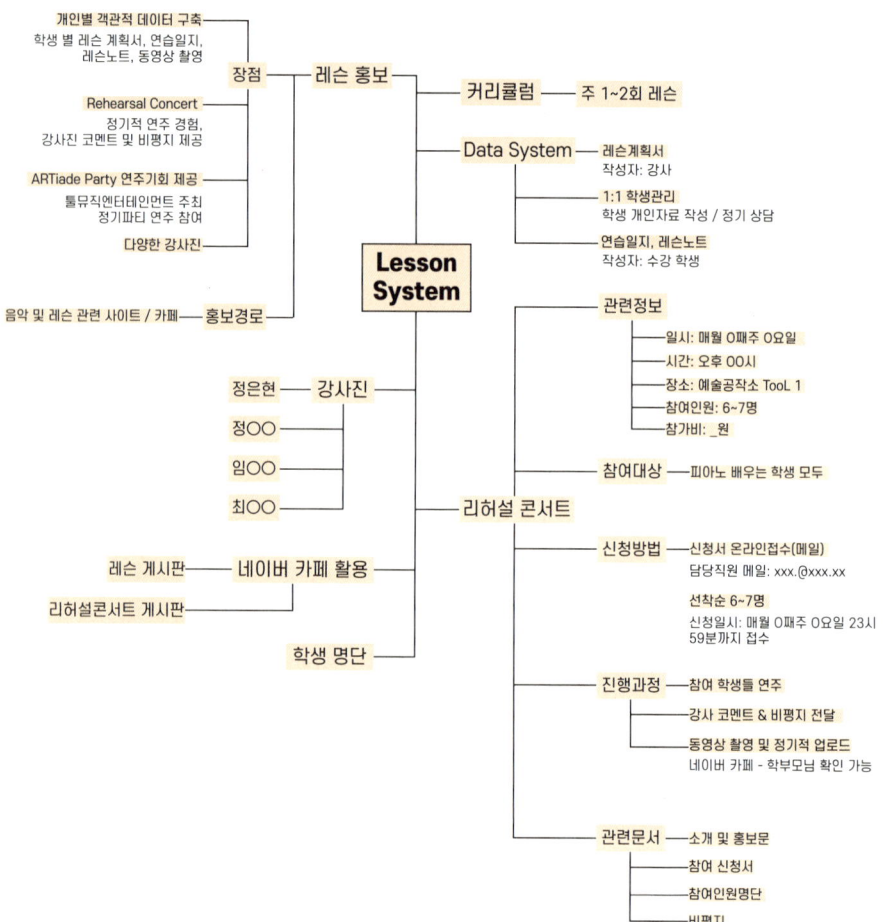

② 학원운영

　몇 년 전까지만 해도 학원을 개업하는 원장들에게 가장 중요한 고려 사항은 위치, 한마디로 목이 좋아야 했다. 지금도 중요하지 않은 것은 아니지만 예전에 비하면 자리가 학원 운영의 성패를 좌우할 만큼 중요하지는 않은 것 같다. 초등학교 앞이라면 대박 학원으로 통했다. 학교가 끝나면 어린이들이 우르르 몰려가 한바탕 피아노 소리로 온 마을이 소음의 잔치에 출렁이던 시절! 학교 앞은 일종의 명당이었다. 그러나 지금은 초등학교 아이들이 마술에 걸린 레밍쥐들의 행군처럼 점점 사라지고 있다. 이런 시대에 학원을 초등학교 위치에만 설립하려고 고집해서는 안 된다. 타깃을 성인으로, 또는 시니어층으로 바꿔야 학원 교육이 활성화될 수 있다. 학원을 특화한다고 해서 유학 출신 음악인들은 입시 학원만을 고집하기도 했다. 그러나 그마저도 어렵게 됐다. 입시생들 역시 대폭 줄어들고 있는 까닭이다. 예고에 출강한다는 강사들이 실제 그 예고에 출강하는 경우는 많지 않다. 이름은 강사로 등록돼 있지만 제자들이 예중이나 예고에 없기 때문이다. 가히 자원의 고갈이라고 할 수 있다.

　결국 음악학원도 마케팅을 잘해야 한다는 점에서 우선 타켓 설정을 재조정할 필요가 있다. 사견이지만 솔직히 말해 입시 학원은 비전이 없어 보인다. 그렇다면 목 좋은 초등학교 앞 역시 비전이 없기는 마찬가지다. 위드피아노, 피아노리브레 등과 같은 성인음악학원이 성업을 이루는 것은 시대의 변화, 타게팅의 변화와 무관하지 않다. 지금 재조정하라.

2. 공간운영

① 연습실

공간운영 중 가장 흔한 사업은 연습실 대여 사업이다. 연습실 대여가 과연 사업이 될까 싶지만 사업이 되기 때문에 우후죽순처럼 생긴 것이 아닐까? 한때는 연습실이 부족해 연습할 공간을 찾지 못해 발을 동동 구르던 시절이 있었지만 지금은 공급이 포화상태에 이른 듯하다. 그런데 연습실 운영도 분명 사업이지만 상당수 운영자들은 연습실을 등록조차 하지 않고 운영하고 있다. 등록하지 않아도 연습실이 부족했을 때는 어영부영 운영이 잘 되었지만 포화상태에서는 등록하지 않은 연습실은 우선 마케팅에서 불리할 수밖에 없다. 사업자등록이 돼 있지 않으면 마음껏 홍보할 수가 없다. 스타인웨이 피아노를 들여놓은들 공개적으로 홍보할 수 없으면 학생들의 눈에 뜨지 않고, 그러면 찬바람은 피할 수 없다.

창업 준비생들은 연습실 운영을 하려거든 반드시 사업자등록을 하고 당당하게 운영, 홍보 역시 공개적으로 한다면 분명 학생들은 몰려올 것이다. 연습실 공간 사업에 대해 궁금하면 Agit102, 또는 예술공작소툴 등을 찾아 문의하는 등 마케팅과 운영법을 충분히 숙지한 후 시작하길 바란다.

② 연주홀

연주홀 운영은 초기 창업자에게는 무리한 일이 될 수 있다. 그러나 펀딩을 통해서, 또는 개인적으로 자산이 있는 경우 연주홀 경영도 권할 만하다. 우리나라가 그동안 대형 공연장 위주로 콘서트를 펼쳐왔지만 점차

하우스콘서트와 살롱음악회 등, 소극장 연주회로 변모하면서 작은 연주홀을 찾는 일이 많아지고 있다. 따라서 기존에 그랜드피아노를 소지하고 있는 연주자라면 연주홀 공간사업을 꿈꾸는 것도 바람직하다.

참고할 만한 연주홀로 대치동에 위치한 소규모 살롱콘서트홀인 마리아칼라스홀(https://mariacallashall.modoo.at/)을 들 수 있겠다. 마리아칼라스홀은 소규모이지만 고급스러운 분위기와 차분한 조명으로 각종 소규모 연주회 및 독주회에 최적의 조건을 갖추고 있는 홀이다. 인테리어에 신경을 많이 쓴 결과 수려한 외관, 우아함과 편안함을 함께 느낄 수 있는 쾌적한 분위기에서 공연을 감상할 수 있도록 도와주고 있다. 연주는 물론 리허설, 촬영, 강연, 워크숍 등 다양한 음악활동이 가능하고 스타인웨이 피아노 1대와 각종 영상장비도 갖추고 있어 모범적인 연주홀로 추천하곤 한다.

로로스페이스(https://rorospace.modoo.at) 역시 작은 소규모홀이다. 서울 서초동 서래마을 인근에 위치한 복합문화공간으로 최대 70석의 객석으로 연주 공연, 소규모 모임, 살롱 콘서트, 세미나, 촬영 등 다양한 목적으로 대관 가능한 감각적 문화공간이다.

3. 중고피아노 판매

중고 피아노 판매 사업 역시 창업자들에게 매력적인 아이템이다. 물론 이미 자리 잡고 있는 업체와 경쟁할 수는 없지만 문제는 중고 피아노 판매업으로 성공한 대표의 걸어온 길을 살피고 또 다른 블루오션을 찾기를 바라는 마음에서 중고 피아노 판매업체인 페어리뮤직을 소개한다.

페어리뮤직이 국내 최고 판매회사가 된 이유는 역시 중고 피아노의 가성비에 있다. 중간 거래상을 거치지 않고 대표가 직접 일본에서 피아노를 골라서 가져오기 때문에 가격 경쟁력이 대단히 높다. 같은 가격대에 그만한 양질의 제품을 구할 수 없다는 점과 타 업체에 비해 보유 피아노가 월등하게 많다는 점도 이점으로 작용한다. 횟집도 손님들이 많아야 회전이 빨라 늘 신선한 횟감을 먹을 수 있듯 페어리뮤직의 피아노는 찾는 고객이 많아 언제든지 새로운 제품을 만날 수 있다는 장점이 있다.

사실 중고 피아노를 판매하는 업체는 페어리뮤직에만 존재하는 것은 아니다. 상당히 많다. 그럼에도 페어리뮤직이 선두를 달리는 것은 일찍부터 인터넷 프론티어로 나섰기 때문이다. 사실 최근 가장 인기 있는 업체는 주로 인터넷을 통한 마케팅에 성공한 분들이 대부분이다. 페어리뮤직은 인천에서 출범했음에도 불구하고 블로그 마케팅에 성공, 서울로 본사를 옮기면서 더욱 승승가도를 달리고 있다.

4. 공연기획사

공연대행과 공연기획과는 엄연한 차이가 있다. 공연기획은 연주자들의 연주를 돕는 게 아니라 연주를 주도적으로 이끌어가는, 대행과는 다른 적극적인 비즈니스다. 공연을 주최하는 만큼 공연에 대한 권리와 함께 재정적 책임도 감당해야 한다. 따라서 주최, 주관, 후원, 협찬 등 공연에 대한 모든 일을 관장하며 최종 수익을 목표로 지침 없이 달려가야 한다. 공연기획사는 리스크가 많지만 기획자의 아이디어를 실현할 수 있고, 공연을 성공하면 그만한 수익이 보장된다는 점에서 매우 매력적인 사업이다.

① 클래식 공연기획의 한계에 대한 인식

공연기획의 세계를 정복하려면 공연기획의 특성은 물론 시장성의 한계도 생각해야 한다. 공연기획에 대한 환상을 갖고 있는 학생들에게 장밋빛 그림을 설명하는 게 아니라 공연계가 왜 힘들 수밖에 없는지를 먼저 알아야 한다. 장르가 클래식이기 때문에 프로젝트는 단순한 것 같지만 결코 그렇지 않다. 모든 공연은 똑같은 프로그램과 똑같은 가수, 똑같은 기획이라면 분명 동일한 아웃풋이 나와야 하지만 실제 공연을 진행하다 보면 아웃풋이 똑같지 않다. 서울, 대전, 부산 등 지역이 서로 다르고 연주자들의 컨디션에 따라서도 매번 차이가 발생한다. 그래서 특정 기획이 상품화에 성공한다 해도 '표준화'는 불가능하다. 기획을 세우고 공연 진행에 경험과 자신감이 충만해도 공연마다 차이가 있음을 인정해야 한다. 그게 한계점이다.

또 예술의전당과 같은 공기업은 큰 공연을 선호한다. 그런데 예술의전당에서 공연을 치를 수 있을 만큼 큰 기획사는 사실 많지 않다. 예컨대 일회 공연비가 수억 원대를 초과하는 대형공연을 운영할 수 있는 민간 기획사가 많지 않다는 것이다. 많게는 몇십억에 달하는 공연을 민간기획사가 어떻게 치르겠는가. 스폰서링이 확실하고 공연만 대행한다면 누구든 해낼 수 있을지 모르지만, 스폰서를 구하고 그 상품을 판매해서 수익까지 창출하는 것은 불가능한 일이다.

그나마 독주회 등은 작은 기획사도 펼칠 수 있지만 이마저도 실제 공연을 진행하기란 그리 쉽지 않다. 연주자의 컨디션과 요구사항, 프로그램 등이 매번 다르기 때문에 이것 또한 구체적인 내용까지 일반화, 표준화할 수 없다. 만약 기획사가 표준화한 매뉴얼대로 했다가는 연주자들의 불만은 폭발하고 말 것이다. 따라서 공연 표준화를 세울 수 없다는 한계점도 인정해야 한다.

그나마 표준화가 가능한 공연은 뮤지컬이다. 뮤지컬은 공연 회차마다 특정한 배우가 주역을 맡더라도 배우를 서너 배수로 캐스팅하되 거의 표준화된 방식으로 매회 공연을 동일한 방식으로 펼친다. 반주 역시 표준화의 일환으로 볼 수 있다. 소규모 뮤지컬은 대부분 MR반주이기 때문이다. 물론 대형 뮤지컬도 분명 한계는 있다. 소극장처럼 MR 반주를 사용할 경우 뮤지컬의 표준화가 쉽지만 오케스트라 반주로 진행할 경우에는 표준화가 쉽지 않다. 창작품이든 기성 작품이든 뮤지컬을 올리는 것은 굉장한 일이다. 그러나 세부적인 지출 내용들을 하나씩 점검하면 비교 불가능한 요소들이 많아 재정적인 면에서도 표준화가 어렵다.

예컨대 슈퍼스타급의 개런티는 단가나 너무 높다는 게 문제다. 고가의 아티스트들은 회당 수천만, 많게는 억대 개런티를 보장해야 한다. 초고가의 개런티를 부담하고서라도 공연을 치르려면 확실한 티켓 파워가 보장되어야 하고 기업들의 후원, 각종 문화재단, 메세나협회 등 다양한 문화예술 후원금을 확보해야 가능하다. 이런 이유로 그나마 표준화된 제작시스템으로 움직이는 뮤지컬도 종종 공연을 올린 후 뮤지컬 단장이 빚더미에 쌓이거나 홍보 도중 공연을 취소하는 사례도 발생한다. 하물며 표준화가 힘든 클래식계는 오죽하겠는가. 순회공연 등 장기적인 클래식 공연은 사실 불가능하다고 볼 수 있다. 설령 진행하더라도 기획자들이 이런 기획공연을 일생동안 몇 번이나 해낼 수 있을까?

| 공연기획 인턴쉽 맵 |

③ 기획자의 가치와 권리에 대한 인식

 공연을 진행하다 보면 공연기획에 대해 평가절하하거나 공정한 평가를 받지 못하는 경우도 있다. 이런 구조 아래 공공기관이든 민간기관이든 공연기획자를 양성하는 과정을 선뜻 개설하려고 하지 않는다. 공연을 창의적으로 진행하는 것에 대한 원작료나 프리-프로덕션 비용, 기획 프로덕션의 기획료 등은 보장되어 있을까? 우리 공연계에서 이런 가치를 인정해준다는 말을 들어본 적이 없다. 그러나 단언컨대 공연기획자들에 대한 권리를 인정해야 한다.

 우리나라 클래식계는 기획 업무를 공연 수수료나 남겨 먹는 심부름꾼으로 여기는 연주자들이 많다. 만약 그렇게 생각한다면 연주자들은 공연기획 회사가 아니라 단순 아르바이트를 고용해서 공연 심부름만 시키면 된다. 하지만 공연을 제대로 치르려면 연주자의 음악철학을 간파하고 미적 감각을 최대한 살릴 수 있는 기획을 세우고 가장 효과적인 프로그램 구성은 물론, 공연에 대한 공격적인 마케팅도 펼쳐야 한다. 혹은 기업에 제안서를 제출해 후원도 받아내며 모든 행사를 주관하고 그 결과에 대한 피드백까지 책임져야 한다. 한마디로 연주자가 공연에만 집중할 수 있도록 해줘야 한다. 물론 성격상 기획사의 업무에 일일이 간섭하는 연주자들도 있지만, 그것은 어디까지나 본인들의 성향일 뿐 실제 일을 추진하는 것은 기획자가 맞다.

 사소한 문제로 보이지만 정산하는 과정에서 세금을 책정하고 계산서를 발행하는 일까지 순조롭게 처리해야 하는데 이런 기획자의 몫이 공연 진행비의 10~20%를 넘어서면 무슨 큰 잘못을 짓는 것처럼 생각한다.

'무슨 일을 했다고 그렇게 많이 책정하느냐'는 등 세상 물정과는 담을 쌓는 이야기로 실랑이를 벌이는 경우도 있다. 기획자를 커미션이나 먹는 사람으로 알고 있기 때문이다.

사실 우리나라의 기획자 포지션과 대우, 일하는 환경 등을 알고 나면 기획을 직업으로 선택하는 사람은 그리 많지 않을 것이다. 그렇다고 기획자의 포지션을 정확히 가르쳐 주는 기획자 양성 과정도 없다. 한때 여기저기 문화재단에서 양성 과정을 개설했지만 한시적일 뿐 대부분 사라지고 말았다. 왜 없어졌을까? 음악가들의 기획자에 대한 배려가 없으니 활성화되지 않는 것은 당연한 일이다.

④ 좋은 기획자가 있어야 연주도 활성화

이처럼 기획자를 비롯해 문화예술 분야의 전문가들이 힘든 이유는 우리나라에 코디네이터가 없기 때문이다. 'e나라도움'에 가입해 보조사업을 받을 때면 기획자로서 깊은 한숨이 나온다. 담당자 한두 사람이 그 모든 사업을 관리하기 때문에 담당 직원들의 스트레스 지수가 높아질 수밖에 없다. 화를 낼 만한 일이 아님에도 불구하고 화는 내는 일이 비일비재하나. 선신석인 예술행정이라면 예술가 10명당 최소 한 명 정도는 코디네이터가 있어야 한다. 그래야 정상적으로 발전할 수 있다. 국내 클래식계에서 40대 이상의 기획자가 거의 없는 이유는 기획을 통해 사업을 제대로 수행하기가 어려워 다른 직종으로 떠나기 때문이다. 기획자의 씨가 말랐다고 해도 틀린 말이 아니다.

한국 출신의 세계적인 음악가들이 많다고는 하지만 이들의 재능을 최대한 발휘하도록 이끌 수 있는 기획자가 없으니 이들의 연주가 활성화될 리 만무하다. 세계 최고의 콩쿠르에서의 입상 실력을 인정받아도 이들이 활약할 수 있는 공연은 그리 많지 않다. 기획자가 없다는 것은 세계적인 음악가들을 제대로 활용하는 브레인이 없다는 뜻이다. 국가에서 지원해주는 몇 개의 행사 이외에는 이들이 연주할 무대가 없지 않은가. 이제는 실력 있는 민간기획자들이 기획력을 발휘하고 최고의 마케팅 전략을 펼쳐 세계 최고 실력을 인정받은 음악가들의 연주활동을 이끌어야 한다. 이처럼 기획자들이 필요함에도 불구하고 국내에는 이렇다 할 만한 기획자 양성과정이 없다. 문화예술의 전반적인 활성화를 위해서도 기획자 양성과정은 꼭 필요하다.

국내에서는 한때 금호문화재단에서 기획자와 같은 역할을 담당했다. 금호 영재교육 및 지원시스템이 생기면서 조성진 등과 같은 많은 음악가들이 탄생했던 것이다. 그러나 이런 기획자 역할은 큰 재단에서만 할 일은 아니며, 충분히 교육만 받으면 개인 기획자로도 활동할 수 있다. 국제 콩쿠르에서 우승한 160여 명 이상의 우수한 인력이 어떻게 활동하고 있는지 살피고, 이들의 연주활동을 도와줄 전문가는 다름 아닌 이들 민간 기획자들이다.

결론적으로 기획자들이 활성화되어야 연주자들도 왕성하게 활동할 수 있다. 공연기획이란 연주자들의 도깨비 방망이가 아니다. 자료만 주고 연주만 뚝딱 진행하도록 심부름시키는 존재들이 아니라는 점이다. 이제는 기획자들에 대한 연주자들의 잘못된 편견과 발상을 버려야 한다. 행복한 음악계가 되기 위해서는 기획자가 연주자를 존중해야 하고, 연주자는 기획자를 존중해야 한다. 서로 존중하는 문화야말로 탄탄한 문화예술의 저변을 형성한다고 말할 수 있다.

간혹 기획자들도 연주자를 대하는 태도에 문제가 있을 수 있다. 콘서트의 목적을 잘못 설정하는 것이다. 누가 얼마나 잘하느냐를 은근히 자랑하거나 다른 연주자와 비교할 수 있도록 프로그램을 구성하기도 한다. 콘서트의 가장 중요한 목적은 청중에게 얼마나 큰 감동을 주느냐이다. 감동에 대해 논할 수 있을 때 문화적인 수준이 높아진다. 연주의 어느 부분이 감동적인지, 어느 부분에서 인생을 생각하게 하고 심금을 울리는지 이야기할 수 있어야 한다. 그렇지 않고 누가 더 잘했다거나 어느 부분에서 틀렸다는 등의 이야기를 해서는 안 된다. 그게 바로 연주자를 바라보는 기획자의 참된 시각이어야 한다.

⑤ 공연 목적 설정을 위한 기획자의 자세

공연에는 분명한 목적이 있어야 한다. 예컨대 흥행이 목적이라면 흥행이 보장되는 기획 공연을 펼쳐야 한다. 예컨대 '뽀로로'와 '핑크퐁' 같은 어린이용 컨텐츠는 흥행이 보장된다. 교육적인 목적도 있겠지만 티켓 판매에 더 무게를 두고 싶다면 이런 공연을 기획해야 한다.

하지만 툴뮤직이 피아니스트 이훈을 초청하고 바리톤 석상근의 무대를 맡아서 진행할 때는 사업성이 아니라 순수음악의 가치를 높이기 위해서 기획한 공연들이다. 단순히 티켓을 판매해서 사업성을 추구하려는 게 아니다. 돌이켜보면 툴뮤직은 지난 10년 동안 흥행을 목적으로 공연을 펼친 적은 거의 없었던 것 같다. 대부분 순수음악의 가치와 인간의 본래

(本來) 정신의 고양하기 위해서, 장애 연주자에 대한 관심과 사랑을 표현하기 위해서 펼쳐왔을 뿐이다. 툴뮤직의 방향은 그렇게 설정되었고 흐트러짐 없이 진행해 왔다. 이처럼 기획 방향에 따라 단체와 예술가의 선택도 달라짐을 알아야 한다.

어떤 이들은 클래식 음악은 수익성과 맞지 않는데 왜 그토록 많은 공연을 펼치는지 묻는다. 우리의 답은 매우 간단하다. 수익이 되면 할 수 있는 것은 많다. 흔한 맛집이나 만화대여소를 한다면 돈벌이가 적은 클래식 기획 때문에 고민할 필요가 없다. 우리가 클래식을 고집하는 이유는 나무의 가지처럼 무한하게 뻗어 나가는 세상만사에서 그 가지를 잡아주는 줄기에 물을 줘야 하기 때문이다. 우리가 그 직무를 묵묵히 수행할 때 세상의 가지들은 말라 죽지 않는다.

예술경영의 목적은 '예술로 돈을 벌자'는 게 결코 아니다. 인간의 순수 정신을 유지하고 그 가치를 잘 유지, 발전시키기 위한 서포팅 경영이다. 다시 말하건대 예술을 해서 잘 먹고 잘 살자는 게 근본 목적이 아니다. 따라서 돈벌이의 대상으로 예술경영에 뛰어든다면 본말이 전도된 현상이라 할 수 있다. 아무리 가난해도 예술 경영의 키워드는 잊지 말아야 한다. 사실 대부분의 예술작품에는 물질과 탐욕을 초월한 순수 지향의 인간 정신이 고스란히 담겨있다. 베토벤의 음악에 그토록 열광하고 눈물을 흘리며 하늘을 바라보고 싶은 마음이 동하는 것은 베토벤 자제가 고난의 삶을 살았고 그 역정이 음반의 소릿골에 새겨진 것처럼 작품 속에 올올히 새겨져 있는 까닭이다. 슈베르트는 또 얼마나 힘든 고난의 삶을 살았는가. 그럼에도 불구하고 인간이 작곡했다고 하기에는 너무나 고귀한 작품을 엄청나게 남겼다. 인류의 문화 유산은 이처럼 물질을 탐하는 내용이 아니라 인간 정신을 싸안은 정서적인 내용들이 대부분이다.

클래식 공연이란 그 귀한 작품을 연주하는 행위다. 표를 몽땅 팔아 흥행에 성공했다고 가치가 있는 게 아니다. 표를 많이 팔면 좋겠지만 그와는 별도로 '순수한 감동'을 유발하는데 목적으로 둬야 한다. 그래서 기획자는 이런 순수 감동을 온전히 담고 있는 클래식 레퍼토리를 끊임없이 공부하고 계속 확장해 나가야 한다. 이렇게 형성된 아카이브는 기획자에게 굉장히 소중한 자산이다. 공연기획을 오로지 흥행 위주로 생각했다면 이제부터라도 '솔드아웃'에 연연하지 않기를 바란다. 가치로 접근하라! 신생 단체를 무대에 세웠다고 치자. 솔드아웃이 어디 있겠는가. 웬만큼 자리 잡아도 티켓 판매가 어려운데 신생 단체에 매진은 어불성설이다. 가치를 제대로 전달하기까지 신생 단체의 공연은 힘들 수밖에 없으며 꾸준히 기획하되 때를 기다려야 한다.

그러면 순수한 인간 정신을 지키고 다시 후세들에게 그 정신을 전하기 위해서 돈도 벌리지 않는 클래식 음악을 계속한다면 누가 우리의 생계를 유지해줄 것인가. 심각한 문제가 아닐 수 없다. 인류 유산으로서의 가치를 유지하는 것도 좋지만 돈도 필요하기 때문이다. 여기서 우리는 스폰서링의 명분을 찾을 수 있다. 우리가 공연을 치르기 위해 기업체나 관공서에 스폰을 요청하는 것은 결단코 구걸이 아니다. 대신 클래식 공연이 왜 필요한지에 대한 타당성과 합리성을 갖추고 스폰서 회사를 설득할 수 있어야 한다. 이런 합리적인 설명을 위해서도 기획의 뚜렷한 목적과 방향성을 갖춰야 한다.

⑥ 공연 제작 실행을 위한 준비사항

　공연 제작에 있어서 가장 중요한 요소는 '환경 분석'이다. 외부적으로 계절, 기후와 사회적 이슈 등도 살펴봐야 한다. 세월호 당시 모든 공연이 취소되었던 것처럼, 또는 돼지 열병으로 산간벽지는 물론 웬만한 중소도시의 공연이 줄줄이 취소되었던 것처럼, 코로나19처럼 전 세계적 비상사태로 인해 모든 행정기능이 마비될 때처럼 사회적 이슈는 참으로 다양하다. 이런 사회적인 이슈로 인해 많은 공연기획사들이 공연을 줄줄이 취소했고 심지어 문을 닫는 회사도 많았다. 2년 전에는 사드 문제로 중국과 냉각상태였고 지난해에는 한일 관계로 공연예술계도 얼어붙었다. 모든 공연은 이런 외부적인 요소를 고려해야 한다. 내가 공연을 펼칠 때는 결코 아무 일도 발생하지 않으리라는 생각은 착각이다.

　순수예술은 인간 정신을 함양하는데 주목적이 있다고 했지만 막상 제작 단계에 들어서면 숫자를 잘 따져야 한다. 공연도 기획도 산업이다. 공연기획을 처음 해보는 신출내기들은 숫자에 감을 잡지 못해 비용문제를 대충 생각하고 진행하는 경우가 비일비재하다. 뜻하지 않는 경비가 줄줄 새어나가는 데다 경비가 나간 만큼 그 비용을 어디에서 충당하고, 수익을 내기 위해서는 어떤 비용을 절감해야 하는지, 어디서 확보해야 하는지 등을 따져야 한다. 스폰을 요청할 때에는 예상되는 티켓 판매액을 고려해야 하는데 이는 공연 제작자의 기본적인 자세라고 할 수 있다.

　경험해 본 사람은 다 아는 사실이지만 클래식 공연이란 후원이나 투자 유치에 실패하면 마중물 없이 작두펌프에서 물을 뽑아내려는 것처럼 어려운 일이다. 클래식 공연에 수익률을 예상하고 화끈하게 투자할 기업이나 개인 투자자가 없지는 않겠지만 그런 마인드를 갖춘 존재를 찾아내는 것부터 쉽지 않다. 클래식 공연에 투자하기보다는 자금 회수를 생각하지 않고 순수하게 후원해주는 사람을 찾는 게 좋다.

　한편 수익을 어느 정도 자신할 수 있는 공연에 대해 투자를 원한 경우 과감히 투자를 유치하는 것도 좋다. 예컨대 음악가로서 펀딩의 대가를 꼽으라면 함신익 지휘자와 금난새 지휘자, 그리고 기획사 중에서는 역시 크레디아를 꼽을 수 있다. 이런 큰 손들이 아닌 중소 기획자들이 만약에 투자자를 찾는다면 규모가 큰 투자자들보다 '엔젤투자자'들을 찾는 게 낫다. 이럴 경우 작품을 창작하기 위한 기금인지 작품을 공연하기 위한 제작비용인지 그 개념을 분명히 하고 투자를 요청해야 한다.

　황당한 일이지만 툴뮤직 역시 클래식 공연을 할 때 50% 이상 이런 물적 자원이 확보되지 않은 상태에서 시작했던 것 같다. 물적 자원을 먼저 확보하려는 자세보다 적자가 나지 않을 만큼의 수익만 보장되면 공연을 치르곤 했다. 그 이면에는 툴뮤직이 사회적기업이라는 이미지가 강하기 때문에 자원 확보보다는 가치를 유지하는데 방향을 잡았기 때문이다.

　최근에는 사회적기업도 규모가 확장됨에 따라 엔젤투자자는 물론 건강한 기부에 관심을 갖고 있는 투자자들을 대상으로 툴뮤직 사업을 열심히 홍보하고 있다. 건강한 기부는 재원 조성에 큰 역할을 담당할 뿐 아니라 관객 개발에도 큰 도움을 준다. 기부자들이 곧 관객이 되는 까닭이다. 이런 경험을 토대로 공연기획 창업자들에게 관객 못지않게 엔젤투자자나 기부자들의 개발도 중요하다고 강조한다.

　무릇 기획자라면 공연을 자꾸 만들어야 한다. 하나의 예로서 월간리뷰

(리음아트앤컴퍼니)에서 매월 개최하는 살롱음악회도 그런 좋은 기획 중 하나다. 기획자는 그래야 한다. 무대를 끊임없이 만들어줘야 한다. 생뚱맞은 공연이 아니라면 원하는 공연을 마음껏 펼치려는 기꺼운 자세가 필요하다. 사실 툴뮤직은 80% 이상을 초청공연, 20%는 기획공연으로 펼치고 있다. 툴뮤직은 특히 직접 기획한 공연에 큰 자부심을 갖고 있다. 아래 사진들은 그동안 펼친 기획 공연 홍보물들이다.

⑦ 공연을 마친 후 결과보고서가 중요한 이유

기획공연은 단 한 번으로 끝나는 사업이 아니다. 다음 공연을 위해서는 늘 이전 기획에 대한 결과보고서를 작성해야 다음 마케팅에 적용할 수 있고 제안서도 새롭게 할 수 있다. 이 책에서 누누이 강조하지만 결과보고서를 만드는 것도 결국 페이퍼를 필요로 하는 일이고 페이퍼는 반드시 기획자의 글이 들어가야 한다. 어떤가? 글 쓰는 능력이 어디서나 필요함을 또 느끼는가? 공연 사업이란 단순히 몸으로 뛰고 서비스만 잘하면 그만이라는 착각을 버리길 바란다. 준비에서부터 결과가 나올 때까지 모든 과정에는 페이퍼 작업이 필요하다.

　공연기획과 결과, 제안서는 모두 페이퍼에 담아야 우리가 찾아가야 할 모든 사람들에게 전달될 수 있다. 공연 진행도 바쁜데 언제 일일이 찾아다니면서 구두로 기획의 특징을 설명하겠는가. 결국은 스폰서에게 제출하는 것은 서류 제안서가 핵심이다. 제안서를 먼저 보여주고 컨택할 때 스폰서를 받을 가능성은 그만큼 높아진다. 여기서는 제안서보다 결과보고서 문서를 공개하고자 한다. 툴뮤직에서 제작한 결과보고서는 셀 수 없이 많지만 그중 피아니스트 노영서의 연주 기획과 음반 발표 등에 관한 결과보고서를 예로 들겠다.

PIANIST.
YOUNGSUH NOH

You are so special
TOOLMUSIC

INDEX

PIANIST.
YOUNGSUH NOH

- 공연일정
- 공연포스터
- 프로젝트 성과
  - FOUR SEASONS 발매
  - 독일 공연
  - 삼성 릴루미노
  - 대외비평
  - 언론보도
    - 공식문 - 5 반등다 교미 자세
    - 음반일매 (여)실시고 소크소)
    - 월간 (여석) 특별 리뷰
  - 마리아레온체바의 새로운 헌정
  - 독일에서의 기약

공연일정

PIANIST.
YOUNGSUH NOH

[서울 | SEOUL] 2017.09.23~30

독일초청기념
노영서 피아노 리사이틀[APPASSIONATA]

장소 | 아이러브아트홀

1차 | 09.23
노영서 독주
- Fredric Chopin
- Ludwig van Beethoven
- Modest Mussorgsky

2차 | 09.30
세계초연
-Maria Leontjewa Four Seasons

[독일 | LEIPZIG] 2017.10.14~20

독일 순회공연

1차 | 10.14 PM15:00 [할레한발교회]
- M.Mussorgsky Pictures at an Exhibition

2차 | 10.15 PM 16:00 [페테스베르크 오스트라우성]
- L.v.Beethoven Piano Sonata No.4 in E-flat Major, Op.7
- M.Mussorgsky Pictures at an Exhibition

3차 | 10.19 PM 19:00 [마틴루터대학 대강당(아울라)]
- M.Leontjewa Four Seasons

4차 | 10.20 AM 10:00 [퀘텐자유학교]
-M.Mussorgsky Pictures at an Exhibition

5. 창업 | 243

공연 포스터

PIANIST.
YOUNGSUH NOH

[한국 | 노영서 피아노 리사이틀 포스터]

[독일 | 순회공연 포스터]

프로젝트 성과 음반발매

PIANIST.
YOUNGSUH NOH

[노영서 독일 초청 기념앨범 발매]

FOUR SEASONS

[Credit]

Played by | 노영서
Executive Producer | TOOLMUSIC
Director | 정은현

[YouTube]

피아니스트 노영서[Four Seasons]
https://www.youtube.com/playlist
?list=PLQvbj43oPGTEyXtf-
MYdTRhYDyDb3HRIQ

[음원]

멜론 음원
https://goo.gl/cKc4bN

벅스 음원
https://goo.gl/29kxwb

네이버뮤직 음원
https://goo.gl/nEzdtM

244 | 음대생 진로 전략서

프로젝트 성과 독일공연

PIANIST.
YOUNGSUH NOH

마틴루터대학 대강당 아울라(Aula im Lowengebaude der Martin Luther Universitat) 10.19

공연객석이 가득 찬 마틴루터대학 대강당(아울라)의 모습

독일 순회공연 기념촬영(왼쪽 두번째부터 Ira Jung, 노영서, Maria Loentjewa)

아울라 대강당의 전경

쾨텐자유학교(freie Schule Anhalt in Kothen) 10.20

연주에 앞서 관객과 자연스럽게 소통하는 모습

연주가 일상처럼 자연스러운 독일의 공연문화

You are so special

프로젝트 성과 대외비평

PIANIST.
YOUNGSUH NOH

Martin-Luther Universitat Halle-Wittenberg(마틴루터대학)의 비평

☐ 알브레히트 하르트만(피아노과 교수)

레온체바의 곡과 영서노의 감성이 어울어져 완성된 연주가 마음에 깊이 와 닿았고, 특별히 피아니스트의 표현력에 감동을 받았다.

☐ 크리스티네 클라인 박사(음악학 교수)

앉은 장소에서 여러 차원의 세계를 경험 할 수 있는 특별한 연주였다. 좋은 음악을 선물해준 영서노에게 감사한다.

☐ 크리스티아네 클라이버(교육학 교수)

영서노의 풍부한 음악적 색채가 놀라웠고, 혼신을 다한 연주에서 위로와 희망을 보았다.

You are so special

프로젝트 성과 언론보도(콘서트 | 조선일보, 국제일보)

[조선일보/문화일반] 2017.09.28 11:29

악보 한 권 읽는데 석 달… 그래도 포기안해

최수현 기자

[원문링크]
http://news.chosun.com/site/data/html_dir/2017/09/28/2017092801303.html

독일 공연 가는 피아니스트 노영서씨
시력 20%만 남은 시각장애 2급

피아니스트 노영서(23·사진)씨의 악보는 A3 용지 크기다. 오선지와 음표가 흐릿하게 인쇄돼 있다. "연습하는 곡마다 따로 제본을 해서 일반 악보 오선지·음표의 3배 크기로 만들어요." 노씨는 스타가르트병(유년기 황반변성)을 앓아 주변부 시력 20%만 남은 2급 시각 장애인. 다음 달 14일 시작되는 독일 투어 콘서트를 앞두고 하루 6시간씩 연습에 몰두하고 있다.

프로젝트 성과 언론보도(특별리뷰 | 객석)

월간 [객석] 11월호 특별리뷰 (141~143P 수록)

피아니스트 노영서 독일순회공연
앞이 보이진 않지만, 길과 희망을 보았다.

글 · 사진 정은현(툴뮤직 대표)

프로젝트 성과 — 마리아 레온체바의 새 헌정

Maria Leontjewa

" 본인 어머니를 떠나보내며 그녀를 위해 작곡한 피아노 콘체르토를 Young-Suh Noh에게 헌정하고 싶다. "

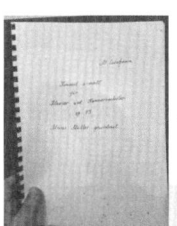

◀ 마리아 레온체바가 그녀의 어머니를 기리며 작곡한 피아노 콘체르토 악보

You are so special

프로젝트 성과 — 독일에서의 기약

Message from

Kammeroper Halle

◀ 2018년 더 큰 규모의 공연 초청 의사 전해옴

2018 제 2회 툴뮤직장애인음악콩쿠르 수상자 중 우수 연주자에게 초청공연의 기회를 제공할 예정

Martin-Luther Universitat Halle-Wittenberg

◀ 마틴루터대학 역시 재초청 의사를 비침

You are so special

5. 창업 | 247

PIANIST.
YOUNGSUH NOH

You are so special
TOOLMUSIC
THANK YOU

　제안서를 작성할 때에는 우선 인덱스, 즉 목차가 중요하다. 앞서 지적했듯이 모든 기획에는 목적과 목차가 우선돼야 한다고 강조했는데 제안서에서도 마찬가지다. 목차 다음에는 제작의 목적과 취지, 공연 일정, 프로그램, 공연 포스터, 프로젝트의 성과 등을 적시하면 된다.

　툴뮤직은 다양한 방법으로 사업을 제안하거나 직접 방문을 통해 사업을 소개하기도 했지만 그중 가장 신뢰받았던 부분은 바로 페이퍼 제안서의 제시였다. 공연 취지 등을 구체적으로 얘기하자면 한 시간 이상 족히 걸리지만 페이퍼 하나만 보내면 끝낼 수 있다. 물론 페이퍼를 작성하는 게 쉬운 일은 아니다. 노영서의 독일 프로젝트를 진행할 때도 결국 페이퍼로서 신뢰를 받아 지원 사업에 선정되었고 독일에서의 성공적인 연주

데뷔를 통해 독일 마틴루터대학 최고연주자과정에 입학이 확정되었다. 물론 이 페이퍼 작업을 비롯, 모든 과정에 쉽지만은 않았다. 독일에서의 연주 데뷔는 만석을 이룬 가운데 성황리에 마쳤는데 관객의 반응은 그야말로 대단했다. 삼성전자와의 협업으로 개발한 시각장애용 전자확대경인 '릴루미노'를 이용해 연주했는데 독일관객은 이 모든 과정을 그저 신기하게 바라보았다.

좋은 페이퍼는 언론의 관심을 갖게 할 수 있다. 노영서의 독일 공연에 대해서는 각종 언론에 열심히 홍보했는데 조선일보를 비롯, 수많은 신문과 인터넷매체에서 보도자료를 정성껏 게재해 주었다. 나아가 월간리뷰와 객석에도 노영서 공연기획에 대한 기고문을 게재할 수 있었다. 페이퍼 하나로 보이지 않았던 길과 희망이 보였다. 결국 최고연주자과정에 입학하는 결과를 얻었고 세계적인 작곡가 '마리오 레온체바'가 본인의 엄마를 위해 작곡했던 콘체르토를 헌정 받기도 했다. 이런 기적과 같은 일들이 기획자의 페이퍼에서 출발했다.

▌5. 예술단체 창립 및 운영▐

① 예술단체

음악인들에게 사실 가장 추천하고 싶은 창업은 예술단체라고 할 수 있다. 예술단 하면 주로 대형 예술단만 생각하는 경향이 있는데 예술단은 사실 규모와 관계없이 누구라도 바로 시작할 수 있는 사업이다. 예술가단체는 말 그대로 소규모 앙상블만 돼도 목적이 같다면 연합해서 예술단으로 출범할 수 있다. 음악을 전공하고 음악활동을 여전히 좋아한다면 누구나 예술단을 만들어야 한다. 물론 연합체의 형태는 다양하게 생각해 볼 수 있다. 개인사업자, 법인, 비영리임의단체, 사회적협동조합 등 여러 형태로 조직할 수 있다. 예술단은 일반 사업자등록보다 비영리임의단체로 등록해 정부의 지원 사업이나 각 공공기관, 즉 문화재단 등의 상주단체 육성사업 프로젝트에 어플라이하는 것이 바람직하다.

사실 국내에서 상주단체를 모집하는 곳은 적지만 막상 상주단체를 모집하게 되면 지원하는 임의단체나 사회적협동조합 등은 빈약하기만 하다. 일종의 가능성이 많은 영역임에도 직업인으로서 시립교향악악단이나 민간교향악단 등 대형악단에 취직하려고만 애를 쓴다. 그러나 좁은 문을 뚫는데 열정을 쏟기보다 작은 단체를 내 것으로 만들어서 키우는 일이 훨씬 쉽고 보람찬 일이다. 예술단을 설립하면서 가장 중요한 이점은 본인이 공식적으로 연주활동을 직접 할 수 있다는 점이다. 문제는 대부분의 예술단들이 설립은 곧잘 하지만 중도에 활동을 멈추거나 아예 포기하는 경우가 비일비재하다는 것이다. 창단연주회는 많지만 그 단체가 매년 정기연주회를 꾸준히 이어가는 모습은 좀처럼 보기 어려운 이유가 여기에 있다. 왜 그럴까? 예술단이 지속하려면 누구를 대상으로 어떻게 연주할 것인가에 대한 타게팅을 설정을 해야 하고 그들에게 어필할 마케팅도 신경을 써야 한다. 그러나 이런 기본적인 활동에 소홀하기 때문에 곧잘 실패하는 것이다.

6. 플랫폼 사업

플랫폼은 기차를 타고 내리는 정거장이 먼저 떠오른다. 한마디로 승강장을 말하는 것이다. 승강장은 목적지로 떠나려는 많은 사람들이 모여서 각기 행선지가 다른 열차에 오르는 지점을 뜻하는 것으로 인터넷에서는 다양한 상품을 판매하거나 판매하기 위해 공통적으로 사용하는 기본 구조, 인프라, 구조물 등을 의미한다.

음악전공자들이 도전할 수 있는 영역으로 플랫폼 사업을 거론하는 것은 최근 들어 예술계에도 플랫폼이 블루오션으로 부상했기 때문이다. 음악전공자들이 도전할 수 있는 플랫폼은 무한하다. 플랫폼 사업은 어떻게 접근하고 진입해야 하는지 몇 가지 사례를 통해 알아보자.

① 레슨관련

레슨을 받으려는 사람과 레스너들을 연결해주는 사이트는 예술계에서 가장 먼저 탄생한 플랫폼으로 지금은 그 수를 헤아리기 어려울 만큼 많아졌다. 그중 가장 대표적인 플랫폼으로 '숨고'와 '레슨올'을 꼽을 수 있다. 이 두 사이트를 통해 플랫폼의 새로운 영역을 탐험하길 바란다. 숨고(https://soomgo.com)는 '숨은 고수를 찾아준다'는 뜻으로 사적으로 무엇인가를 배우고 싶은 사람들과 강사 및 프리랜서 등을 연결해 주고 있다. 단순히 음악 분야만을 다루지 않고 과외, 외국어, 스포츠, 연기, 마술, 댄스, 악기, 컴퓨터, 국악, 공예 등 전 분야에 걸쳐 교습생과 강사를 매칭 시켜 준다.

음악의 경우, 보컬, 디제잉, 컴퓨터 미디 작곡, 시창청음, 화성학, 작곡, 편곡, 작사, 음향, 레코딩, 비트박스, 지휘, 성악 등은 물론 피아노, 키보드, 기타, 베이스기타, 드럼, 비올라, 첼로, 콘트라베이스, 하프, 플루트, 클라리넷 등 실용악기와 클래식 악기 등 모든 레슨을 다루고 있다. 반면 레슨올(www.lessonal.com)은 예체능 레슨 연결 사이트로 '입시레슨 전문 강사', '취미기초 레슨 강사', '경력 7년 이상 강사', '자체 검증한 검증강사', '연습장소까지 제공 가능한 강사' 등 성격과 실력, 경력 등을 고려해 세목별로 나누어 학생들과 레스너를 연결해 주고 있다.

② 크라우드 펀딩 사업

크라우드 펀딩은 음악에 관심 있는 누구라도 자신이 원하는 공연이나 창작품, 예술작품 등에 투자를 할 수 있도록 안내하는 일종의 플랫폼이다. 사실 홈페이지를 제작하는 사람들은 아이디어만 있으면 얼마든지 플랫폼을 만들 수 있다. 그러나 음악이나 공연에 관한 플랫폼은 기술만 가지고는 만들 수 없는 특화된 영역이다. 이 공간에 콘텐츠를 제작하는 일은 역시 음악전공자들의 몫이다. 따라서 음악전공자들이 마음만 먹으면 테크니션을 고용하거나 협업을 통해 창의적인 플랫폼을 만들 수 있다.

예술 분야 특화로 진행하는 크라우드 펀딩으로는 우선 한국문화예술위원회에서 진행하는 'ARKO 크라우드펀딩'을 꼽는다. 문화예술분야 예술가나 예술단체가 그들의 창작활동이나 프로젝트의 실현을 위해 소셜네트워크서비스(SNS)를 활용하여 불특정 다수에게 계획을 알리고 자금을 마련하기 위한 온라인 기반 모금 플랫폼이다. 두 번째로 문화체육관광부와 예술경영지원센터가 함께 진행하고 있는 '예술분야 투자형 크라우드 펀딩'을 예로 들 수 있다. 이 사업은 예술분야 고유 사업을 기반으로 한 투자형 크라우드 펀딩이다. 재원 조성을 원하는 문화예술단체에 대해 예술분야 투자를 활성화하기 위해 마련한 기획 펀딩이다. 또한 대중적으로 많이 알려진 크라우드펀딩 사이트인 와디즈(https://www.wadiz.kr)와 텀블벅(http://tumblbug.com/)도 문화예술분야의 다양한 펀딩 이벤트를 진행 중이다.

크라우드 펀딩이 성공하려면 우선 철저하게 대중들의 구미를 자극해야 한다. 감동이든 재미든 어떻게 하든 사람들의 마음을 움직여야 한다. 그럴 때 투자하고픈 마음이 생기는 법이다. 상대방의 투자 욕구를 자극한다는 점에서 펀딩 역시 마케팅의 일종이라고 볼 수 있다. 현대사회에서 사실 모든 업종이 그렇게 흘러가고 있다. 대중들의 마음을 움직인 후 크라우드 펀딩을 통해 호주머니를 열게 하는 것은 무한한 노력을 기울여야 한다. 이처럼 창업 준비생들에게 플랫폼 사업은 매우 매력적인 사업이다. 사업의 규모가 클 수도 있고 작을 수도 있지만, 최근에는 많은 공연들이 크라우드 펀딩을 통해서 이뤄지고 있다.

크라우드 펀딩

크라우드펀딩이란?
자금을 필요로 하는 수요자가 온라인 플랫폼 등을 통해 불특정 다수 대중에게 자금을 모으는 방식으로, 종류에 따라 후원형/기부형/대출형/지분투자형(증권형) 등 네 가지 형태로 나뉜다. 초기에는 트위터, 페이스북 같은 소셜네트워크서비스(SNS)를 적극 활용해 '소셜 펀딩'이라고 불리기도 했다.

아르코 크라우드펀딩 매칭지원사업	문화예술분야 예술가나 예술단체가 그들의 창작활동이나 프로젝트의 실현을 위해 소셜네트워크서비스(SNS)를 활용하여 불특정 다수에게 계획을 알리고 자금을 마련하는 온라인 기반 모금 플랫폼이다. 한국문화예술위원회는 2011년 4월부터 공공기관에서 문화예술 분야의 창작활동 실현을 위한 새로운 지원 방식으로 크라우드펀딩(Crowd Funding)을 운영하고 있다. 예술가나 예술단체가 지속적으로 창작활동을 이어갈 수 있도록 앞으로 더 다양하고 폭 넓게 프로젝트를 소개하고 지원한다. https://bit.ly/336rH0b
예술경영지원센터 예술분야투자형 크라우드펀딩	예술분야 투자 활성화 토대를 마련하고, 투자형 크라우드 펀딩을 통한 재원 조성을 희망하는 기업을 대상으로 교육 및 컨설팅, 법률서비스 등을 지원한다. 기업이 온라인 중개시스템을 통해 소액 투자자로부터 자금을 조달한다. https://otrade.co/group/gokams
와디즈	와디즈는 2012년 5월에 설립된 크라우드 펀딩 플랫폼 기업으로 증권형 크라우드 펀딩(투자)과 보상형 크라우드 펀딩(리워드)을 운영하고 있다. 와디즈 리워드는 미출시 제품과 서비스를 제공하여 가치 실현을 위한 자금을 조달하는 프로젝트이다. 기존 시장에서 찾기 어려운 것을 제공하는 것이 목적이다. 와디즈 투자는 대중이 스타트업이나 문화 콘텐츠에 투자해 채권 또는 주식을 대가로 받는 프로젝트로 투자자가 금융기관을 통하지 않고 직접 투자하는 방식이다. 영화, 뮤지컬, 공연 등의 문화 콘텐츠 투자 상품 제공을 통해 대중들이 투자하도록 하고 있다. www.wadiz.kr
텀블벅	텀블벅은 대한민국 대표 크라우드 펀딩 사이트 중 하나로 예술, 문화 컨텐츠를 중점적으로 다루고 있다. 특히 독립적인 문화 창작자들의 지원을 목표로 한다. 어느 누구든 자신의 창작에 대한 프로젝트를 올릴 수 있으며 후원을 요청할 수 있다. 후원자는 후원의 대가로 차후 프로젝트 완료 시 소정의 기념품을 전달받으며 이는 후원금에 따라 차등적으로 분배된다. 프로젝트는 일정 기간을 설정하여 그 기간 안에 목표 금액을 달성해야만 후원된 금액을 이체한다. 즉 일정한 금액이 모이기 전까지는 창작자와 후원자 어느 누구도 리스크를 지지 않는 구조로 설계되어 있다. www.tumblbug.com
해피빈	해피빈은 네이버 산하 비영리 재단법인 '해피빈'과 그 재단에서 운영하는 온라인 기부 포털사이트 '해피빈'을 말한다. 아름다운 재단과 네이버가 함께 시작한 대한민국의 첫 '온라인 기부 포털사이트'이다. 기부자와 도움을 구하는 자선 단체를 연결해주는 징검다리 역할을 한다. '기부형 크라우드 펀딩' 방식으로, 다양한 자선 단체들은 포털 사용자들의 지지를 얻을 수 있으며, 사용자는 포털을 통해 쉽게 자선 단체의 나눔에 참여할 수 있도록 운영하고 있다. happybean.naver.com

오마이컴퍼니	오마이컴퍼니는 후원형 및 증권형 크라우드 펀딩을 서비스하는 플랫폼이다. 오마이컴퍼니에서는 누구나 아이디어를 내서 크라우드 펀딩을 진행해볼 수 있고, 아이디어에 공감하는 후원자들을 통해 아이디어를 발전시킬 자금을 모을 수 있다. 후원형 크라우드 펀딩은 무조건 리워드(Keep it all), 성공해야 리워드(all or nothig)방식으로 나뉘는데, 무조건 리워드(keep it all) 방식은 목표 금액에 도달하지 못해도 모인 금액만큼 돈을 받고 참여자는 예정된 리워드를 받다. 반면, 성공해야 리워드(All or nothing)방식은 목표금액이 100% 달성되어야만 프로젝트 참여 결제, 리워드가 제공된다. www.ohmycompany.com

③ 공연 섭외 사업

공연 섭외도 하나의 커다란 사업으로 진화하고 있다. 공연을 주최하는 회사나 기획사, 단체들은 연주자 및 강사, 전문가를 어디에서 찾아야 할지 난감할 때가 많다. 이럴 때 공연 섭외 플랫폼을 이용하면 손쉽게 섭외할 수 있다는 점에서 이 분야의 플랫폼 사업은 그 전망이 매우 밝다고 할 수 있다. 공연 섭외 플랫폼은 많지만 '쇼글'은 그중 강자라고 볼 수 있다. 쇼글(www.showgle.co.kr)은 누적 섭외 확정만 1만 5천 건에 달하며 앞으로 꾸준히 증가할 것으로 보인다. 연주자나 진행자 등을 풀로 모집해 두고 수요와 공급을 이어주는 최적의 공간으로 자리 잡고 있다.

단순히 수요와 공급을 이어주기만 하는 게 아니라 개런티를 서로 조정, 협상해 주는 별도의 창도 마련해 놓았다. 행사날짜와 내용 등을 주최 측이 밝히면 쇼글 측은 연주단체나 아나운서 진행자 등에게 견적을 제출, 공연이 원만하게 진행될 수 있도록 연결해 준다. 특히 클래식 음악과 관련된 공연과 연주단체들이 많아 클래식 공연만을 위한 공연 섭외 사이트 등은 창업자들이 도전할 만한 블루오션으로 보인다. 홈페이지든 블로그든 어떤 인터넷 공간을 만들어도 결론은 목차, 즉 인덱스라고 말할 수 있다. 인덱스만 잘 만들면 쇼글과 같은 플랫폼을 당신도 만들 수 있다. 참고로 요즘은 혼자서도 홈페이지 제작이 가능한 시대이다. 네이버 홈페이지 플랫폼인 'Modoo' 홈페이지나 'Wix' 홈페이지로 제작에 도전해보기를 바란다.

④ 유튜브 크리에이터

유튜브도 창업자에게는 매력적인 아이템이 될 수 있다. 현재 인기 있는 클래식 음악 관련 유튜버는 정보와 지식을 위주로 하는 채널과 유머와 재미있는 이야기를 섞어 만든 흥미 위주의 채널이 있으며 어찌 되었든 클래식에 대한 관심을 불러일으키고 있다. 나아가 광고와 협찬 등을 통해 수익도 창출하고 있다. 대표적인 유튜버로는 또모, 뮤라벨, 클온TV, 피치남, 클래식톡, 알클사 등 점점 늘어나는 추세다.

유튜브 크리에이터	
유튜브 크리에이터란? 유튜브에 자신이 만든 콘텐츠를 업로드하는 직업을 말한다. 현재 시대에 있어서 가장 인기있는 직업으로 뽑히며 직업 선호도 1위를 달성할 정도로 유망한 직업이다. 컨텐츠의 유형은 유튜버에 따라 게임, 리뷰, 브이로그, 정보, 음악, 요리, 먹방, ASMR 등 정말 다양하다.	
또모	https://www.youtube.com/channel/UCBt-M9TKEjaByElFXX-DDTg
뮤라벨	https://www.youtube.com/channel/UCk—BldDhezTY294iDOwunQ
클온TV	https://www.youtube.com/channel/UCUZRICQQyX3XK8Z-Mm-qlsQ
음대생들	https://www.youtube.com/channel/UCRuYADza-jnlFXplOD6huvw
피클TV	https://www.youtube.com/results?search_query=%ED%94%BC%ED%81%B4tv
클래식톡	https://www.youtube.com/channel/UCRWKqSOgX_uRSogIGX2EEDQ
알기쉬운 클래식 사전	https://www.youtube.com/channel/UCXYohG8R1D5pQnu9i3IR2qg

05

비즈니스 모델(B.M.)

　창업에서 비즈니스 모델을 무엇으로 할 것이냐는 매우 중요한 요소다. 음악과 관련한 비즈니스를 하려면 사업 종목이 다양해야 할 필요가 있다. 즉 많은 비즈니스 모델을 병행해야 한다는 것이다. 특히 창업자에게 비즈니스 모델은 생존을 위해서나 회사 발전을 위해서나 매우 중요하다. 툴뮤직의 경우도 다양한 사업을 병행하고 있다. 인터넷 사이트상에서도 다양한 모델을 통합적으로 운영하지 않고 따로국밥식으로 별도 사이트를 세분화해서 운영하고 있다. 사이트는 내용에 진입하기 위해 두 번만 클릭해도 스트레스를 받기 때문에 사업별로 여섯 개로 나누어 별도로 만들어 운영하고 있는 것이다.

일반적으로 사업을 잘하려면 '선택과 집중'을 해야 한다고 강조한다. 즉 여러 개의 수익모델을 동시에 운영하면 어느 하나에도 집중할 수 없어 이도 저도 성공하지 못할 공산이 크다는 지적이다. 맞는 말이다. 그러나 음악 관련 사업은 음악의 특수성, 예술의 특수성 때문에 어느 한 곳에만 몰입하면 회사를 운영하기 무척 힘든 구조로 이뤄져 있다. 클래식 최고의 연주자로 인정받아도 웬만해서는 연주만으로 생활을 영위하기 힘들다. 한국인 출신 중 연주 활동만으로 충분한 경제적인 여유를 갖고 사는 음악가들이 몇 명이나 될까? 사업도 마찬가지다. 공연기획만으로 회사를 운영할 수 있는 회사는 많지 않다. 운영한다 하더라도 회사를 면밀히 분석해 보면 거의 적자로 운영하고 있다. 그래서 창업자들에게 다양한 비즈니스 모델을 갖추고 사업에 임하라고 강조한다. 한 종류만 마케팅을 전념해서는 답이 나오지 않는 게 바로 음악계다. 각자 가지고 있는 모든 자원들을 활용해 사업화하는 것이 현명하다.

툴뮤직도 이미 다양한 사업을 펼쳐왔지만 여전히 새로운 사업에 도전하고 있다. 이 책이 출간되는 순간부터 툴뮤직은 새로운 카테고리, 즉 진로 컨설팅으로 뛰어들 준비를 갖추고 있다. 참고 삼아 툴뮤직의 비즈니스 모델을 소개해본다.

툴뮤직 비즈니스 모델	
\multicolumn{2}{l}{툴뮤직은 공연기획사의 약점인 비수기를 극복하기 위한 다양한 비즈니스 모델을 가지고 있다.}
아티스트 매니지먼트	클래식과 컨템포러리를 아우르는 역량 있는 아티스트들이 소속되어 있다. 음반 제작과 공연 등의 활동을 지원하며 서로가 함께하는 성장을 이루어가고 있다. 특별히, 작곡 및 편곡가 풀을 지속적으로 확대함으로써 영향력 있는 원천 콘텐츠를 제작하기 위해 노력하고 있다.
음반제작	정통 클래식으로부터 인스트루멘탈 장르에 이르기까지 다양한 스펙트럼의 음반을 기획하고 제작한다. 툴뮤직 제작·기획 음반을 포함하여 해외 음반의 국내 라이선스를 진행하고 있으며 본격적인 레이블화를 위한 시도를 지속하고 있다.
연습실 사업 : 예술공작소 툴	아티스트와 예비 아티스트를 위한 창작공간을 운영 중이다. 〈예술공작소 툴〉은 2010년 상도동 34-18번지에서 시작된 공간으로 '음악과 사람이 만나는 곳'의 모토를 가지고 있다. 공간이 필요한 모든 이들에게 좋은 공간을 합리적으로 제공하기 위한 목적으로 운영되고 있다. 현재 신사, 청담, 상도, 중앙대를 포함한 네 곳의 네트워크를 가지고 있으며 서초동에 위치한 〈로로스페이스〉 위탁 운영을 통하여 공간 사업의 영역을 확장해 나가고 있다.
교육사업 — 피아노콩쿠르	우수한 음악 영재를 찾기 위한 대회로 1년에 2회로 나누어 진행하고 있다.
교육사업 — 여름음악캠프	1년에 1회 진행하는 출퇴근형 음악캠프로 최고의 교수진들과 연주자들이 함께 하는 2박 3일로 진행되는 음악캠프이다.
교육사업 — 입시평가회	입시를 앞둔 피아노 전공생들을 위한 무대공포 퇴치를 위한 행사로 수시와 정시로 나누어 진행한다.

비즈니스 모델을 위한 재원 조성

창업자가 원하는 만큼 비즈니스 모델을 구축하기 위해서는 우선 지원사업부터 공모해야 한다. 누차 언급하지만 음악분야에서 지원 없이 자체 사업만으로는 수익을 끌어낼 수 없는 게 현실이다. 아니 불가능하다. 음악계가 자생하기 힘든 것은 이미 역사가 증명하고 있다. 베토벤과 바흐 등 대부분의 음악가들이 창작 활동이나 연주자로서 생계를 꾸려나가지 못했고, 운 좋으면 궁정음악가로 활동했지만 하이든을 도운 에스테르하지나 베토벤을 후원한 발트슈타인, 라즈모프스키 등 후원자들이 있었기에 음악 활동이 가능했다. 이는 근대에 와서도 마찬가지였다. 폰 메크 여사의 후원 없이 차이코프스키의 단독적인 음악 활동을 기대하기 어렵다. 바그너는 안 그랬는가? 바이에른의 루트비히 2세가 있었다. 모두가 누군가의 끊임없는 지원이 존재했다.

 스폰서들은 아무런 이유 없이 후원하기도 했지만, 이들의 관심을 받기 위해서는 '당신이 후원해줄 때 나는 이렇게 해 주겠다'는 무언의 약속을 해야 한다. 즉 명분을 만들어 줄 때 기꺼이 후원했던 것이다. 현대 사회의 음악인들도 마찬가지 아닐까? 후원을 받으려면 후원자에게 명분을 제시해야 한다. 그저 우리는 음악을 사랑하니까, 음악을 통해 사업을 하니까 후원을 해 달라고 요구하면 안 된다. 우리가 창작하려고 하는 목적이나 연주하려는 목적 등이 후원자들에게 타당하게 비춰져야 한다. 그것이 바로 공모사업이다. 공모에 도전하면 불확실한 제안서를 갖고 개별적으로 후원자를 찾아 나설 필요가 없다. 공모 취지에 맞는 작품을 만들어서 제안하면 된다. 어쨌든 창업한 후 회사가 지속하기 위해서는 비즈니스 모델을 다양화하되 재원 확보를 위해 공모사업에 계속 도전해야 한다. 창업자들이 쉽게 접할 수 있는 공모사업을 살펴보자.

예술지원 공모사업	
예술가들이 안정적인 환경에서 창작활동을 펼칠 수 있도록 정부와 기업, 재단에서 지원하며 참여 기업은 문화예술 분야에 대한 사회공헌 활동 기회를 제공 받는다. ※ https://blog.naver.com/weartsblog 이 링크에서 음악지원사업 관련 정보를 조회할 수 있다.	
국가문화예술지원시스템	국가문화예술지원시스템은 현재 진행 중인 지원 사업 정보 전체를 통합적으로 알려주는 지원 기관으로 주관 기관별 지원 사업 정보와 각 지역별 공모, 공고 내용을 확인할 수 있다. 전국의 문화재단 강원 울산 충남 경기 등 문화재단의 공모사업에 관심을 갖고 지속적으로 검색해야한다. https://www.ncas.or.kr/main/main.jsp
한국문화예술회관연합회	문화예술회관의 균형발전 및 상호간의 협력증진과 공연예술 유통, 소외계층을 비롯한 국민의 문화활동지원 등 문화예술 진흥을 도모하기 위해 1996년 설립되었으며 문화체육관광부 유관기관이다. 문예회관과 함께하는 방방곡곡 문화공감사업, 꿈다락 토요문화학교 예술 감상교육사업, 제주해비치아트페스티벌 등의 문화예술회관과 예술가들을 위한 다양한 지원사업과 페스티벌을 진행하고 있다. https://www.kocaca.or.kr/Pages/Main.aspx
한국예술인복지재단	예술인의 복지에 대한 체계적이고 종합적인 지원을 함으로써 예술인들의 창작활동을 증진하고 예술발전에 기여함을 목적으로 「예술인 복지법」에 따라 2012년도에 설립된 공공기관이다. 창작디딤돌이라는 창작지원금 지원사업, 예술인패스, 예술인의료비 지원 사업 예술활동 증명, 예술인 산재보험 지원 등 다양한 지원 사업을 시행하고 있다. http://www.kawf.kr/
한국문화예술위원회	한국문화예술위원회는 우리나라를 대표하는 대표 예술기관으로, 주요 사업으로 문학·시각·연극·음악·무용·전통·다원예술 등 순수예술 전 분야의 고른 발전을 위한 창작 지원 사업과 문화 소외계층의 향유권 신장을 위한 문화바우처, 복권기금문화나눔 등 문화복지 사업, 그리고 크라우드 펀딩, 재능기부, 기부금 운영 등 예술기부 사업, 세계 속에 한국문화예술의 위상을 높이기 위한 국제 교류 사업, 중앙과 지역의 균형적 문화예술 발전을 위한 지역 협력 사업, 국민의 일상 속 예술체험 및 예술가들의 창작 기회를 확대하는 공공미술 사업 등의 사업을 진행하고 있다. https://www.arko.or.kr/main.do

예술경영지원센터	예술기관 단체들의 경영 활성화 지원 시스템 구축과 국제교류, 인력 양성, 정보 지원, 컨설팅 분야의 다양한 매개 지원 사업을 추진하기 위하여 2006년 1월 12일 설립된 문화체육관광부 산하의 재단법인이다. 공모사업으로는 문화예술단체 지원 사업, 공연예술분야 지원사업, 시각예술분야 지원사업 등의 다양한 사업을 진행 중이며, 사회적 경제를 위한 공모사업도 하고 있다. http://www.gokams.or.kr/main/main.aspx
지역문화진흥원	2016년에 설립된 법인단체로 문화가 있는 날을 비롯하여 생활문화센터 활성화 지원 사업, 유휴공간 문화재생 활성화 사업, 생활 문화 동호회 활성화 사업, 지역 문화 인력 지원 사업, 문화이모작, 여가친화 기업 선정 및 지원 사업 등의 다양한 지원사업을 진행 중이다. http://www.rcda.or.kr/
서울문화재단	서울문화재단은 문화, 예술을 통해 삶의 질을 높이고 서울의 도시경쟁력을 키우고자 지난 2004년 3월에 출범한 재단으로 합리적인 지원과 창의적인 문화 사업으로 서울의 미래를 열어 가겠다는 포부 아래 지원 사업을 펼치고 있다. 창작 지원은 물론 예술교육, 지역문화 사업, 생활문화 사업, 서울메세나지원사업 등의 예술제휴 사업 등 카테고리별로 다양한 지원 사업을 전개하고 있다. https://www.sfac.or.kr/opensquare/notice/notice_list.do
예컨대 프로젝트	한국예술종합학교 산학협력단과 청년예술가 일자리 지원센터에서 추진하는 프로젝트로 창의적인 아이디어를 가진 청년예술가 창업팀을 발굴, 성공적인 창업활동을 지원하는 전략적인 프로그램이다. 예술가와 컨설턴트의 대화의 줄임말로 유명한 예술분야 창업팀을 선발하여 초기 자본, 홍보 마케팅, 창업 아카데미, 후속지원기관 연계 등 전략적 지원을 통해 우수한 스타트업으로 성장할 수 있도록 돕고 있다. https://bit.ly/330m2ZL

※ 문화재단의 경우 지역별로 문화재단마다 각기 다른 예술지원 공모사업이 있음.

06

기획

창업에서 기획은 필수다. 사업 아이템은 해당 분야의 소비자들이 무엇을 원하는지에 대한 트렌드와 깊은 관련이 있다. 시대적인 흐름에 맞는 사업을 창업해야 기존의 니즈들을 충족시킬 수 있고 새로운 니즈도 창출할 수 있다. 따라서 창업자는 트렌드가 어떻게 변하는지에 대한 민감한 촉수가 있어야 한다. 세상은 끊임없이 변하고 있으며 새로운 국면에서 어떤 사람은 살아남고 어떤 이는 도태된다. 이 책을 준비하는 동안 전 세계는 코로나 19로 인한 팬데믹에 휩싸여 있다. 아마도 세계 역사는 코로나 19 이전과 이후도 나뉠 만큼 엄청난 변화에 직면할 것이다. 창업은 이런 세계적인 변화 속에서 사람들이 무엇을 원하는지 그 니즈를 파악하고 이에 맞는 일을 시작해야 성공할 수 있을 것이다.

정해진 틀 안에서 생활하던 사람들이 새로운 것을 받아들이는 일은 쉽지 않다. 따라서 새로운 창업을 꿈꾼다면 작은 일이라도 새롭게 도전하고 실천하는 습관을 길러야 한다. 아이디어는 좋더라도 방구석 몽상가라면 그 아이디어는 세상 밖으로 나올 수 없다. 아이디어가 좋고 나쁘고는 실제 행동으로 옮길 때 확인된다. 방구석에서 나와 실전의 경험치를 높이는 것이 창업에서 가장 긴요한 자질이라고 할 수 있다.

창업가적 자질은 아이디어를 만들고, 새롭게 도전하고 실행하는 것에서 멈추어서는 안 된다. 본인이 실행에 옮긴 결과를 두고 객관적인 평가까지 해 봐야 한다. 이것이야말로 기획자로서 가장 중요한 덕목이 아닐까? 아이디어를 구상하고 결과를 평가하는 일련의 과정에서 가장 중요한 자질을 꼽는다면 역시 새로운 아이디어를 항상 구상하는 태도라고 강조하고 싶다. 아이디어가 있을 때 비로소 방구석 몽상가와 실천적 창업가로 구분될 수 있다. 아이디어마저 구상할 능동적인 자세가 없다면 박제된 존재로 전락할 수 있다.

음악 창업에서는 기존의 아이디어로는 사업하기가 쉽지 않은 상황에서 새로운 아이디어를 생각하고 행하는 것이 가장 중요한 일이다. 기획은 영어로 하면 Planing으로 모든 일을 계획하고 실제로 구현하는 것을 뜻한다. 클래식 음악을 전공한 사람들은 이런 기획은 익숙하지 않은 분야로 새로울 수밖에 없다. 하지만, 사업을 진행하기 위해서는 새로운 일에 도전해야 한다. 항상 새로운 일들을 도모하는 필자로서는 아이디어 회의를 진행하고 계획을 수립하여 실행하고 피드백 하는 일은 사실 새롭지 않은 일이다. 그러나 창업을 처음 시작하는 음악인들에게는 결코 쉽지 않다.

우선 새로운 프로젝트를 시작할 때는 분명히 기획 의도가 있을 것이다. 어떤 경우는 가치를 위해, 또 어떤 경우는 돈을 벌기 위해 행사를 펼친다. 기획 목적을 어떻게 설정하느냐에 따라 과정도 달라지고 결과도 달라진다. 수업 진행 전에 학습 목표를 언급하듯 목표 설정은 그 무엇보다 우선되어야 한다. 기획을 세우면 창업자가 정성 들여 만든 공연, 음반제작, 공연작품 판매 등을 언론에 알려야 한다. 마케팅을 위해서는 홍보가 절대적으로 필요하기 때문이다. 그래서 보도자료 작성 요령이 그토록 중요한 것이다. 여기서는 보도자료 작성에 대해 상세하게 알아보기로 한다.

보도자료 작성법

보도자료 작성에서 가장 중요한 것 6하원칙이다. 어떤 상황을 묘사할 때도 6하 원칙이 중요하지만 특히 보도자료를 작성할 때 6하원칙은 전하고자 하는 내용의 골격을 잡는데 긴요하다. 6하원칙이라고 해서 무조건 순서대로 작성하는 것은 아니다. 상황에 따라, 또는 홍보하고자 하는 내용의 키포인트에 따라 '누가'가 중요할 때가 있고 '장소'가 중요할 때가 있다. 즉 컨텐츠 자체가 중요할 때가 있으며 '어떻게'가 중요할 때가 있다. 또는 우리가 이 행사를 '왜' 해야만 하는가에 대한 당위성을 강조할 때에는 '왜'가 먼저 나와야 하는 것과 같다.

 3.1절, 어린이날 특집공연이라면 3.1절이라는 '언제'를 강조해야 하며 백건우 선생이 공연을 한다면 '누가' 연주하느냐에 포커스를 맞춰야 한다. 만약 크리스마스 행사를 갯벌에서 한다면 '왜' 그런 장소에서 공연을 펼치는지 강조해야 한다. 콜라보 공연이 펼쳐진다면 음악과 마술, 음악과 연기, 음악과 미술 등 어떤 융합공연인지 '어떻게'를 강조해야 하고, 누가 이 공연을 감상해야 하는지 특정 대상을 겨냥하려면 타게팅이 분명해야 한다.

 일반적으로 경영전략에서 기업의 내부환경과 외부환경을 분석하여 강점(strength), 약점(weakness), 기회(opportunity), 위협(threat) 요인을 규정하고 이를 토대로 전략을 수립하는 기법인 SWOT분석이나 기획의 12가지 단계 등도 모두 6하원칙만 잘 지키면 저절로 실천할 수 있다. 6하원칙은 창업자가 보도자료 등의 문서를 작성할 때 언제든 꺼내서 참고해야 할 전범과 같은 원칙이다. 마케팅이란 결국 제품을, 음악으로 따지면 공연을 어떻게 판매할 것인지를 결정하는 점에서 6하원칙은 그 모든 비밀을 담고 있는 핵심 좌표가 된다.

 아래 자료는 피아니스트 임거건이 자신의 자작곡으로 음반을 발표했을 때 이를 알리기 위한 보도자료 샘플로써 필자의 지도 아래 임거건이 직접 작성했다. 임거건이 이 보도자료를 작성할 때에는 목원대 4학년에 재학 중임에도 불구하고 언론사에 발송하자 많은 인터넷 기자들이 협력해 주었다. 대표적인 마케팅 사례라고 볼 수 있다. 무언가 자신을 알리고자 한다면 무조건 해 보기를 권한다.

<보도자료>

피아니스트 겸 작곡가 임거건, 첫 번째 디지털 피아노 앨범 "졸업" 발매

누구라도 이 사람과의 첫 만남엔 이름을 다시 되물을 것이다. '임거건' 이라는 특별한 이름은 '큰 하늘을 맡을 사람'으로 자라길 바라는 그의 부모님께서 직접 지어주신 한자 이름이다.

피아니스트 겸 작곡가 임거건은 목원대학교 음악대학 피아노과 4학년으로 재학 중이며, 현재 졸업을 앞두고 있다. 그는 툴뮤직 기획사의 정은현 대표가 강의하는 '예술경영' 수업 중 그의 자작곡을 연주하면서 정은현 대표의 눈에 띄게 되었고, 그 후에 인연이 낳아 그의 첫 번째 피아노 앨범 "졸업" 발매를 하게 되었다.

그의 음악인생은 어릴 적부터 시작되었다. 성악을 공부했던 아버지 밑에서 외동아들로 자라던 그에게 음악은 유일한 형제나 다름없었다. 그렇게 음악을 벗 삼아 자라오던 그는 초등학교를 입학 후 피아노학원과 교내 사물놀이를 통해 음악공부를 시작하였고, 이루마의 'Maybe'를 듣고 악보 없이 혼자 연습하며 작곡에 관심을 갖게 되었다. 이후 중학교에 진학해 열다섯이라는 어린 나이에 따돌림을 당하며 우울한 학창시절을 보내던 그의 마음에 큰 위로가 되어준 것은 영화 '냉정과 열정 사이' 에서 들려오던 '료 요시마타'의 음악이었다. 심하게 방황하던 사춘기에 음악의 큰 힘과 치유, 그리고 행복을 알게 된 그는 '아픈 사람들의 손을 잡아주는 음악'을 하겠다고 결심하며 영화음악감독 이라는 꿈을 갖게 되었고, 그 꿈을 향해서 피아노공부를 기반으로 삼아 뚜렷한 정체성을 가진 음악을 만들기 위해 오늘도 한걸음씩 나아가고 있다.

졸업을 앞두고 있는 시점에서 그는 지금까지의 삶을 돌아보며 그의 정체성, 그리고 다가올 졸업에 대해 '새로운 시작' 이란 의미를 담아 첫 번째 앨범 "졸업"을 기획하였다. 앨범은 인트로를 포함해 총 5개의 피아노 연주곡으로 구성되었다.

타이틀곡인 "졸업"은 아쉬움과 즐거움이 공존하는 선배들의 졸업식에서 느낀 감정과 곧 다가올 자신의 졸업에 영감을 받아서 쓰게 된 곡이다. 다음 트랙은 "회상"이란 곡으로 지금은 서로 다른 길을 걷고 있지만, 그의 군 생활까지도 옆을 지켜준 여자친구를 위해 사랑하는 마음과 고마움을 담아 쓴 곡이며, "May, 2024"는 먼 약속에 대한 그리움과 잊혀짐에 대한 아련함을 담아낸 곡이다. 마지막 트랙 "참 아름다워라"는 그의 부모님께서 가장 좋아하는 찬송가이자, 그가 홀로 여행을 다닐 때 아름다운 풍경들을 보고 하나님께 감사한 마음을 담아 편곡한 곡이다.

"솔직히 말씀드리면 저는 아직도 저의 뚜렷한 색깔이 무엇인지 확실하게 말씀드리지 못하겠어요. 지금도 그걸 찾기 위해서 이리저리 헤매고 있습니다. 하지만 전 지금 제 상황을 '목적지가 있는 방황' 이라고 생각해요. 훗날 제가 어떤 자리에서 어떤 음악을 하고 있을지 아직 모르지만, 전 꼭 하고 싶은 말이 있어요. 우리의 삶은 일상들이 모여 한편의 낭만적인 영화가 되고, 당신은 그 아름다운 낭만이라는 영화의 주인공 이라는 것을요. 아름다운 영화의 주인공이 돋보이려면 아름다운 음악이 꼭 필요하죠. 저의 목적지는 여러분들이 낭만이라는 영화의 주인공이 되는 것입니다. 삶이 지치고 힘들고 벅찰 때, 저의 음악을 듣는 그 짧은 순간 만이라도 저와 함께 '낭만'을 느끼시길 바라요."

'목적지 있는 방황' 중인 거건의 음악적 신념은 아픈 사람들의 손을 잡아주고, 인생의 아름다움을 느끼며 음악을 통해 행복감을 불어 넣는 것이라고 할 수 있겠다. 그의 아름다운 방황을 응원하며, 아티스트로서 앞으로의 행보를 기대한다.

문의 : ㈜툴뮤직 02-3443-5702

▌보도자료 작성 실전 가이드▐

보도자료는 누구나 작성할 수 있지만 잘 작성하기 위해서는 보도자료의 목적과 취지, 어떤 내용을 보도자료의 첫 문장으로 뽑고, 어떤 내용을 부연 설명으로 처리해야 할지를 생각하고 작성해야 한다. 생각 같아서는 보도자료도 반드시 공부해야 한다고 말하고 싶지만 그렇게 되면 보도자료 하나를 작성하는 데 너무 부담을 가질 수 있기에 특별히 공부를 해야 한다는 말은 하지 않겠다. 그래도 보도자료를 작성할 때 반드시 염두에 두어야 할 기초지식은 살펴보는 게 좋지 않을까?

① 제목 잡기

보도자료 작성에서 가장 중요한 작업은 역시 제목을 잘 잡는 일이다. 심리학에서 초두효과는 상대방을 처음 만났을 때의 2, 3초가 그 사람에 대한 전체적인 이미지를 결정한다는 뜻으로 보도자료에서도 초두효과가 있다. 그 초두효과는 바로 제목이다. 보도자료가 길든 짧든 마지막에 남는 글귀는 결국 제목이다. 그 제목만으로 보도자료를 작성한 회사가 고수인지 초보인지 금세 알 수 있다. 제목 자체가 '카피라이트'라는 점에서 제목부터 이미 보도자료 작성의 목적을 파악할 수 있도록 해야 한다. 우선 제목은 20자 내외로 쓰되 그 글귀 안에 팩트를 잘 담을 수 있도록 짧고 굵게 작성해야 한다

② 6하원칙

글쓰기 고수들의 글을 보면 6하원칙을 따져서 작성하지 않는 것처럼 보인다. 그러나 고수들의 글은 6하원칙 중에 무엇을 강조할지를 순식간에 파악하기 때문에 순서만 다를 뿐이지 내용을 살펴보면 모든 요소가 담겨있다. 단지 장소가 중요하면 장소를 첫머리에, 사람이 중요하면 누가 무엇을 하는지를 첫머리에 장식하는 등 순서만 다를 뿐이다.

6하원칙은 알다시피 누가(who), 언제(when), 어디서(where), 무엇을(what), 왜(why), 어떻게(how) 등을 말한다. 보도자료를 자주 작성하면 굳이 의식하지 않아도 자연스럽게 6하원칙을 따르게 된다.

③ 레이아웃

보도자료는 시각적으로도 한번 읽어 보고 싶다는 관심을 유도해야 한다. 즉 레이아웃을 깔끔하게 잘 정리해야 한다는 뜻이다. 서체는 아름다움을 기준으로 삼지 말고 읽기 쉬운 가독성 있는 서체를 선택하고 행간과 줄 간격 등을 통일성 있게 설정해서 작성해야 한다. 한 페이지에 너무 많은 양을 넣기보다 페이지가 넘어가더라도 여백을 주어 답답하지 않도록 해야 한다.

④ 연락처 표기

보도자료를 정성껏 작성한 후 정작 가장 중요한 것을 놓치는 경우가 있다. 연락처와 홈페이지 주소 등 빠뜨리는 것은 식당에서 밥을 먹고 계산할 때 지갑을 집에 두고 온 것처럼 당황스러운 일이다. 따라서 언론사나 홍보 매체의 피드백이 받으려면 담당자 연락처와 회사 정보, 즉 홈페이지와 주소, 팩스번호 등을 반드시 기재해야 한다. 보도자료에 작성된 내용이 기사로 실리기를 원하는 보도 희망 날짜도 잘 표기해야 한다.

⑤ 사진 및 자료 첨부

일반적으로 보도자료는 한글파일이나 워드파일로 작성하는데 보도자료를 받아서 글을 쓰는 기자의 입장에서 자료를 첨부해야 한다. 레이아 웃만 신경 쓴 나머지 보도자료 파일 안에만 사진을 삽입하게 되는데 이 럴 경우 그 소식을 기사화하려는 기자는 난감할 수 있다. 인터넷 기사는 파일이 작아도 큰 문제가 없지만 월간지 등은 파일이 작을 경우 해상도가 낮아져 사진이 깨질 수 있다. 따라서 보도자료를 작성한 후에는 관련 사진을 별도로 첨부해야 한다. 그래야 이미지 파일이 축소되지 않고 그대로 사용할 수 있다.

⑥ 문서작성

문서작성은 누차 강조하지만 깔끔하고 간결해야 한다. 제아무리 문장 실력이 뛰어나도 두 번 세 번 교정과 교열을 봐야 한다. 문법에 오류가 있는지 확인하고 특히 오탈자와 띄어쓰기에 신경을 써야 한다. 보도자료는 3페이지 이상이면 장황해서 읽지 않는다. 두 페이지 이내이거나 가장 좋은 것은 한 페이지이다. 글은 그 글을 토대로 기사를 작성하는 사람의 입장에서 작성해야 한다. 그래야 글을 쓰는 사람이 고민하지 않고 기사를 작성할 수 있다.

▎제안서 ▎

    제안서 역시 창업자에게 대단히 중요하다. 제안서는 단독으로 제출할 수도 있지만 대부분 지원 사업에서 경쟁을 해야 하는 다른 업체와 비교되기 때문에 정성껏 준비해야 한다. 제안하고자 하는 내용이 명확하고 깔끔하게 전달돼야 한다. 제안서는 문장을 나열하는 게 아니라 임팩트 있는 짧고 간결한 제목과 목차, 부제, 소제, 최소한의 문장으로 사업을 한눈에 파악할 수 있도록 해야 한다. 제안서에 관한 여러 설명보다 실제 샘플을 보여주면 더욱 이해가 빠를 것이기에 툴뮤직의 제안서 중 몇 개를 소개한다.

툴뮤직 장애인 뮤직 페스티벌 제안서

TOOL MUSIC

장애인 음악가 육성을 위한
툴뮤직 장애인 뮤직 페스티벌

장애인을 위한 뮤직 페스티벌 사업 제안서

목차

TOOL MUSIC

1. 사회문제와 목표
2. 제품·서비스 소개
3. 제품·서비스 사업화 전략
4. 기부 프로젝트 아이디어
5. 소요예산(안)
6. 툴뮤직 소개

---

1. 사회문제와 목표

TOOL MUSIC

장애인도 아티스트, 함께 즐기는 축제의 장 "툴뮤직 장애인 뮤직 페스티벌"

As-is

▶ 사회문제

2014년 장애예술인설문조사에 의하면
응답자의 **50% 이상**이 장애인 예술활동에 대해
**사회적 평가가 낮고, 발표기회가 부족하고, 경제적 능력의
한계를 느낀다고** 응답하였고,
(경제적 지원 사항 최우선으로 요구)

2018년 장애문화예술인실태조사에 의하면
응답자의 **67%**가 장애 예술인들의 전문적인 예술교육과
관련하여 어려움이 있다고 응답하였다.

▶ 타겟군

장애인 음악가 & 장애인 음악 전공자

To-be

▷ Output

"장애인 뮤직 페스티벌" 개최

신체적, 사회적으로 문화예술활농을 셜시기 이려운
장애 음악가에게 **실제 무대 기회를 제공**하고,
이를 통해 **아티스트로서 성장**해 나갈 수 있는
계기를 만들어 주는 프로젝트

! Impact

- 연주 발표 기회
- 클래식 스타 멘토링, 음악교육
- 기부금 & 수입을 통한 재정마련
- 예술가로서 자존감&기량 향상

2. 제품·서비스 소개

TOOLMUSIC

장애 아티스트에게 기회를, 관객들에게는 희망을!

"툴뮤직 장애인 뮤직 페스티벌"

1 펀딩콘서트
클래식 스타 뮤지션의 콘서트 개최
티켓, 광고 및 기부금 수입으로 펀딩 조성

2 툴뮤직 장애인 음악콩쿠르
음악을 전공하는 장애 학생들에게 무대 기회 제공
아티스트로서 성장할 수 있는 발판 마련

3 클래식 스타 수상자 멘토링
우리나라를 대표하는 클래식 멘토들을 선정
수상자를 대상으로 4회 음악 코칭

4 음악콩쿠르 수상자 연주회
콩쿠르를 통해 발굴된 수상자들이 꾸미는 연주회
아티스트로서 발돋움 할 수 있는 기회

---

2. 제품·서비스 소개

TOOLMUSIC

장애 아티스트에게 기회를, 관객들에게는 희망을!   **툴**뮤직 **장**애인 **뮤**직 **페**스티벌

펀딩콘서트 〔사업 본격화〕
클래식 스타 뮤지션, 피아니스트 임효선
<베토벤 피아노 콘서트> 개최 예정
√ 연주회를 통한 후원금, 티켓 및 광고 수입
√ 향후 예산 마련

클래식 스타 수상자 멘토링 〔사업 본격화〕
클래식 멘토를 선정, 장애인 음악콩쿠르
수상자를 대상으로 수상자 연주회 준비
√ 장애인 전문예술교육 제공
√ 총 4회의 1:1 멘토링
√ 연주의 완성도 향상

〔사업 본격화〕 장애인 음악콩쿠르
2020년, 제4회 툴뮤직 장애인 음악콩쿠르 개최 예정
√ 참가비 전액 무료
√ 실력 있는 장애 음악가 발굴의 기회

〔사업 본격화〕 음악콩쿠르 수상자 연주회
장애인 음악콩쿠르 수상자에게 제공하는
연주무대, 페스티벌의 대미 장식
√ 장애인 음악가들이 주체
√ 멘토링을 통한 완벽한 연주회
√ 전문 음악가로 발돋움

TOOL MUSIC

3. 제품·서비스 사업화 전략
툴뮤직의 노하우로, 성공적인 개최를 위한 전략

마케팅 및 홍보
페이스북·인스타그램(툴뮤직 공식 계정, 음악 관련 커뮤니티), 네이버(블로그, 공연 관련 카페), 보도자료 등을 통한 온라인 홍보

전국 음악대학을 비롯한 복지관, 특수학교에 행사 포스터 및 공문 발송

지속 수입 발생 방안
성장가능성 :
장애인을 대상으로 콘서트, 교육, 콩쿠르를 모두 진행하는 기관은 국내에서 툴뮤직이 유일함

장애인 콩쿠르를 통해 발굴하는 장애인의 수요가 매년 급증하는 추세

√ 2020년 뮤직페스티벌을 기반으로 펀딩 활성화

연구·교육 계획
장애인 음악교육 관련 기관들과 전문가를 위촉하여 자문회의를 개최
: 양질의 유일무이한 페스티벌로 발전

장소확보 및 인력
펀딩콘서트 : 피아니스트 임효선 섭외 확정
롯데콘서트홀(대관예정)

장애인 음악콩쿠르 : 심사진 5인 섭외 확정
(툴뮤직 정은현 대표, 피아니스트 　　 , 바리톤 　　, 소프라노 　　)
아트홀(대관확정)

수상자 멘토링 : 멘토링 진행 연습실 확정
예술공작소툴(본사, 사용확정)

음악콩쿠르 수상자 음악회 : 수상자 10명 내외
JCC아트센터(대관예정)

4. 기부 프로젝트 아이디어
펀딩콘서트를 통해 지속 가능한 비즈니스 모델로 발전

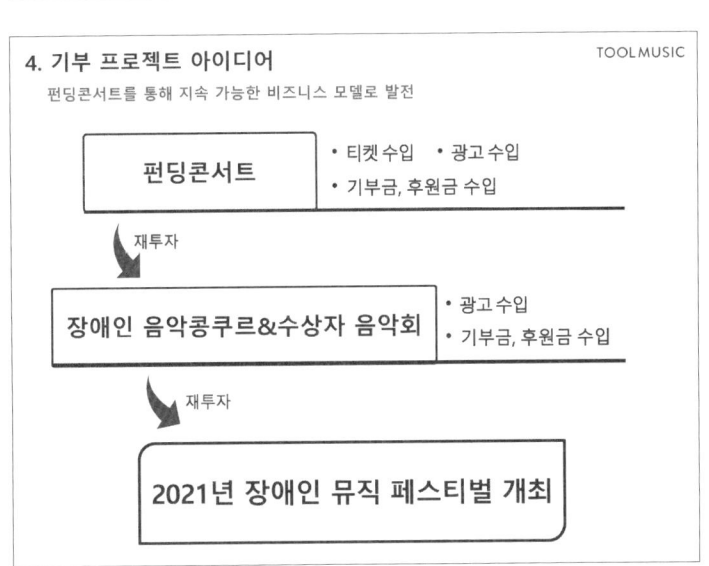

회사소개서

사 회 적 기 업
TOOL MUSIC

INDEX

ABOUT US
회사 소개

PROJECT
장애인 음악가 지원 사업

ARTIST
아티스트 에이전시

EDUCATION
음악 교육

SPACE
공간 운영

ABOUT US

툴뮤직 대표 정은현

음악의 사회적 역할을 고민하여 그것이 가진 긍정적인 힘을 믿는 젊은이들이 모였습니다. 툴뮤직은 사람의 온기를 담은 사람을 향한 음악을 지향하며 만들어진 젊은 레이블로 지친 현대인의 마음을 위로해줄 수 있는 어쿠스틱 감성이 가득한 음악을 제작합니다.

2018년 서울시 사회적기업으로 선정된 툴뮤직은 신진 음악가 육성과 장애인 음악활동 지원사업을 진행하며 음악을 통한 사회 나눔을 실현하고 있습니다.

TOOL MUSIC

청년 및 장애인 음악가 발굴·육성사업
스페셜 음악쿠르 | 교육 및 인큐베이팅 | 스페셜 콘서트 | 매니지먼트

공간사업 [프랜차이즈 창작공간 예술공작소툴]
파트너십 | 공간제작 | 홍보 및 운영 | 위탁운영 | 창작공간지원

VISION

ABOUT US

툴뮤직은 소셜 뷰티(Social Beauty)의 가치를 대표하는 기업으로
아름답고 건강한 사회를 향한 꿈을 실현하고자 합니다.

소셜 뷰티(Social Beauty)의 원천은 아름다운 사회를 염원하는 사람들의 소명에서 비롯됩니다.

음악으로 장애인과 비장애인의 경계를 넘어서는, 세계적 음악가 육성

TOOL MUSIC

장애인 음악가 지원사업

TOOL MUSIC

Project : 장애인 음악가 지원사업

현장스케치

장애인 음악콩쿠르

장애인 음악콩쿠르 수상자 음악회

TOOL MUSIC

Special Artist
스페셜 아티스트

TOOL MUSIC

Special Artist

왼손 피아니스트 이훈

독일 함부르크 국립음대 Diplom-Musiklehrer 과정 수료
퀘벡 국립음대 AKA Diplom과정 졸업 및 반주자과정 수료
네덜란드 Utrecht 국립예술대학 Tweede Phase 과정 졸업
신시내티 음대 박사 학위(DMA)

이탈리아 Le muse 콩쿨 수상
Terme AMA Calabria 콩쿨 Diploma 수상

2017 Korean-Madisonville United Methodist Church 연주
2017 Great Lakes Chamber Music Festival 초청연주
2017 24th Annual Great Lakes Chamber Music Festival 초청연주
2018 한성백제박물관 사계콘서트 '가을' 평화음악회 연주
2019 이훈 피아노 리사이틀 [나의 왼손 : 한 손으로 희망을 연주하다]

Artist Agency
아티스트 에이전시

Classic/Jazz&Pop

TOOL MUSIC

ARTIST : Jazz&Pop

Jazz Pop Saxophonist. Mellow Kitchen
재즈 팝 색소포니스트 멜로우키친

Concert
Global Breast Cancer Conference 2016 초청공연
2018 슈퍼엔드게임 출연 및 프로듀싱
2019 멜로우키친 첫 단독콘서트 전석 매진 (Guest, 정엽)
2019 멜로우키친 두 번째 단독콘서트 (Guest, 케빈오, 홍이삭)

Activity
파리바게트 CM송 제작
SBS 파워FM 공형진의 씨네타운 로고송 제작
SBS 판타스틱듀오 하우스밴드
KBS 불후의 명곡 하우스밴드
JTBC 슈퍼밴드 호스트
뮤지컬 "오! 캐롤", "록키호러쇼", "미인" 등 편곡 및 레코딩 참여

Albums
2017 미니 1집 [오늘의 일기]
2018 싱글 1집 [그렇게 끝났다]
2018 싱글 2집 [멀어질까봐]
2019 Uniqnote&Mellow Kitchen [Dear My Father]
2019 싱글 3집 [IF]

음악교육
Education
진로/입시

TOOLMUSIC

Education : Summer Music Camp

여름음악캠프

2019 제5회 툴뮤직 여름음악캠프

서울의 도심에서 펼쳐지는 툴뮤직 여름음악캠프

최고의 강사진과 함께하는 개인 레슨 및 다양한 코칭 프로그램으로
실력향상은 물론, 더 깊은 음악세계를 경험할 수 있도록 구성

참가 학생 개개인의 만족도가 높은 고품격 음악 프로그램

일시 2019. 8. 1-3
장소 서울교육대학교 예술동작소들 신사정
주최 서울시 민중사회적기업 ㈜툴뮤직
참가인원 피아노 전공 학생 55명
강사진 피아니스트 임효선, 이훈, 김철재, 조다정, 한지현, 최찬미, 심채린, 이덕신, 분포나, 임소연
출연 연주자 피아니스트 박종해, 원채연, 임주희

공간운영
Space

TOOL MUSIC

SPACE : Roro Space

"공간, 누군가에게 꼭 필요한"

감각적인
다원문화
공 간

로로스페이스

TOOL MUSIC

아티스트 제안서(피아니스트 임효선)

Pianist Hyo Sun Lim
피아니스트 임 효 선

TOOL MUSIC

Hyo Sun Lim | 피아니스트 임 효 선

퀸 엘리자베스 콩쿨 5위, 베토벤 콩쿨 입상, 비오티 국제 콩쿨에서 2,3위 없는 1위를 차지하며 명실상부 국내 정상급 연주자로 자리매김한 피아니스트 임효선.

세계의 영향력 있는 언론들로부터 깊이 있고 지적이면서도 열정을 갖춘 피아니스트로 평가받고 있는 그녀는 벨기에 국립 오케스트라를 비롯한 세계 유수의 오케스트라와의 협연은 물론 활발한 연주 활동으로 유럽, 미국, 아시아로 그 연주의 지평을 넓혀가며 두각을 나타내고 있다.

2006년 힐라리 한과의 아시아 투어를 질찬리에 마쳤으며 이외에도 미샤 마이스키, 아놀드 슈타인하르트, 다니엘 리 등의 유명 아티스트와 함께 여러 차례 무대에 올랐다.

현재는 프로젝트 앙상블 그룹 루드비히 트리오의 멤버로 활약, 유럽 최정상 아티스트 매니지먼트 그룹 AGENCIA CAMERA와 계약을 체결하였으며 경희대학교 피아노과 교수이자 스페인 리세우 콘서바토리 초빙교수로 후학을 양성 중에 있다.

TOOL MUSIC

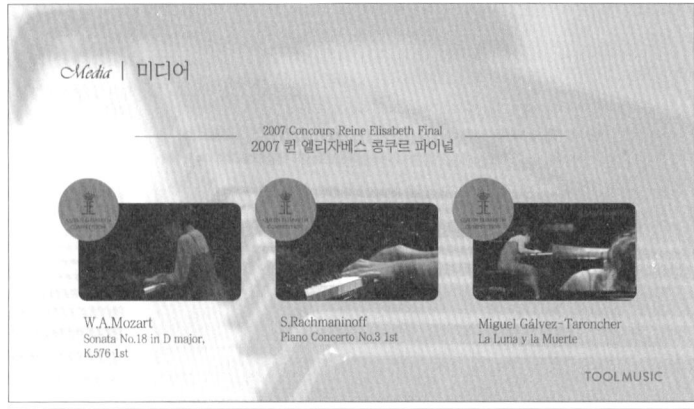

07

마케팅

스티브 잡스 이야기

지금까지 수많은 석학들이 마케팅을 설명했지만 스티브 잡스의 연설에서 드러난 마케팅 개념보다 뛰어난 설명은 들어보질 못했다. 그는 마케팅의 본질은 '가치'라고 강조한다. 나이키는 신발을 광고하지 않는다. 운동화를 파는 게 아니라 오로지 가치만을 홍보할 뿐이다. 스티브 잡스 역시 애플 제품을 광고하는 대신 'Think Different'만을 강조하지 않았는가. 그는 로고 역시 심플한 애플로고로 미니멀리즘의 디자인을 고수했다. 잠시 그의 연설을 들어보자.

"마케팅의 본질은 가치입니다. 애플은 다행히도 세계 최고의 몇 안 되는 브랜드 중 하나입니다. 나이키, 디즈니, 코카콜라, 소니 등과 어깨를 나란히 하는 세계적인 브랜드 중에서도 손꼽히는 브랜드입니다. 뛰어난 브랜드도 투자가 필요하고 정성 어린 관리가 필요합니다. 그것의 가치와 생명력이 유지되려면 말입니다.

낙농업계는 지난 20년간 우유가 몸에 좋다고 여러분들을 설득시키기 위해 노력했지만 그건 거짓말이었습니다. 그들은 매출을 올리기 위해 계속 노력했지만 성공하지 못했습니다. 그러다가 '우유 있어요?' 광고 캠페인을 벌였고 매출은 상승하기 시작했습니다. '우유 있어요?'에서는 제품에 대한 이야기가 전혀 없습니다.

제품을 언급하지 않는 최고의 마케팅 회사는 나이키입니다. 나이키는 신발 파는 회사입니다. 하지만 '나이키' 하면 신발회사가 아닌 무언가가 생각납니다. 그들은 광고에서 결코 제품 이야기를 하지 않습니다. 그들은 위대한 운동선수들에게 경의를 표하고 위대한 스포츠 역사를 기립니다.

제가 애플에 복귀했을 때 광고대행사를 해산시키고 샤이앗 데리를 고용해 캠페인을 시작했습니다.

애플의 핵심. 우리의 핵심 가치는 이것입니다. '우리는 믿습니다. 열정을 가진 사람들에게는 세상을 보다 나은 곳으로 바꾸는 것이 가능하다고 믿습니다. 그것이 우리의 신념입니다.' 애플의 생산과 유통과정 등 전부가 바뀌어도 핵심가치는 바뀌면 안 됩니다. 캠페인의 주제는 '다르게 생각하라'입니다. 남들과 다르게 생각하여 이 세상을 진보시킨 사람들에게 경의를 표하는 것, 바로 그것이 우리의 본질이고 이 회사의 영적 정체성입니다."

08

경험의 중요성

　이 책에서 가장 자주 강조한 내용은 무엇이든지 해보라는 경험의 중요성이다. 그 흔한 커피숍과 레스토랑 아르바이트에서부터 각종 음악제의 스텝, 공연장의 스텝에 이르기까지 음악 관련 유무와 관계없이 다양한 일을 해보라는 것이다. 이런 경험의 중요성은 새삼 여기에서만 주구장창 반복하는 게 아니다. 이미 수많은 기업가들이 강조한 내용이다. 우선 알리바바의 전 회장인 마윈의 이야기에 귀 기울여보자.

알리바바 전 회장 마윈 이야기

하루 매출이 25조에 달한다는 '경영의 신' 마윈은 실로 보잘것없는 위치에서 출발한 입지전적인 인물이다. 누구나 일하고자 하면 특별한 사유가 없는 한 일할 수 있는 치킨집 프랜차이즈에서 아르바이트조차 자리를 얻지 못했던 불운한 마윈은 도대체 어떻게 세계 최고의 갑부가 되었을까? 필자는 세계 경영자 중에서 스티브 잡스와 함께 가장 존경하는 사람을 꼽으라면 마윈을 뺄 수 없다. 그가 돈을 많이 벌어서가 아니라 그가 걸어온 길을 깊이 존경하기 때문이다. 위대한 인생에 비해 그가 살아온 삶은 보잘것없고 볼품없는 청년에 불과했지만 꿈을 향해 거침없이 걸어온 위대한 사람이다.

그는 삶에서 가장 아름다운 것은 '경험'이며 이 경험이야말로 가장 큰 자산이라고 강조한다. 포레스트 검프처럼 남들이 뭐라고 해도 자신의 길을 걸어오면서 맞닥뜨리는 모든 걸림돌을 경험으로 치환한 마윈의 이야기만으로도 창업자 또는 취업준비생들에게 일상의 경험이 얼마나 중요한지 깨닫기에 충분하다.

"저는 정말 많이 실패했습니다. 재미있는 실패들입니다. 초등학교 때부터 시험에 두 번씩이나 낙제했고, 중학교 시험에도 세 번 낙제했습니다. 대학도 삼수를 했죠. 취업을 준비했지만 자그마치 30번이나 탈락했습니다. 경찰이 되고 싶어 시험을 치르기도 했지만 심사관들은 대놓고 '당신은 아닌 것 같다'며 거절했습니다. 심지어 KFC치킨

집에도 아르바이트로 도전해 보았습니다. 그 치킨집은 제가 살고 있는 동네에 막 들어올 무렵이었습니다. 24명이 지원해 23명이 합격했는데 떨어진 그 한 명이 바로 저였습니다. 경찰직에 지원했을 때도 5명 지원에 4명이 합격했는데 낙방한 한 명도 저였습니다. 이처럼 거절은 저에게 일상이었습니다.

그런 제가 하버드에도 지원했죠. 물론 10번 모두 거절당했습니다. 사실 저도 그렇지만 우리는 이 실패에 익숙해져야 합니다. 우린 그렇게 잘나지 않았거든요. 지금 이 순간에도, 우리는 수없이 많은 거절을 당하고 있습니다. 저 역시 죽을 맛이었어요.

그러던 어느 날, '포레스트 검프'라는 영화를 보고 놀라운 깨달음이 있었습니다. '바로 이 남자다' 하는 것이죠. 아마 30번 이상 거절당한 사람은 이 세상에 별로 많지 않을 거예요. 우리가 절대 포기하지 않은 것은 우리가 포레스트 검프와 닮았기 때문입니다. '우린 계속 싸웠고, 계속 변화시켰으며 결코 세상에 대해 불평하지 않았습니다.' 당신이 성공하느냐 못하느냐의 기준은 다음과 같습니다. 일을 할 때 실수하거나 문제가 생길 때 항상 남에게 불평만 한다면 그는 성공하지 못할 것입니다. 하지만 자기 자신을 점검하고 '그래, 내가 여기서 잘못했어' '그래, 내가 그때 잘못했어'라고 말하는 사람은 희망이 있습니다.

하버드 행동력 수업

마윈의 이야기에 이어 '하버드 행동력 수업'을 이 장에서 언급하는 것은 수많은 경험과 함께 행동력이 창업자들에게 얼마나 중요한지 설명하기 위해서다. 세계 500대 기업이 채택한 행동 습관 교정술로 알려진 하버드 행동력 수업(가나출판사)은 '가오위안'이 쓰고 김정자가 번역한 책으로 그 핵심 키워드는 '방구석 몽상가'로 살지 말자는 것이다. 몽상가들이 선천적으로 무조건 게으르다고 판단할 수는 없다. 행동을 하기는 하지만 그 시기를 '완벽한 기회'가 올 때까지 보류하는 사람들이다. 하버드 행동력 수업은 일반적으로 사람들의 행동을 가로막는 장애로 다섯 가지를 꼽고 있다.

넘치는 정보로 결정 장애에 빠지게 하는 정보 과부하, 근거 없는 억측이 망상을 부추기는 부정적 생각, 목표가 너무 높아서 일을 그르치게 하는 완벽주의, 핑계를 찾다 실패에 이르는 미루는 습관, 미래를 비관하여 쉽게 포기하는 두려움 등이 그 다섯 가지이다. 행동력을 기르기 위해서는 위 다섯 가지의 장애 요소들을 타파하면 되는데 그 실천적 방법으로 정보의 홍수에서 빠져나오기 위해 '단순화하기', 불필요한 생각은 과감히 지워버리는 '선택과 집중', '잘 안될 거야'에서 벗어나기 위한 '긍정적 생각', 목표의 100퍼센트를 달성하려고 하지 않는 반(反)완벽주의, 불완전한 상황에서도 일단 행동하는 '환경 통제', 시간의 틈을 발견하고 활용하려는 '시간 관리', 성공한 사람을 참고하되 나의 길을 가려는 '앞으로 나아갈 용기' 등을 제시했다.

제6부

사회적기업

01

왜 *소셜벤처를 꿈꿔야 하는가?

음악가들의 문제는 예전이나 지금이나 사회적인 문제로 인식되어 왔다. 음악을 전공했다고 하면 취직하기 어려운 대졸자라는 편견을 갖고 있다. 사회에서 바라보는 현실적인 시각이다. 정부에서 취업률 통계를 낼 때는 통계에 잡히지도 않기 때문에 음악인의 취업 문제는 심각한 사회문제임이 분명하다.

*소셜벤처 : 사회적 문제를 해결하고 혁신적인 기술이나 아이디어를 통해 사회적 가치와 경제적 성과를 창출하는 기업

결국 어디에서도 취업자로 인정받지 못하는 음악인들이야말로 사회적 문제라는 것이다. 그런데도 음악인들은 자신들의 문제를 해결할 수 있는 가장 중요한 기업인 사회적기업에는 왜 관심이 없을까? 툴뮤직은 그런 관점에서 사회적기업에 대한 관심을 갖기 시작했다. 6년 전에 시작했을 때만 해도 공연기획사로서는 오직 툴뮤직만이 사회적기업에 눈을 돌린 것이다. 당시만 해도 사회적기업을 시작하겠다고 하면 많은 음악가들이 의아하게 생각했다. 별 특이한 친구라고 혀를 차기도 했지만 지금은 많은 음악기업가들이 사회적기업에 문을 두드리고 있다.

우리가 사회적기업에 뛰어든 데에는 음악가들의 진로 문제를 해결하려는 목적도 있다. 그런데 이런 목적은 누구나 꿈꿔야 한다. 그래야만 음악가들의 고질적인 취업과 창업 문제를 해결할 수 있다. 최근에는 사회적기업을 원하는 사람들이 늘어나면서 본의 아니게 사회적기업 컨설팅과 멘토링을 해주고 있다. 창업을 꿈꾸는 사람이라면 사회적기업으로 시작하기를 강력하게 권한다. 그래야 우리 음악인들의 문제를 빨리 해결할 수 있기 때문이다.

최근에는 사회적기업법이 계속 바뀌고 있는데 요지는 점점 더 쉽게 창업할 수 있도록 바뀌고 있다는 점이다. 사회적기업은 경세가치 활동도 펼치지만 사회적 목표를 우선해야 한다. 그러나 사회적 목표를 앞세우다 보면 영업활동을 수행하기에 어려움이 따를 수밖에 없다. 영업활동에 이익이 남지 않으면 어떻게 사회적 목적을 추구할 수 있겠는가? 따라서 사회적기업을 경영하려면 영업활동과 사회적 목적 수행의 비율을 잘 조절해야 한다. 사회적기업 경영도 일종의 기술이 필요한 것이다. 이런 점 때문에 사회적기업의 처음부터 인증해주지 않고 심도있는 심사를 통해서 '예비사회적기업' 지정과 '사회적기업'으로 인증이 가능하다.

  필자가 법인을 설립해서 예비사회적기업으로 새로이 시작하게 된 직접적인 계기는 장애인 학생들을 만나면서부터였다. 주변에 장애인들이 많은데 그 장애인들의 음악교육은 어떻게 하는 것일까? 하는 의문이 사라지지 않았다. 나중에는 그 장애인들이 음악을 배울 때에도 다른 학생들보다 훨씬 어렵게 배울 뿐만 아니라 콩쿠르 진출 자체가 어렵다는 사실을 알게 되었다. 이는 분명 사회적인 문제였다.

  그러던 중 청년 실업에 대해서도 깊은 관심을 갖기 시작했다. 결국 내가 공부하고 있는 이 시장, 이 터전에서 공부하고 연주하는 모든 음악인들이 바로 사회적 문제라는 사실을 깨달았다. 예술인 3명 중 1명이 월 100만원 이하의 소득이라는 통계에서 나타나듯이 예술인들은 자립하기가 매우 힘든 사회 구조 속에서 살고 있다. 각종 재단이 왜 창작 지원을 할까? 예술 창작을 위해서는 지원이 필요하기 때문이다. 하지만 이런 몇몇 지원 외에는 국가가 당연히 도와야 할 예술인들을 늘 논의의 밖으로 밀어 놓았다. 바로 이들을 돕기 위한 기업이 사회적기업이라면 우리 스스로 사회적기업이 돼야 한다는 생각에 시작한 것이다.

  툴뮤직이 사회적기업을 인증받기 위해 심사를 받을 때 이 점을 강력히 피력했다. 청년 음악가들이 4대 보험에 가입했는지 안 했는지를 따지는 것보다 더욱 심각한 존립 문제의 기로에 서 있는 최악의 집단이라고 강조했다. 사회적기업은 예술인들을 돕기도 하지만 그들을 대변하는 역할도 마다하지 않는다. 예술인들은 '돈이 없으니 돈을 달라'는 구걸이 아니라 예술 활동을 지속하기 위해 정부의 도움이 필요할 뿐이라는 사실을 끊임없이 주장하고 있다.

한 가지 예를 들어보자. 우리나라에서 병역을 면제받은 피아니스트들은 과연 몇 명이나 될까? 그렇게 병역 면제까지 받은 피아니스트들이 지금은 어떤 활동을 하고 있을까? 소수의 연주자들 외에는 연주자로서 정체성을 이미 상실하고 있다. 군대 면제까지 시켰으면 그들을 그냥 방치하지 말고 예술단으로 묶어 국내외적으로 활동하게 한다면 국가적으로 효율적인 인재활용이 되지만 정부는 관심이 없다. 국제 콩쿠르에서 메달 따기란 보통 힘든 일이 아니다. 그래서 이 고급인력들을 가만히 놔둘 게 아니라 국가 차원에서 관심을 갖고 국민들을 위해 폭넓게 연주 활동을 시키자는 뜻이다.

물론 국가가 완전히 좌시하지는 않고 있다. 병역 면제자에게 544시간을 군부대 등에서 봉사하도록 요구하고 있지만 이는 지극히 편의주의적인 발상이다. 그렇게 봉사 연주를 시키려면 차라리 군대를 보내는 게 낫지 않을까? 삶의 대부분을 연습에 투자하고 국제 콩쿠르에 입상해 한국의 위상을 높였다면 그들을 더욱 후원해 세계적인 연주자로 발돋움하도록 지원해야 마땅하지만 무려 544시간을 봉사연주에 헌신하라는 것은 세계적인 활동에 발목을 잡는 격이다. 자원봉사도 하고 싶을 때 하는 게 아니라, 기관별로 승인을 받아 한다. 개인 연주회를 하면서 그 많은 봉사연주를 채워나가기란 실로 어려운 일이다.

이런 주장은 음악인들이 음악인들의 입장에서 얘기할 수 있다. 사실 음악인이 아닌 다른 분야의 전문가들은 음악인들이 얼마나 취약한지, 음악가들의 진로 문제 등에 거의 관심이 없다. 아니 관심을 갖고 싶어도 음악의 특수성 때문에 알 수도 없다. 그런 점에서 음악 전공자 출신의 창업자들이야말로 지속적으로 사회적기업을 창업해야 한다.

사회적기업이 되면 생각보다 다양한 지원과 혜택을 받을 수 있다. 물론 설립을 위해 다소 복잡한 문서 작성으로 힘들겠지만 최근에는 매우 간소화되고 인증도 까다롭지 않아 누구나 도전할 만하다. 사회적기업을 위한 지원센터와 사업장 등을 알아보자.

사회적기업 지원기관	
사회적기업의 금융, 성장, 교육·복지를 지원하며 양질의 일자리 창출을 통해 다양한 계층에게 성장할 수 있는 기회를 제공하는 기관이다.	
한국사회적기업진흥원	www.socialenterprise.or.kr
함께일하는재단	http://hamkke.org/
사회연대은행	http://www.bss.or.kr/
LG소셜캠퍼스	http://www.lgsocialcampus.com/
스타트업 교육	
다양한 사회문제를 비즈니스로 해결하고 새로운 사회변화를 이끌어 가는 소셜벤처·사회적기업 스타트업을 위한 성장 지원 프로그램이다.	
소셜캠퍼스온	사회적기업 성장지원센터 '소셜캠퍼스 온'은 다양한 사회문제 해결과 새로운 사회변화를 이끌어 가는 소셜벤처·사회적기업을 위한 성장 클러스터로, 복권기금으로 조성된 사회적기업 성장지원센터이다.
	https://bit.ly/332wXBX
KT&G 스타트업 캠프	KT&G, 사회연대은행, underdogs가 주최한 캠프로, 사회문제를 혁신적인 비즈니스로 해결하고자 하는 예비 창업가 개인 및 팀 40명을 대상으로 진행하는 사업이다. 입문트랙, 중간점검, 성장트랙, 더데뷰, 졸업캠프로 구성된 프로그램은 모두 14주에 걸쳐 진행된다. 팀빌딩 솔루션을 통해 팀을 구성하고, 창업가 코치진의 팀별 전담 코칭, MVP테스트 비용 지원, 스타트업 연계 전문가, VC와의 네트워킹을 배울 수 있으며 실전 스킬셋 및 업무 템플릿이 제공되고 각종 실무 및 인사이트 강연을 볼 수 있다. 프로그램 우승팀에게는 총 8000만원의 사업화 지원금과 함께 코워킹 스페이스 사무공간 지원, 우수팀 대상으로 해외 탐방 지원과 선정시 KT&G와의 사업 연계를 고려한다.
	http://ktngstartupcamp-pre.com

사회적기업육성사업

한국사회적기업진흥원에서 주최한 사업으로, 3인 이상의 창업 준비팀과 2년 미만의 초기 창업팀을 대상으로 한다. 사회적 목적 실현 및 창업의 전 과정을 지원하여 사회 문제를 창의적인 방법으로 해결해 나가는 사회적기업가 발굴 및 육성을 목표로 하며 최소 1000만원 ~ 최대 5000만원까지의 창업자금 지원과 함께 창업 활동에 필요한 사무 공간 및 기본 사무집기를 제공하고, 상시 상담을 제공하는 담임 멘토링과 경영 등 분야별 전문가의 전문 멘토링, 사회적기업가 정신 및 창업 과정에 필요한 교육을 제공한다. 또한 사후관리까지 지원되는데, 지역사회 및 민간자원 연계, 교육, 컨설팅 등 후속지원 프로그램을 제공해 더욱 인기를 끈다.

한국사회적기업진흥원	www.socialenterprise.or.kr
사회연대은행	http://www.bss.or.kr/

경진대회

사회 문제의 해결을 위한 창의적인 아이디어를 선정하여 지원하는 오디션 프로그램으로, 청년 기업가들을 발굴하고 활성화하는 지원 사업이다.

H-온드림오디션	H-온드림은 사회문제의 혁신적 해결을 위한 청년들의 창의적인 아이디어와 신념, 열정을 존중해 사회문제 해결을 위한 청년 기업가들의 가능성을 확인하고 발굴, 지원하여 지속가능한 사회적기업들을 확대하기 위한 목적으로 본 H-온드림 사회적기업 창업 오디션을 실행한다. 네트워크에 기반한 다자간의 협력을 통해 사회 가치 창출과 규모화를 지원하며 정부의 단기 창업보육 지원과 사회적 경제 기업 대상의 사회적 투자 확충 선도한다. 또한 사회문제 해결력 제고 및 사회적기업가 육성 위한 시민사회-기업CSR-공공의 다자간 파트너쉽을 통해 우수 창업자에 대한 단순 보상(상금)을 지양하고, 유능하고 열정적인 사회혁신가 발굴, 연계(Screening Fund) 및 성장시킨다. 글로벌 H-온드림 확산으로 혁신적인 사회적기업가들의 국제교류 확대하며 사회적기업가 육성을 통한 SDGs 성과를 국제사회에 홍보 할 수 있다. https://www.h-ondream.kr/main
SVCA아시아 소셜벤처 경진대회	아시아 소셜벤처 경진대회는 글로벌 소셜벤처 경진대회의 지역라운드로 대만, 일본, 한국, 홍콩이 참가하는 동북아시아 지역대표 사회혁신기업 경진대회이다. 비즈니스 이해 관계자의 피드백을 바탕으로, 가장 실질적으로 사업 성장에 도움이 될 수 있는 디자인 씽킹, 린스타트업 기반의 프로그램을 제공하며 주최 및 주관, 협력기관의 네트워크를 통해 수상 팀 전원에게 펠로우십 참여 기회를 제공함으로써 대기업과의 협업 기회 연계 등 실질적 후속 연계를 제공한다. 또한 국가별 지역 예선을 통과한 팀들과의 글로벌 최종 경연을 펼쳐 비즈니스 모델의 글로벌 경쟁력 확보 및 다양한 파트너를 구축해 해외 소셜 벤처 경진대회 진출 기회를 제공하며, 2015년 UN이 공표한 '2030 지속가능발전목표'를 제시하여 사업의 소셜 임팩트를 글로벌 기준으로 평가 및 글로벌 커뮤니케이션을 증진한다는 차별성을 가진다. 사회문제 해결을 위한 창의적인 프로젝트 또는 창업 아이디어를 가지고 있는 개인 또는 팀은 아이디어 부분에 지원할 수 있고, 사회문제해결을 위한 아이디어 단계를 넘어 비즈니스 가설 검증을 위한 프로토타입 제작 및 시장 테스트를 진행 중인 3년 이내의 기업의 경우 스타트업 부문에 지원 가능하다.

	아이디어 부문에 참여할 경우 성장지원 교육으로 영어 피칭과 IR강의를 월 1회 받을 수 있으며 임팩트 투자 대상을 검토할 수 있다. 또한 아이디어 검증을 위해 1:1 멘토링 서비스를 지원하며 소정의 아이디어 검증 실비를 지원한다. 스타트업 부문에 참여할 경우 성장지원 교육과 1:1 멘토링을 통한 사업현황 점검 및 자원연계를 받을 수 있으며 SNS를 통해 기업 홍보를 지원받을 수 있다. 우수2개팀의 경우 해외 소셜벤처 경진대회 출전권과 항공 및 숙박비를 지원받을 수 있다.
	https://www.facebook.com/svca.sen
소셜 체인지 메이커 공모전	소셜 체인지 메이커 공모전은 사회문제 해결을 위한 혁신적인 기술과 사업 아이디어를 가진 기업의 사업 활성화 및 창업을 지원하고, 사업을 활성화하는 동시에 사회적경제조직을 통해 지역공동체가 가진 문제를 해소하고자 기획되었다. 공모 주제는 ICT를 활용한 사회문제 해결, 사회적 경제조직과 지역 공동체 협업 프로젝트 2가지이며 각각 지원자격은 창업팀 · 컨소시엄과 사회적기업 · 소셜벤처 · 협동조합에 한한다. 우수팀은 ICT분야 6팀, 공동체분야 4팀을 선발, 팀당 많게는 2000만원을 육성지원금으로 지원하고 분야별 전문 멘토링, 보육 공간 제공을 비롯 사업 성장을 위한 후속 지원 혜택도 제공한다.
	https://changemaker.co.kr/
지원사업	

성장 가능성이 높은 스타트업, 사회적경제기업을 발굴 및 육성하고 비즈니스를 통한 사회문제 해결하는 지원 사업이다.

sopoong	소풍은 사회적 가치를 추구하는 소셜벤처의 특성을 이해하는 엑셀러레이터로, 사회문제를 시장안에서 벤처의 방식으로 해결하는 법인 설립 3년 이내 기업 또는 팀, 소셜벤처를 대상으로 월간 소풍 투자 프로그램을 진행하고 있다. 의식주, 건강, 안전 등 기본 욕구와 삶의 질을 개선하는 라이프 스타일 비즈니스와 더 나은 삶을 추구할 수 있도록 교육, 문화, 정보의 접근성을 높이는 비즈니스, 현재와 미래 세대를 위한 에너지 보존과 기후 변화에 대안을 제시하는 지속 가능한 환경 비즈니스를 중점으로 선발하며 투자액은 최소 3000만원 ~ 최대 1억원까지 기업에 따라 상이하다. 사전 액셀러레이팅을 통한 진단에 따라 12주 액셀러레이팅과 5개월 후속 관리를 해주며 법률, PG, 서버, PR 등 외부 전문가 자문 무상 지원과 VC, 알럼나이 네트워크 연결을 도와 준다.
	https://sopoong.net/
LH소셜벤처	소셜벤처의 성장을 돕는 사회 공헌 서비스이다. 청년 자립, 일자리 창출, 사회적 경제 활성화 등 사회문제 해결에 동참하고 수혜자 중심의 지속 가능한 사회공헌 혁신모델을 발굴해 한국토지주택공사와 소셜벤처가 공익성과 사업성을 실현하는 파트너가 되어 사회적 가치를 실현하는 것을 목표로 두고 있으며 창업지원 Start up 분야와 성장지원 Scale up 분야로 나뉜다. 창업지원 Start-up은 창업 의지와 사업 아이템이 있지만 자금이나 전문지식의 부족으로 창업에 어려움을 겪고있는 청년에게 자금과 교육, 컨설팅, 공간을 비롯한 LH의 자원을 연계하여 지원하는 사업이다. 3년 미만 초기 창업기업 또는 만 39세 이하의 개인 또는 단체를 대상으로하며, 신규 소셜벤처 성장모멘텀을 창출하는데 목표를 둔다.

	총 20팀을 선정하여 창업 지원금을 팀별로 1000만원을 지원하며 교육, 컨설팅, 네트워킹, 크라우드 펀딩을 통해 최대 2년간 단계별 4000만원을 지원한다. 성장지원 Scale-up은 LH 업무 영역(도시재생, 주거복지)에 부합하는 소셜벤처나 사회적 경제 조직의 공익 프로젝트를 지원하고 사회적 가치를 강화하여 새로운 성장 모델을 발굴하고 지속적인 파트너십을 구축하는 사업이다. 소셜벤처 및 사회적 경제 기업 사업자를 대상으로 기존 소셜벤처의 사회적 가치를 강화하며 신규 사업모델 발굴 및 공익가치를 향상 시키는데 그 의의를 둔다. 총 1년간 프로젝트 성공을 위해 지원하며 자원 연계, 네트워킹, 크라우드 펀딩 등으로 팀별 최대 1억원을 지원한다. http://lhsv.or.kr/
KT그룹 희망나눔재단	KT그룹 희망나눔재단은 우리나라 유일의 정보통신 문화 관련 재단법인으로 정보통신의 역기능을 순화하고 순기능을 강화하고자 1990년 KT에 의해 설립되었다. 희망밥차, 문화 및 공간나눔 등 재단 내부 역량을 통한 재능기부로 소외계층의 삶의 질을 향상시키며, 국민참여 나눔 실천 프로젝트, 그룹 임직원, 기업시민 역할 제고, 범죄피해자 가족 케어프로그램, 다문화가정 지원 프로그램 등 국민참여 나눔활동으로 국민기업 KT의 역할을 수행하며 사회적 책임과 국민 편익에 기여하고 있다. http://www.ktcf.or.kr/
MG희망나눔 소셜 성장지원사업	(재)함께일하는재단(www.kfcc.co.kr)과 새마을금고중앙회(www.hamkke.org)가 주최한 MG희망나눔 소셜 성장 지원사업은 유망한 아이템을 보유한 사회적 경제기업을 발굴 및 육성해 지역경제 활성화와 양질의 일자리 창출을 목표로 하고 있다. 사회문제 해결 미션을 보유한 사회적 경제기업이라면 누구나 신청 가능하며 총 20개의 기업을 선발한다. 선정된 기업은 최대 7천만 원의 사업자금과 기업별 홍보 콘텐츠 제작 및 유료홍보 지원, 사업설명회 기회 제공 등 기업 특성에 맞춰 성장에 필요한 다양한 지원을 받을 수 있다. 또한 선정기업 중 우수 성장기업을 대상으로 MG인프라를 지원하여 새마을금고와 함께 상생 협력할 수 있는 기회를 제공한다. http://hamkke.org/archives/business/35593
아름다운가게 (뷰티풀펠로우)	아름다운가게 사회적기업센터에서 주최하는 뷰티풀펠로우 사업은 다양한 사회문제를 혁신인 비즈니스 모델로 해결하려는 사회혁신 리더를 선발하여 아름다운가게 뷰티풀펠로우 지위를 부여해 3년 동안 월 150만 원의 활동비 지원과 함께 국내외 연수, 멘토링, 각종 네트워크, 아름다운가게 인프라 지원을 해주는 프로그램이다. 혁신성, 기업기적 역량, 파납력, 포용성, 내면화, 사회적 사명감을 가진 대상을 선발하며 그들이 만들어내는 긍정적인 임팩트를 사회 전반에 확산시킬 수 있도록 돕는 데에 목표를 둔다. http://sec.beautifulstore.org/beautyful-fellow

제7부

음악가진로진흥협회

| 음악가 진로진흥협회 맵 |

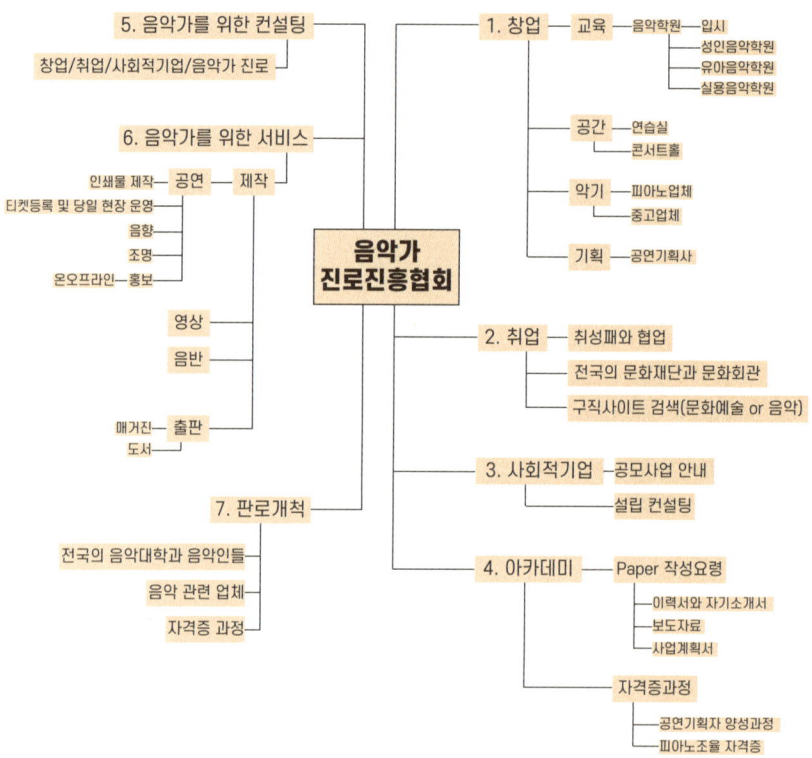

피아노를 전공한 필자는 물론 대부분 음악전공생들은 진로 문제가 심각함에도 불구하고 음악가들의 진로에 대해서 협의할 곳이 없었다. 왜 없었을까. 어디에서도 진로에 대해 진지하게 논의할 곳이 없다는 것 역시 음악가들에게는 심각한 사회적 문제로 볼 수 있다.

전국의 음악대학 출신들의 설 자리가 점점 작아지고 있는 마당에 음악인들의 기존 프레임과 마인드로 미래 생존이 가능할까? 대단히 비관적이다. 그동안 관행적으로 따라갔던 지도를 완전히 고쳐야 한다. 그러나 새로운 로드맵을 그리기 전에 먼저 걸어 본 경험자들의 조언이 필요하다. 음악계의 발전을 위해 경험자들은 방향을 제시하고 안내해 줘야 할 사명이 있다.

크게는 이 책에서 다루었듯이 취업, 창업, 사회적기업 등으로 대별해, 음악전공자들이 한쪽에서는 다양한 취업 교육을 받고 또 한쪽에서는 창업과 사회적기업을 위한 교육과 컨설팅, 멘토링을 해주는 그런 센터가 있으면 얼마나 좋을까? 이런 모든 교육과 지원, 멘토링이 하나의 센터에서 이뤄질 수는 없을까? 그렇게 구상한 것이 바로 '음악가진로진흥협회' 설립 사업이다. 예컨대 사회에 첫발을 내딛고 이제 막 창업을 시작한다면 어디서부터 어떻게 출발해야 할지 암담하기만 하다. 최근 트렌드의 흐름을 간파하고 화두가 되는 비즈니스 모델을 따라가야 하는 것인지, 전혀 다른 방향에서 새로운 아이템을 찾아야 할지 망설이게 된다.

이럴 때 최근의 사업 모델과 프랜차이즈 등에 대한 모든 정보를 갖고 있는 음악가진로진흥협회의 자문을 받는다면 첫 출발은 수월해질 수 있다. 그 정보를 토대로 프랜차이즈 음악사업에 동참하거나 전혀 다른 사업을 창업하는데 충분한 컨설팅을 받으면 된다. 예컨대 툴뮤직의 경우 공간사업도 병행하고 있기 때문에 예술공작소툴 등의 브랜치로 제안할 수도 있듯이, 서울에 있는 공간사업체의 정보를 공유해 스스로 선택할 수 있도록 안내해 줄 수 있다.

음악가진로진흥협회의 범위는 넓을 수밖에 없다. 그동안 개별적으로 활동해 오던 모든 진로 확장 활동을 집약하기 때문이다. 필자는 지난해 서울시 소셜벤처 엑셀러레이팅 사업 등을 통해 많은 것을 배웠다. 이런 공부를 통해 취업과 창업, 사회적기업 등 다양한 체험들을 하나의 자산으로 만들고 이를 실용적으로 활용할 수 있는 방법을 알게 됐다.

그동안 피아니스트로서의 외길이 아니라 전혀 엉뚱한 취업의 길을 연구하고, 실제 취업의 경험을 토대로 이번에는 창업에 도전하는 등 음악가로서는 새로운 모험의 길만을 걸어왔다. 이런 경험은 후배들에게 어떻게 하면 자신의 재능과 기질에 맞는 직업을 선택하고 창업할 수 있는지 조언할 수 있는 '자산'이 된 것이다.

'음악가진로진흥협회'와 같은 기구를 일반 음악대학에서 준비하는 것은 한계가 있다. 물론 각 분야의 전문가들을 개별적으로 초빙해서 학생들에게 가르칠 수도 있겠지만 창업과 취업, 사회적기업 등 전체를 아우르는 강의는 쉽지 않다. 교수를 비롯, 각 분야의 전문가들은 교육자로, 연주자로, 기획자 등으로 해박한 지식을 가졌다 하더라도 실제 사회에서의 경험치가 낮으면 각자의 분야를 가르치는 데에도 한계가 있기 때문이다. 오직 이 길을 직접 걸어온 사람만이 실질적인 커리큘럼을 구성하고 현대의 트렌드에 맞게 컨설팅해 줄 수 있다. 따라서 음악대학들이 그런 커리큘럼을 갖고자 한다면, 오히려 음악가진로진흥협회에 위탁교육을 맡기거나 교육과정을 통째로 도입해야 할지도 모른다.

음악가들이 진로를 탐색하기 가장 좋은 시기는 역시 방학 중이다. 음악가진로진흥협회에서 개발한 프로그램을 대학에서 커리큘럼으로 도입할 수도 있지만, 그것과는 별도로 방학 때 학생들이 협회에서 운영하는 다양한 진로 아카데미와 컨설팅을 활용한다면 큰 도움을 받을 수 있다. 음악가진로진흥협회는 공연기획자 양성과정, 피아노조율 자격증, 디자인 자격증 과정 등 다양한 교육과정을 개설하고 이력서와 자기소개서 작성법을 배우는 워크샵, 보도자료 워크샵, 사업계획서 워크샵 등 취업에 필요한 전 과정을 가르칠 계획이다.

이보다 중요한 것은 역시 창업가들에게 비즈니스 모델 설계와 공모 사업에 도전하는 방법 등을 가르쳐주는 데 있다. 이 책에서 언급한 수많은 지원 사업의 개별적 특징과 구체적인 공모 방법 등을 소개하고, 지원에 필요한 문서작성법 또한 경험을 토대로 컨설팅해 줄 계획이다.

음악가진로진흥협회는 취업준비생들만을 대상으로 하지 않는다. 이미 음악가로 활동하고 있는 기성 음악인들을 대상으로 공연기획, 홍보, 마케팅, 타켓팅, 연주회 진행, 정산 등과 사업계획서, 제안서, 보도자료 작성법 등 전 분야를 컨설팅하는 과정도 마련한다. 또 단순히 컨설팅에서 그치지 않고 인쇄물 제작, 대행, 음향, 조명, 홍보 등 관련업체까지 직접 매칭해 준다. 특히 홍보가 필요한 음악가들에게는 다양한 매체와도 연결해 줄 뿐만 아니라 연주회가 공모 성격에 맞는지 등을 검토해 관련 지원 사업도 소개해 준다. 또는 공연을 쉽고 깔끔하게 진행하기 위해 음악가진로진흥협회와 MOU를 체결한 기획사를 연결하는 등 매니지먼트의 역할도 수행할 계획이다.

음악가진로진흥협회가 존재하는 이유는 분명하다. 협회를 통해 연주자 개인과 단체, 취업준비생들의 역량 강화와 구인자들과의 연결, 창업자들의 성공적인 창업 가이드 등 모든 영역에 베네핏을 주기 위해서다. 음악계 각 분야가 하나의 네트워크를 이룬다면 직원을 찾거나 직업을 찾는 등의 복잡한 과정을 생략하고 구인 구직의 효율성도 높일 수 있다. 지금까지는 음악계에서 직원 한 명만 찾으려면 아는 사람에게 소개를 받거나 '사람인' 사이트 등에 직원 모집공고를 무작위로 올렸지만 음악가진로진흥협회를 이용하면 그런 시간적 경제적 낭비를 대폭 줄일 수 있다. 이미 잘 훈련된 직원이 필요하다는 요청만 있으면 음악가진로진흥협회에서 끊임없이 훈련받은 우수한 음악전공자들을 수시로 소개시켜 주고, 직장을 원하는 구직자의 경우 가장 적중률이 높은 음악관련 기업을 즉시 소개해 줄 수 있다.

음악가진로진흥협회에서 가장 중요한 업무는 컨설팅 사업이다. 음악가들이 안고 이는 진로 문제는 지방으로 갈수록 더욱 심화되고 있다. 많은 지방대들이 음악대학이나 음악과 등을 폐과하는 경우가 갈수록 증가할 것으로 보인다. 5년 후면 지방 음대는 힘들어질 것이라는 비관적인 추측도 있지만 국가가 존재하는 한 음악대학이 사라지지는 않을 것이다. 따라서 음악가들의 진로 문제는 여전히 사회적인 문제로 남지 않을까 우려된다. 그렇다고 문제가 있는 곳마다 음악가진로진흥협회의 지부가 지방 각처로 뛸 수는 없다. 결국 지역에도 음악가진로진흥협회가 설립돼야 한다는 결론에 이른다. 이를 위해 협회는 각 지방에 브랜치를 설립하되 그 지역에서 활동할 수 있는 취창업 컨설턴트를 대거 양성할 필요가 있다. 이들 컨설턴트를 배출하기 위해 협회는 음악가진로컨설턴트 양성과정도 마련해야 한다. 참으로 할 일이 많다.

왜 이제서야 음악가진로진흥협회를 설립하는가? 음악대학 폐과 바람이 서울로 진격해 오는데 너무 늦은 것 아니냐는 것이다. 그러나 늦었다고 생각할 때가 빠른 법이다. 지금 개선책을 내놓고 음악가들의 진로를 개척하고 창업의 바람을 일으키면 각 음대는 취창업률이 상승하면서 폐과의 바람을 멈추게 할 수 있다. 음악대학 역사에서 찾아볼 수 없는 혁명적인 결과를 낳을 수도 있다. 지금부터 음악가진로진흥협회가 열심히 활동하면 분명 5년 후에는 결실을 맺으리라고 믿는다. 그렇다. 5년 후를 대비해 음악전공 취준생들과 기성 음악인 모두가 음악가진로진흥협회에 뜻을 모아야 할 때다. Right Now! 지금이 적기다.

음악가진로진흥협회는 툴뮤직이 운영하지 않는다. 진로에 관심 있는 분들이 머리를 맞대 숙의하고 공부하는 협회가 될 것이다. 언론사 문화부 관계자와 음악전문지 발행인, 음악대학 교수, 각 대학 창업지원단 담당 교수, 기획사 대표, 대형악기사 대표, 성인 및 실용전문음악학원 대표, 사회적기업 육성사업 관련 담당자들, 대형 연주홀 대표, 현역 프로 음악가, 공간사업 대표, 조율사, 문예회관 및 문화재단 담당자 등 수많은 전문가들이 협회에 속속 참여하고 있다.

그렇다면 음악가진로진흥협회는 어떻게 운영할까? 협회도 수익이 창출되어야 운영된다는 점에서 아카데미 수강료와 워크샵 참가비, 자격증 취득반 수강료와 자격증 수수료, 진로 컨설팅비 등 다양한 수익을 창출해 협회를 운영할 계획이다. 음악가진로진흥협회 설립은 이미 시작되었다. 비영리 임의단체를 거쳐 사단법인으로 등록한 뒤 더 발전시켜 나갈 구체적인 계획과 비전을 갖고 추진하고 있다. 그렇게 되면 공신력이 생겨 다양한 기관의 후원을 받아 협회의 안정성을 높일 뿐 아니라 더 많은 음악전공자들이 협회의 수혜자가 될 것이다.

| 에 필 로 그 |

진로란 앞으로 나아가는 길을 뜻한다. 다른 뜻이 있는 게 아니다. 모든 사람들에게는 살아있는 한 '길'이 있다. 앞으로 나아갈 길이 없는 사람이 있을까? 누구나 길이 있다. 따라서 진로란 학생들에게만, 또는 졸업생들에게만, 직업을 찾고자 하는 구직자에게만 있는 게 아니다. 진로는 모든 사람들의 문제이기도 하다. 이처럼 모든 사람들이 일상에서 매일 매시간 부딪치는 문제라는 점에서 진로는 그닥 호들갑을 떨 만한 일이 아닐 수도 있다. 살다 보면 가던 길이 막히거나 사라질 때가 있다. 그때는 길을 만들어 가면 된다. 현대그룹의 창업자인 고 정주영 회장의 명언도 이런 사실에서 기반한 것이다. '길을 모르면 길을 찾고, 길이 없으면 길을 닦으면 된다.'

우리는 시시각각 새로운 시작의 걸음을 걷는다. 필자 역시 늘 진로에 대해 고민한다. 여러분들과 똑같이 지금 이 순간에도 진로에 대해 고민하고 있다. 그러기에 같이 고민하자는 차원에서 이미 진로에 성공한 선배들과 친구들의 이야기를 직접 현장에서 들을 수 있는 '잡콘서트'도 기획하고 있다. 잡콘서트는 이름이 생뚱맞기는 하지만 반응은 대단할 것이다. 그만큼 많은 사람들이 진로에 대해 고민하는 까닭이다.

겉보기에는 쉽게 쉽게 직장에 다니는 것 같아도, 편안하게 회사를 운영하고 있는 것 같아도 취창업을 위해 지금까지 어떤 길을 어떻게 걸어왔는지 물어보면 공통적인 답변이 하나 있다. 누구나 개고생을 했다는 사실이다. 그들은 후배들에게 'No Pain, No Gain'이라고 강조한다. 필자 역시 그런 길을 걸어왔다. 사회에 나온 이상 고생을 해야 하고 고생할 준비를 해야 한다. 사회 초년생들은 인생을 꽃길로만 생각하는 경향이 있다. 꽃길이 어디 있는가. 인생이란 내 뜻대로 되는 게 아니다. 이 길이 안 되면 다른 길로 가고, 그 길도 안 되면 이리저리 또 다른 길을 찾아 나서는 등 끊임없이 부딪쳐 가는 게 인생이다. 취창업에 앞서 이 점을 분명히 인식하고 나가야 한다.

열정을 쏟을 만큼 좋은 일만 있지 않다. 취업, 창업, 사회적기업을 경영하면서 스스로 열정적으로 일했지만 열매만 맺어진 것은 아니다. 아마도 아홉 번 힘들면 한 번 정도 웃지 않았을까? 가수 윤하의 노래 '기다리다'의 가사에 그런 마음이 담겨있다.

그 이름 만 번쯤 미워해 볼까요.
서운한 일들만 손꼽을까요.
이미 사랑은 너무 커져 있는데
그댄 내가 아니니 내 맘 같을 수 없겠죠.
그래요 내가 더 많이 좋아한 거죠
아홉 번 내 마음 다쳐도 한번 웃는 게 좋아
그대 곁이면 행복한 나라서…

노래도 좋지만 힘들어도 기다려야 하는 이유를 깨닫게 하기에 이 노래를 무척 좋아한다. 아홉 번 다쳐도 한번 웃는 게 좋다고 한다. 살다 보면 좋지 않은 일만 있는 게 아니라 좋은 일은 반드시 생긴다. 우리는 그 소망을 바라보고 오늘도 열심히 살아간다. 사는 것은 동전의 양면이다. 고통과 행복은 같은 선상에 있다.

그런데 우리의 일상을 뒤돌아보자. 우리가 직접 뛰어들지 않고는 열 번의 실패를 거두더라도 한번 웃을 수 있는 기회를 얻을 수 없다. 뛰어들지 않고서는 '하고 싶은 일'을 발견할 수 없다. 행복한 일을 발견할 수 없다. 하고 싶은 일은 반드시 경험을 통해서 발견하기 때문이다. 그래서 학생들에게 '제발 고민만 하지 말고 과감하게 도전하라'는 잔소리를 멈추지 않는 것이다.

그러나 진로에 성공하려면 한 가지 조건이 있다. 본질적으로 사람은 뇌가 중요하다. 팔 다리는 없어도 되지만 뇌가 썩으면 한 걸음도 나갈 수 없다. 뇌가 살아있다는 것은 뉴런과 시냅스가 제 기능을 한다는 뇌과학적 의미로 말하는 게 아니라, 인문학적 소양이 갖춰져야 한다는 말이다. 인문학적 소양을 충만하려면 글을 쓰고 자기를 표현할 줄 알고 책을 읽고 감동하며 음악회를 보고 느낄 줄 알아야 한다.

다시 한번 강조하건대 인생에서 헛된 순간은 단 하나도 없다. 인문학적 소양이 없다고 고민할 필요가 없다. 지금부터 시작하면 된다. 지금 시작하면 그동안 실패했던 일을 다시는 반복하지 않을 가능성이 높다. 오늘 안 했다고 자책하지 말라. 오늘은 실패한 게 아니다. 그것 또한 내 삶의 자양분이다.

이제 책을 마쳐야 할 시간이다. 이 책이 진로를 준비하는 음악전공생들에게 실질적인 변화의 계기가 되기를 바란다. 비록 단 한 명의 전공생이라도 이 책을 통해 도전 의식을 갖고 창업과 취업에 성공한다면 비록 작은 보폭일지라도 음악대학의 새로운 흐름에 일조할 것이라 확신한다.

이 변화를 시작으로 실기 중심의 무풍지대였던 음악대학 커리큘럼에 10%의 변화의 쐐기가 박힌다면 지렛대의 원리와 나비효과에 의해 커다란 변화를 촉발하지 않겠는가. 트렌드나 풍조란 어느 날 갑자기 형성되는 게 아니라 작은 틈새에서 바람이 불어와 거대한 노도를 이루면서 형성된다. 하나의 사례가 성공하면 모두 따라 하기 때문이다. 인간은 위대한 모방의 동물이다. 모방이란 결코 나쁜 것이 아니다. 새로운 일을 시작하거나 변화를 하려면 이미테이션과 레퍼런스는 기본이다. 누군가 처음 시도하는 일은 쉽지 않다는 사실은 예나 지금이나 똑같다. 그러나 그 길을 두려워하지 않고 뚜벅뚜벅 걸어 나갈 때 음악대학도 분명히 변하게 된다.

구슬이 서 말이라도 꿰어야 보배이듯 이 책이 진로를 준비하는 음악전공자들에게 실질적 도움이 되었기를 바란다. 한 가지 더 바라는 바가 있다면, 이 책을 시발점으로 전국의 음악대학들이 학생들의 진로에 대해 같이 고민하고, 문제 해결을 위해 실질적인 커리큘럼을 도입했으면 하는 점이다.

이 책은 정우현에게도 새로운 도전의 시발점이다. 책 출간과 함께 '음악가진로진흥협회'를 설립하고 유튜브 등 다양한 채널을 통해 음악전공 출신 취업자들과 위대한 창업자들을 초대해 취창업에 관한 궁금증을 풀어나갈 계획이다. 기대해도 좋다.

자, 이제 나만의 방식으로 진로를 탐색해 보자!

음대생
진로 전략서
취업과 창업(사회적기업)을 중심으로

1판 1쇄	2020년 5월 8일
1판 2쇄	2021년 3월 17일
지은이	정은현
발행인	김종섭
편집	이주연 최소정
디자인	김민지
발행처	리음북스(월간리뷰)
출판등록	제2016-000026호
주소	서울 성동구 아차산로7나길 18 성수에이팩센터 408호
전화	02-3141-6613
팩스	02-460-9360
이메일	joskee@naver.com
값	20,000원
출력·인쇄	삼화에스피
후원	삼익문화재단

잘못된 책은 본사나 구입하신 서점에서 교환하여 드립니다.
이 책은 저작권법에 따라 보호받는 저작물이므로 무단 전재와 무단 복제를 금지합니다.

ISBN 978-89-94069-56-2

이 도서의 국립중앙도서관 출판예정도서목록은 서지정보유통지원시스템 홈페이지(http://seoji.nl.go.kr)와 국가자료공동목록시스템(http://www.nl.go.kr/kolisnet)에서 이용하실 수 있습니다.